한일관계 갈등을 넘어 화해로

한일관계 갈등을 넘어 화해로

초 판 인 쇄	2021년 02월 19일
초 판 발 행	2021년 02월 26일
저 자	김범수·남기정·김상준·구민교·박철희·천자현·이용재·이원덕
발 행 인	윤석현
발 행 처	박문사
책 임 편 집	최인노
등 록 번 호	제2009-11호
우 편 주 소	서울시 도봉구 우이천로 353
대 표 전 화	02) 992 / 3253
전 송	02) 991 / 1285
홈 페 이 지	http://jncbms.co.kr
전 자 우 편	bakmunsa@hanmail.net

ⓒ 김범수 외, 2021 Printed in KOREA.

ISBN 979-11-89292-78-2   93340   정가 19,000원

한일관계
갈등을 넘어
화해로

김범수 엮음

박문사

머리말

김범수(서울대학교 자유전공학부 교수)

본서는 서울대학교 자유전공학부가 교육부의 지원을 받아 2016년부터 수행하고 있는 '캠퍼스아시아(CAMPUS Asia)' 사업의 일환으로 기획된 것으로 학생들과 일반 독자들에게 한일관계의 과거와 현재를 객관적으로 진단하고 향후 양국 관계를 우호적으로 발전시켜 나가기 위해 필요한 방안을 제시하는 것을 목적으로 한다.[1] 캠퍼스아시아 사업이 일반 독자들에게 생소한 사업이라 우선 사업에 대해 간단히 소개하자면 이 사업은 한일중 대학간 학생교류, 공

---

[1] 본서의 내용은 교육부 입장과 무관하며 각 장을 집필한 필자들의 개인 견해임을 밝혀둔다.

동·복수학위 제도 활성화를 통해 3국의 상호이해를 증진하고 고등교육 협력 인프라를 구축하기 위해 2010년 제3차 한일중 정상회의에서 합의·채택된 사업으로 2012년부터 2015년까지 10개 사업단을 선정하여 시범사업을 실시하였다. 이후 2016년 1월 제1차 한일중 교육장관회의에서 3개국 교육장관이 확대 시행에 합의함에 따라 2016년부터 기존 10개 사업단 가운데 8개 사업단과 추가로 9개 사업단을 선정하여 총 17개 사업단을 대상으로 본사업을 실시하고 있다. 본사업에 참여하는 3국 대학들은 컨소시엄을 구성하여 공동·복수학위 등 특화된 커리큘럼을 개발·운영하고 있으며, 매년 일정 수의 학생을 선발하여 파트너 대학에 파견하고, 방학 중 단기 집중 프로그램 공동 운영을 통해 학생들이 자연스럽게 상대국 언어와 문화, 역사를 접하고 교류할 수 있도록 기회를 제공하고 있다.

서울대학교 자유전공학부는 일본 도쿄대학교(東京大學校) 교양학부, 중국 베이징대학교(北京大學校) 위안페이칼리지(元培學院) 등 3국을 대표하는 대학과 함께 'The BeST 지역전문가 양성 프로젝트'라는 이름으로 컨소시엄을 구성하여 2016년 하반기부터 본사업을 수행하고 있다.[2] 특히 2017년부터 2019년까지 3년 동안 서울대학교

---

2 사업단 명칭에서 'BeST'는 Bejing에서 'Be', Seoul에서 'S', Tokyo에서 'T'를 따와 만든 표현으로 '최고의 지역전문가'를 양성하겠다는 3국 대학의 의지를 반영한 표현이다.

자유전공학부는 매학기 약 10여명의 학생들을 베이징대학교와 도쿄대학교에 교환학생으로 파견하였으며 방학 중 단기 프로그램에도 약 20여 명의 학생들을 베이징대학교와 도쿄대학교에 파견하는 등 매년 30여 명의 학생들에게 해외연수 및 교류 기회를 제공해 왔다. 또한 서울대학교 자유전공학부에서 운영하는 수업과 방학 중 단기 프로그램에 매년 3~40여 명의 베이징대학교 학생과 도쿄대학교 학생을 초청하여 서울대학교 학생들과 함께 수업을 들을 수 있는 기회를 제공해 왔다. 캠퍼스아시아 제1차 본사업의 마지막 해인 2020년에도 다양한 학생 교류 프로그램을 기획하였으나 코로나로 모든 프로그램이 중단되어 안타까운 심정이다.

　　필자는 서울대학교 자유전공학부 교수로 캠퍼스아시아 사업단장을 맡아 지난 5년 간 다양한 학생 교류 프로그램을 기획·운영해 왔다. 한일중 3개국 학생들이 함께 수강하는 수업에서 강의도 하고 때로는 민감한 주제를 두고 학생들과 토론하기도 하였으며 역사 현장을 둘러보는 답사를 다녀오기도 했다. 이 과정에서 때때로 한일중 3국 학생들 사이에 역사문제와 정치 현안을 두고 미묘한 갈등이 불거져 당혹스러운 순간도 있었다. 실례로 한 번은 동아시아 해양분쟁 관련 특강을 진행하고 학생들끼리 팀을 이뤄 토론하는 시간에 중국 학생 한 명이 자리를 박차고 나간 일이 있었다. 나중에 들어보니 중일간에 영유권 분쟁 중인, 중국에서는 댜오위다오(釣魚島)로 부르고 일본에서는 센카구제도(尖閣諸島)로 부르는 섬의 영유권을 두고 중국과 일본 학생 사이에 논쟁이 있었고, 서로 약간 언성을 높이던 와중에 중국 학생이 자리를 박차고 나갔다고 한다. 다행히 서로 사과하고 마무리하긴 했지만 중일간의 국가 간 갈등이 강의실로 옮겨진 것 같아 프로그램의 운영 책임을 맡은 필자로서는 당혹스러운 순간이었다.

또 다른 한 번은 2017년 겨울방학 기간 중 서울대학교 자유전공학부 학생들과 도쿄대학교 학생들이 현장학습을 위해 나가사키(長崎)와 군함도(軍艦島) 일대를 답사할 당시 발생한 일로 한일 간 갈등해결이 쉽지 않다는 것을 실감한 일이 있었다. 당시 이 프로그램은 서울대학교 자유전공학부에 교환학생으로 와 있던 일본 도쿄대학교 학생 5명을 포함하여 약 30여명의 학생들이 '일본의 전쟁과 평화'라는 수업을 듣고 함께 일본 나가사키에 위치한 평화공원, 조선인원폭피해자추모비, 나가사키평화자료관, 나가사키조선소사료관, 군함도 등을 답사하고 한국과 일본의 과거사 인식이 어떻게 다른지, 그리고 그러한 차이를 어떻게 극복할 수 있는지 방안을 모색하기 위해 기획한 수업이었다. 주제가 한일 양국 사이에 민감한 주제이다 보니 수업시간과 답사 기간 내내 필자를 비롯한 참여 학생 모두 주제에 대해 조심스럽게 접근했음에도 불구하고 한일 양국 학생들 사이에 미묘한 시각차가 드러날 수밖에 없었다.

실례로 일본 학생 가운데 한 명은 수업시간 발표를 통해 일본이 누차에 걸쳐 과거 식민지 지배에 대해 사과했음에도 불구하고 한국이 계속 사과를 요구하는 것은 이해하기 어렵다는 점을 완곡하지만 분명하게 언급하였다. 반면 한국 학생들은 이 발표에 대해 즉각적으로 반박하지는 않았지만 일본의 과거사 인식에 문제가 있다는 점을 수업시간 내내 지속적으로 지적하였다. 수업을 운영하는 필자로서는 한편으로는 일본 학생들과 그리고 더 나아가서는 컨소시움에 참여하고 있는 도쿄대학교 교수들을 의식해 수업의 톤을 조절할 수 밖에 없었고 다른 한편으로는 혹시라도 수업 내용이 인터넷 등을 통해 단편적으로 공개돼 '친일'이라는 말이 나오지 않도록 조심할 수 밖에 없었다. 처음에는 큰 부담 없어 수업을 듣던 한국 학생들 또한 일본 학생들과 수업과 답사를 함께하며 나중에는 주제에 대해 말하는 것 자체가 조심스럽고, 수업 내용이 공개돼 괜한 오해를 살까봐 부담스럽다고 토로하기도 하였다. 이러한 학생들의 의견을 받아들여 수업을 마친 후 답사 내용을 영상으로 촬영해 유튜브와 학부 홈페이지에 공개하려 했던 원래 계획을 취소하였다.

또한 나가사키 현지 답사를 진행할 때에는 평소 거리낌 없이 어울리던 양국 학생들이 조선인징용 문제와 원폭피해자 문제 등 민감한 사안을 두고 침묵에 빠진 순간도 있었다. 그리고 대학에서 학생들과 이런 답사 프로그램을 가면 일반적으로 방문지에서 단체 기념 사진을 찍는 것이 의례적인 행사인데 나가사키조선소사료관을 방문했을 때에는 한국 학생들 가운데 일부가 이 사료관이 '전범 기업'으로 알려진 미쓰비시중공업(三菱重工業)의 공장 건물이었다는 이유로 기념촬영을 거부해 단체사진 촬영이 무산된 적도 있었다. 또한 나가사키평화공원 옆에 위치한 조선인원폭피해자추모비를 방문했을 때에는, 아마도 한국 학생들만 있었다면 묵념과 추모의 시간을 가졌겠지만, 함께 방문한 일본 학생들을 의식해 간단한 설명만 하고 기념촬영도 없이 뒤돌아선 적도 있었다.

최근 한일관계를 생각하면 학생들의 문제제기와 심정이 충분히 이해돼지만 과거의 일로 자라나는 학생들 사이에 마음의 벽이 생긴 것 같아 다른 한편으로는 무척 안타까왔다. 흔쾌히 마음을 터놓고 과거사 인식과 관련하여 한일 양국 사이에 어떠한 인식의 차이가 있는지, 그리고 그러한 차이를 어떻게 극복할 수 있는지 이야기했으면 좋았을텐데 과거사 문제가 한일 양국에서 정치화되어 있다 보니 혹시라도 상대방을 불필요하게 자극하게 될까봐 서로 조심하지 않을 수 없었다.

필자가 이처럼 지난 몇 년간 학생 교류 프로그램을 운영하며 학생들과 대화하는 가운데 느낀 점은 우리 학생들 가운데 상당수가 언론을 통해 최근 한일갈등과 관련한 단편적 정보만 접하다 보니 한일관계의 복잡성과 국제정치적 중요성에 대한 인식이 많이 부족하다는 점이다. 그리고 아마도 일반 독자들도 마찬가지겠지만 대다수의 학생들이 1965년 국교 정상화 이후 한일관계의 역사에 대해 잘 모르다 보니 상대방에 대해 오해하고 있는 부분도 상당히 많았다.

　실례로 수업 시간에 학생들에게 물어보면 1965년 국교 정상화 당시 양국이 체결한 한일청구권협정 제2조의 내용에 대해 들어 본 학생이 거의 없다. 주지하는 바와 같이 한일청구권협정 제2조 제1항은 "양 체약국은 양 체약국 및 그 국민(법인을 포함함)의 재산, 권리 및 이익과 **양 체약국 및 그 국민간의 청구권에 관한 문제가** 1951년 9월 8일에 샌프란시스코에서 서명된 일본국과의 평화조약 제4조 (a)에 규정된 것을 포함하여 **완전히 그리고 최종적으로 해결된 것이 된다는 것을 확인한다**"고 명시하고 있으며 제3항은 "2의 규정을 따르는 것을 조건으로 하여 일방체약국 및 그 국민의 재산, 권리 및 이익으로서 본 협정의 서명일에 타방체약국의 관할하에 있는 것에 대한 조치와 일방체약국 및 그 국민의 타방체약국 및 그 국민에 대한 **모든 청구권으로서 동일자 이전에 발생한 사유에 기인하는 것에 관하여는 어떠한 주장도 할 수 없는 것으로 한다**"고 명시하고 있다.[3] 최근 한일관계 악화의 시발점이 된 우리나라 대법원의 강제징용 피해자의 손해배상 청구권 인정 판결은 사실 위 협정 제2조의 적용 범위를 어떻게 해석하느냐와 관련한 문제로 우리나라 대법원은 강제징용 피해자의 손해배상 청구권

3　국가법령정보센터, 「대한민국과 일본국간의 재산 및 청구권에 관한 문제의 해결과 경제협력에 관한 협정」,
　https://www.law.go.kr/trtyBInfoP.do?trtySeq=3678(강조는 필자 추가; 2020. 10. 31).

이 위 협정에 의해 소멸되지 않았다는 입장인 반면 일본 정부는 한일청구권협정으로 이미 소멸되었다는 입장을 견지하고 있다. 여기서 어떠한 입장이 타당한지 논할 계제는 아니지만 한 가지 언급하고자 하는 점은 우리 학생들과 그리고 더 나아가 국민들 대다수가 이러한 논란의 배경을 모른채 일본이 아무런 근거 없이 '생떼'을 부리고 있다고 생각한다는 점이다. 일본의 입장을 두둔할 필요는 없지만, 일본이 어떠한 논리로 그러한 주장을 제기하는지 이유를 알아야 더 효과적으로 대응할 수 있다는 점에서 무조건적으로 일본을 '악마화'하는 한국 사회 일부의 견해는 조금 아쉬운 부분이 있다.

또한 학생들과 이야기하다 보면 대다수 학생들이 일본 정부가 과거사에 대해 한 번도 제대로 사과한 적이 없다고 생각하고 있는데 이 또한 사실이 아니다. 본서 제2장에서 남기정 교수님이 자세히 언급하고 있는 바와 같이 2012년부터 약 8년간 총리로 재임한 아베 신조(安倍 晋三) 총리의 경우 재임 기간 중 과거사 문제에 대해 제대로 사과한 적이 없지만 미야자와 기이치(宮沢喜一) 총리, 호소카와 모리히로(細川護煕) 총리, 무라야마 도미이치(村山富市) 총리, 오부치 게이조(小渕恵三) 총리, 간 나오토(菅直人) 총리 등 아베 이전에 재임한 일본 총리 가운데 여러 총리가 과거 일제 식민지 지배에 대해 공식적으로 "반성의 뜻"과 "사죄의 마음"을 표명하였다. 실례로 간 나오토 총리는 2010년 8월 10일 담화를 통해 "식민지 지배가 초래한 다대한 손해와 고통에 대해 거듭 통절한 반성과 마음으로부터 사죄의 마음을 표명합니다"라고 언급하며 "사죄의 마음"을 표명하였다. 학생들과 함께 나가사키를 방문했을 당시 저녁 술자리에서 어느 일본 학생이 이야기한 것처럼 일본 국민들의 상당수는 일본이 누차 과거사 문제에 대해 진솔하게 사과했음에도 불구하고 한국이 국내정치 문제 때문에 일본에 계속 사과를 요구하고 있다고 생각하는 반면 우리 학생들과 국민들의 대부분은 일본이 과거사에 대해 한 번도 제대로 사과한 적이 없다고 생각하고 있다. 이처럼 양국 국민들이 기본적인 팩트 자체에 대해서 잘 모르거나 오해하고 있는 상황에서 언론과 정치권을 중심으로 상대방을 자극하는 몇몇 소수의 목소리가 확대 재생산되다 보니 한일관계가 더욱 수렁으로 빠져들고 있는 실정이다.

본서는 이러한 상황에서 한일관계가 불필요하게 악화되는 것을 막고 발전적인 방향으로 나아가기 위해서는 무엇보다도 한일관계의 현실을 객관적으로 인식하는 것이 필요하다는 관점에서 한일관계 전문가들의 글을 모아 엮은 책이다. 아마도 한일관계에 관심 있는 독자들은 이미 들어보신 적이 있겠지만 관련 장을 집필해주신 저자들은 한일관계 연구에서 그동안 훌륭한 연구 성과를 많이 내 오신 전문가들이다. 바쁘신 가운데 귀한 원고를 보내주신 서울대학교의 남기정 교수님, 구민교 교수님, 박철희 교수님, 연세대학교의 김상준 교수님, 국민대학교의 이원덕 교수님께 이 자리를 빌어 다시 한 번 감사 인사를 전한다. 이외에 직접적으로 한일관계는 아니지만 유럽 사례에 초점을 맞춰 한일 화해 방안에 대해 제언해 주신 연세대학교 천자현 교수님과 전북대학교 이용재 교수님께도 다시 한 번 감사 인사를 전한다.

마지막으로 본서가 나오기까지 물심양면으로 도와주신 여러분들에게 감사 인사를 드리고자 한다. 우선 지난 5년 간 서울대학교 자유전공학부 캠퍼스아시아 사업 실무를 맡아 학생들을 일일이 챙겨주고 복잡한 행정 사무를 깔끔하게 처리해준 자유전공학부 교육지원실 김찬미 조교와 자유전공학부 전문위원으로 프로그램을 기획하고 운영해준 안지연 박사, 이하경 박사, 곽내진 박사에게 감사 인사를 전하고자 한다. 다음으로 서울대학교 자유전공학부 캠퍼스아시아 사업단의 부단장을 맡아 성심성의껏 학생들을 지도해주신 자유전공학부 조준희 교수님과 자유전공학부 학부장으로 사업이 효율적으로 진행될 수 있도록 뒤에서 큰 힘이 되어 주신 양일모 교수님께 감사 인사를 드리고자 한다. 또한 지난 5년 간 컨소시움 파트너대학의 책임자로 캠퍼스아시아 사업을 공동 운영하는데 많은 도움을 주신 도쿄대학교 교양학부의 츠키아시 다츠히코(月脚達彦) 교수님과 시미주 다카시(清水剛) 교수님, 마에시마 시호(前島志保) 교수님, 베이징대학교 위안페이칼리지의 선 페이유(孫飛宇) 교수님, 그리고 두 학교의 직원분들에게 감사 인사를 드린다. 이외에 캠퍼스아시아 사업을 전체적으로 관리하고 사업을 추진해

주신 교육부 관계자분들과 한국대학교육협의회 관계자분들에게
도 감사 인사를 전하고자 한다. 더불어 그 동안 프로그램에 적극적
으로 참여해준 서울대학교 자유전공학부 학생들에게 가장 큰 감
사 인사를 전한다. 아무쪼록 본서가 한일관계에 대한 객관적 인식
과 상호이해를 증진하고 양국간 관계 개선에 기여할 수 있기를 기
대한다.

차례

제1장

서론 : 갈등을 넘어 화해로

▌ **김범수**(서울대학교 자유전공학부 교수)

1. 들어가며

2018년 10월 30일 우리나라 대법원이 일제 강제징용 피해자의 손해배상 청구권을 인정하고 이에 대한 항의로 일본정부가 대한 수출규제 조치를 취하면서 악화되기 시작한 한일관계는 최근 일본 내 혐한 분위기 확산과 한국 내 반일감정 고조와 맞물려 1965년 국교 정상화 이후 최악의 국면으로 치닫고 있다. 특히 2019년 7월 1일 일본의 경제산업성이 수출관리규정 개정을 통해 반도체와 디스플레이 제조 과정에 사용되는 포토레지스트(PR), 고순도 플루오린화수소, 플루오린폴리이미드(PI) 등 3개 품목의 한국 수출을 금지하고 8월 2일 일본 내각이 수출무역관리령 개정을 통해 한국을

'수출 화이트리스트'에서 제외하는 조치를 취하면서 그동안 주로
과거사 문제에 국한되어 왔던 한일갈등이 경제 분야로 확대되었고,
이후 한국정부가 일본의 수출금지조치에 대한 항의 차원에서 8월
22일 한일 간 군사협력과 정보 공유를 규정한 '한일군사정보보호
협정(GSOMIA; 지소미아)'의 연장 중단 방침을 밝히면서 안보 분야까지
전선이 확대되었다. 그리고 2020년 3월 일본정부가 코로나19 확산
방지를 이유로 한국인의 입국을 사실상 금지하는 특별조치를 취하
고 한국정부 또한 일본인 무비자 입국 금지 및 비자 취소 조치를 취
함에 따라 한일 간 민간 교류는 사실상 전면 중단된 상태이다.

이처럼 1965년 국교 정상화 이후 최악의 상태로 치닫고 있는
한일관계를 무기한 끌고 가는 것은 양국 모두에게 손해일 수밖에
없다. 안보적인 이유에서든 경제적인 이유에서든 또는 지정학적인
이유에서든 한·일 두 나라 사이의 협력은 장기적으로 불가피하
다. 그렇다면 양국 사이의 갈등을 해결하고 화해의 새 시대로 나아
가기 위한 방안은 무엇인가? 양국 사이 과거사 갈등, 무역 갈등, 안
보 갈등의 원인은 무엇이며 어떻게 해결할 것인가? 더 나아가 양국
사이의 진정한 화해는 가능한가? 가능하다면 양국 사이 진정한 화
해의 의미는 무엇이며 화해를 위해 무엇을 어떻게 할 것인가? 본서
는 이러한 질문에 초점을 맞춰 1965년 국교 정상화 이후 한일관계
의 전개 양상을 과거사 문제, 무역, 안보 분야에서 살펴보고 향후
진정한 화해·협력을 도모하는데 필요한 방안들을 제시하고자 한

다. 우선 본서 2~5장에서 다루는 내용을 중심으로 한일관계의 과거와 현재에 대해 간략히 살펴보자.

2. 한일관계의 과거와 현재

2.1. 과거사 문제와 한일관계

1965년 국교 정상화 이후 한일관계는 한편으로는 협력하고 다른 한편으로는 갈등하는 양면적 관계를 지속해왔다. 구체적으로는 안보와 경제적 이익을 위해 상호 협력하는 가운데 과거 일제 강점기시기 유산과 역사 문제를 어떻게 처리하고 해석할 것인가라는 '과거사 문제'를 두고 갈등하는 관계를 지속해왔다. 본서 제2장 「1965년 국교 정상화 이후 한일관계의 진화」에서 남기정은 이러한 한일관계의 특징을 "역사를 둘러싼 갈등-화해의 진화"로 설명한다. 남기정에 의하면 1965년 국교 정상화 이후 한일관계는 "갈등과 협력이 반복되면서도 장기적 관점에서 [볼 때] 발전"하는, 즉 진화하는 모습을 보여준다. 특히 일본의 경우, 일반적으로 한국 사회에 널리 알려진 것과는 달리, 1965년 2월 20일 한일기본조약 체결을 앞두고 방한한 시나 에쓰사부로(椎名悦三郎) 외상이 "과거의 관계는 유감이며, 깊이 반성하고 있다"고 발언하며 처음 '반성'이라는 단어를 공식 언급한 이후 "한반도에 대한 식민지 지배의 역사를 회피하지 않고 직접적으로 인정하며, 그 과정에서 한국인들이 받은 피해에 대해 반성하고 사죄하는 성찰적 태도"를 발전시켜 왔다.[1]

실례로 1982년 8월 26일 발표된 일본 관방장관 담화는 "일본정부 및 일본국민은 과거에 우리나라의 행위가 한국과 중국을 포함한 아시아 국가들의 국민에게 다대한 고통과 손해를 안겨준 것을 깊이 자각하고, 이러한 일을 두 번 다시 되풀이해서는 안 된다는 반성과 결의 위에 서서 평화국가로서의 길을 걸어" 왔으며, "한국에 대해서는 1965년의 한일공동선언 중에서 '과거의 관계는 유감이며 깊이 반성하고 있다'는 인식을 (중략) 표명했는데, (중략) 현재에도 이 인식은 어떠한 변화도 없다"고 언급하며 1965년 시나 외상의 인식을 계승하고 있다. 이후 1990년 4월 18일 나카야마 타로(中山太郎) 외상은 사할린 동포의 미귀환문제를 언급하며 일본정부 인사로는 처음으로 사할린 동포의 미귀환문제에 대해 공식 사과하고 일본의 책임을 인정하였다.

더 나아가 1992년 1월 16일 한국을 공식 방문한 미야자와 기이치(宮沢喜一) 총리는 노태우 대통령 주최 만찬에서 "과거의 한 시기, 귀국 국민이 우리나라의 행위로 인해 참을 수 없는 고통과 슬픔을

---

1 남기정, 「1965년 국교 정상화 이후 한일관계의 진화」, 본서 55쪽과 63쪽에서 재인용. 이하에서 인용하는 일본 정부 인사들의 발언은 남기정, 「1965년 국교 정상화 이후 한일관계의 진화」, 본서 63-85쪽에서 재인용.

경험한 사실을 상기하고, 반성하는 마음을 잊지 않도록 하겠습니다. 나는 총리로서 거듭 귀국 국민에 대해 반성과 사죄의 마음을 표하고자 합니다"라고 언급하며 다시 한 번 '반성과 사죄'의 뜻을 표명하였다. 또한 종군위안부 문제에 대해서도 "실로 마음 아픈 일이며, 진심으로 죄송한 일이라 생각합니다"라고 언급하며 총리로서 처음 위안부 문제의 존재를 인정하고 사죄하였다.

한편 1993년 8월 9일 총리로 취임한 호소카와 모리히로(細川護熙) 총리는 11월 7일 한국을 방문해 김영삼 대통령과 가진 공동기자회견에서 "과거의 우리나라의 식민지 지배로 인해 조선반도의 사람들이 학교에서 모국어 교육의 기회를 박탈당하고, 자신의 성명을 일본식으로 개명당하는 등 여러 형태로 참을 수 없는 고통과 슬픔을 경험한 데 대해, 마음으로부터 깊은 반성과 사죄의 마음을 표현한다"고 언급하였다. 또한 1994년 6월 30일 총리로 취임한 무라야마 도미이치(村山富市) 총리는 1995년 8월 15일 전후 50주년을 맞이하여 발표한 담화에서 우리나라는 "식민지 지배와 침략으로 많은 국가, 특히 아시아 국가들의 사람들에 대해 다대한 손실과 고통을 안겨주었습니다. 저는 (중략) 이에 새로이 통절한 반성의 뜻을 표명하고, 마음으로부터 사죄(お詫び)의 마음을 표명합니다"라고 언급하며, "식민지 지배와 침략"을 인정하고 "반성의 뜻"과 "사죄의 마음"을 표명했다.

일본 총리들의 이러한 반성과 사죄 표명은 1998년 10월 8일 「21

세기를 향한 새로운 한일 파트너십 선언(21世紀に向けた新たな日韓パートナーシップ宣言(1998.10.8.)」으로 이어져 "한일 역사화해의 정점"을 찍었다고 남기정은 주장한다. 남기정에 의하면 이 선언에서 오부치 게이조(小渕恵三) 총리는 "우리나라가 과거의 한 시기 한국국민에 대해 식민지 지배로 인해 다대한 손해와 고통을 안겨준 역사적 사실을 겸허히 받아들여, 이에 대해 통절한 반성과 마음으로부터의 사죄를 표명" 한다고 언급했는데, 이는 일본 총리가 '한국국민'을 지칭하여 식민지 지배에 대한 반성과 사죄를 처음으로 표명했다는 점에서 의의가 있다. 또한 2002년 한일 월드컵의 성공적 개최와 일본에서의 한류 유행으로 2000년대 초반 한일관계는 "최고의 황금기"를 맞게 되었고, 이러한 흐름의 연장 선상에서 2010년 8월 10일 간 나오토(菅直人) 총리는 담화를 통해 "100년 전 8월, 한일병합조약이 체결되어 이후 36년에 걸친 식민지 지배가 시작되었습니다. 3.1 독립운동과 같은 격렬한 저항에 나타난 것과 같이, 정치적 군사적 배경 하에 당시의 한국국민들은 그 뜻에 반해서 행해진 식민지 지배로 인해, 나라와 문화를 빼앗기고 민족의 긍지에 깊은 상처를 입었습니다. (중략) 이 식민지 지배가 초래한 다대한 손해와 고통에 대해 거듭 통절한 반성과 마음으로부터 사죄의 마음을 표명합니다"라고 언급하며 한일병합조약의 강제성을 인정하는 진전된 역사의식을 보여주었다고 남기정은 설명한다.

이처럼 장기적 관점에서 보면, 물론 1990년대 이후에도 주기적으로 '위안부' 문제, 독도 문제, 역사교과서 문제 등을 두고 양국 간 갈등이 불거지기도 했지만, 1965년 국교 정상화 이후 일본의 역사인식에 상당한 진전이 있었고 한국정부가 이에 호응하며 양국관계가 갈등 속에서도 지속적으로 발전해 왔다고 남기정은 주장한다. 특히 냉전종식 이후 양국관계에 나타난 갈등과 화해의 반복 패턴과 관련하여 남기정은 한일 양국이 냉전체제 또는 휴전체제 극복을 목표로 "적극적 안보, 큰 평화"를 추구할 때, 즉 한국이 한반도 긴장 완화를 목표로 동아시아에서 "지역주의 외교"를 펼치고, 일본 또한 미국과의 동맹을 "상대화"하고 동아시아 지역주의에 입각한 다자 안보협력을 추구할 때 한일관계는 화해를 목표로 안정적으로 발전할 수 있었던 반면 한일 양국이 지역주의를 외면하고 미국과의 동맹의 중요성을 강조하는 "소극적 안보, 작은 평화"를 추구할 때 양국 간 갈등 국면이 나타나게 된다고 주장한다. 이러한 분석을 바탕으로 남기정은 한일 양국이 더 높은 수준의 화해로 나아가기 위해서는 "'미국과의 동맹이 보장하는 안전'이라는 이익을 공유"하며 "역사 갈등을 관리하는 방식"이 아니라 "'다자적 안보공동체 구축을 통한 평화의 확대'를 위해 협력하는" 가운데 "역사 문제를 해소해 나가는 방식으로의 사고 전환이 필요하다"고 강조한다.

　　한편 본서 제3장 「한일관계의 기저를 다시 생각하다」에서 김상준은 냉전종식 이후 한일관계가 악화된 계기는 역사교과서 문제, 영토분쟁, 야스쿠니 신사참배 문제, 종군위안부 문제, 징용 문제 등 다양한 이슈에서 과거를 정당화하려는 일본정부의 수정주의적 시도에 있음을 지적하고, 한일 양국이 진정한 화해의 상태로 나아가기 위해서는 일본 내에서 과거사를 직시하고 과거사에 대한 제대로 된 인식을 형성하는 것이 다른 무엇보다 선행되어야 한다고 주장한다. 우선 김상준은 한일관계가 갈등적 상황에서 벗어나지 못하는 이유로 첫째, 유럽의 식민지였던 아프리카 국가들에 비해 상대적으로 매우 발달된 국가정체성을 형성한 한국이 인접국가에 의해 식민화된 특수한 경험을 갖고 있다는 점, 둘째, 냉전 시기 양국관계를 지배하던 이념적 요소가 후퇴하고 반면 냉전종식 이후 한일 양국에서 갈등의 원인이 될 수 있는 국가 정체성이 중요한 요소로 부각되었다는 점, 셋째, 양국관계가 비대칭 협력에서 대등한 경쟁으로 전환함에 따라 일본 내에서 '사회적 질투'가 증가했다는 점, 넷째, 한일 양국의 국내정치적 상황 변화에 따라 한일관계가 이해와 타협으로 조정되기 보다는 승자와 패자가 구분되는 게임적 성격을 갖게 되었다는 점 등이 복합적으로 얽혀있기 때문이라고 주장한다.

이처럼 갈등을 유발하는 요소가 한일 양국에 내재되어 있는 상황에서 한일 화해를 어렵게 만드는 요소로 김상준은 과거사에 대한 일본인식의 한계를 들고 있다. 김상준에 의하면 "일본군이 싸웠던 전장은 주로 태평양과 아시아 등지여서 전쟁에 참가하지 않았던 일본인들은 본토에서 일본군의 전쟁행위를 직접 목격할 수 없었다. 전쟁에 참여하지 않았던 일본인들이 목도하였던 것은 바로 1945년 봄이 지나면서 패색이 짙은 일본 본토 20여개의 도시를 미 공군이 공습하는 모습이었다." 그리고 이러한 경험은 전후 일본 사회에서 과거와 관련한 '왜곡된 기억'과 기억하고 싶지 않은 것을 잊어버리는 '망각'으로 이어지게 되었다고 김상준은 주장한다. 구체적으로는 과거 일본이 행한 전쟁이 일반적으로 다른 국가들이 생존을 위해 수행한 전쟁과 마찬가지로 불가피했다는 논리로 전쟁을 정당화하는 "야스쿠니적 기억"과 일본이 유일한 원폭 피해국이기 때문에 전쟁에 반대하고 평화를 추구할 수밖에 없다는 점을 강조하는 "히로시마적 기억"은 일본사회의 지배적 기억으로 남아 일본의 전후 '국가정체성(national identity)' 형성에 큰 영향을 미친 반면 일본이 주변국 피해자들에게 가한 "가해의 기억"은 일본사회에서 밀려나 망각되었다고 주장한다. 따라서 한일 양국이 진정한 화해로 나아가기 위해서는 무엇보다도 일본이 사회 내에 존재하는 잘못된 기억과 망각을 벗어나 과거를 직시하고 과거사에 대한 제대로 된 인식을 형성하는 것이 선행되어야 한다고 김상준은 강조한다.

2.2. 경제 · 안보 문제와 한일관계

과거 한일관계는 과거사 문제를 두고 갈등을 거듭해왔지만 경제와 안보 분야에서는 공동 이익을 위해 협력하는 모습을 보여 왔다. 그러나 지난 2019년 7월 1일 일본의 대한 수출 규제조치 이후 한일갈등은 경제와 안보 분야까지 전선이 확대되고 있다. 본서 제4장「한일 무역 갈등과 해결 방안」에서 구민교는 이처럼 과거사 문제에서 경제와 안보 분야로 전선이 확대되고 있는 최근의 한일갈등을 무역과 안보의 이슈 연계전략 차원에서 분석한다. 구체적으로는 우선 일본이 제공한 경제협력자금을 중심으로 전후 한일 무역 관계의 형성과정을 살펴본 후 최근 일본이 취한 수출규제 조치가 국제규범, 특히 '관세및무역에 관한일반협정(General Agreement on Tariffs and Trade: GATT)' 제21조 안보상의 예외 조항의 적용 대상이 될 수 있는지 여부를 살펴본다. 이어 한국정부의 핵심소재 국산화 정책과 한일 무역 갈등을 종합적으로 평가한 후 양국관계 정상화를 위한 제언을 도출한다.

구민교에 의하면 1965년 국교 정상화가 체결될 당시 일본이 한국에 제공한 '경제협력자금'은 박정희 정권 초기 경공업 중심 산업화의 초석을 다지는데 기여하였고 경제개발정책을 추진하는 주요 재원이 되었다는 점에서 긍정적이었지만 장기적인 관점에서 봤을 때 우리의 산업 및 무역구조가 일본에 의존하는 결과를 가져 왔다. 특히 한국의 최대 흑자 품목인 메모리 반도체 산업의 경우 한편으로는 "일본산 부품과 소재를 수입해 완제품을 만들어 전 세계에 수출하는 방식, 즉 GPN 체제에 최적화 한 덕분에 빠르게 성장해 세계 초일류가 될 수 있었지만" 다른 한편으로는 핵심 소재 부품을 일본에 의존하는 구조를 만들었다. 이러한 상황에서 최근 일본이 반도체 및 디스플레이 제조 공정에 필요한 소재 부품에 대해 수출규제 조치를 취한 것은 일본이 한일 간 상호의존관계에서 갖는 구조적 이점을 활용하기 위한 이슈 연계전략의 일환이었다고 구민교는 평가한다. 그러나 "일본의 연계전략은 단기적으로는 의도한 효과를 볼 수도 있지만 중장기적으로는 무역규범을 해칠 개연성이 높으며 더 나아가 규제가 생기면 일본 기업도 수출에 장애를 겪을 수밖에 없다"는 점에서 비합리적 조치이다. 동시에 산업 및 무역구조가 일본과 상호 의존하는 상황에서 우리정부가 일본의 수출규제 조치에 대한 대응으로 취한 핵심소재 국산화 정책 또한 단기적으로는 어느 정도 성과를 거두었지만, 기회비용 측면에서 부작용이 있을 수 있으며 장기적인 관점에서 볼 때 경제적으로 지속가능하지 않다. 즉 "소재 기술 국산화에는 항상 불확실성"이 따르며 "이 분야에서는 성과가 나더라도 자원의 '전환효과(diversion effect)' 때문에 오히려 다른 분야에서는 장기 경쟁력에 손실이 발생했을 수도 있다"고 구민교는 주장한다.

이러한 이유로 구민교는 한일 양국이 "역사 문제 '때문에' 서로에게 등을 돌릴 것이 아니라 역사 문제에도 '불구하고' 상호 협력해야 한다"고 주장한다. 특히 구민교는 "한쪽 눈으로 과거를 직시하는 국가는 현명하다. 하지만 양쪽 눈 모두로 과거만 바라보는 국가는 눈이 멀었다"는 글귀를 인용하며 한일 양국이 과거에만 매달리지 말고 미래를 위해 협력해 나가야 한다고 주장한다. 구민교에 의하면 "눈에는 눈, 이에는 이 식으로 대응하는 것"은 결코 바람직하지 않다. 일본정부의 행보가 불합리한 면이 많지만 그렇다고 우리정부가 똑같이 맞대응하면 "얽힌 실타래를 더욱 꼬이게 할 뿐이다." 더 나아가 구민교는 우리나라 무역의 특정국 쏠림 현상, 즉 미국, 중국, 일본 등 몇몇 소수 국가로의 쏠림 현상의 문제점을 지적한 후 앞으로 우리나라가 한일 무역 갈등을 해결하는 차원에서뿐 아니라 장기적인 차원에서도 교역 상대국 다변화와 분산화 작업이 필수적이라고 주장한다.

한편 본서 제5장 「한일갈등의 복합적 불안정화와 한일안보협력」에서 박철희는 우선 최근 한일 간에 나타나는 갈등 양상의 특징을 과거사 문제에 국한된 과거와 달리 경제와 군사 분야까지 확대되고 있다는 점에서 '복합적 불안정화'로 정의한 후, 문재인 정부 출범 이후 한일관계가 어떻게 복합적으로 불안정화 되었는지 살펴보고 이 바탕 위에서 한일관계 악화의 근인(近因)과 원인(遠因)을 진단한다. 박철희에 의하면 최근 한일관계가 복합적으로 악화된 가장 직접적이고 가까운 원인(原因), 즉 근인(近因)은 강제징용 피해자 보상 문제, 역사 교과서 기술 문제, 야스쿠니 신사 참배 문제, 영토 문제 등 "과거사와 관련된 이슈들임은 두말할 필요가 없다." 특히 아베 정권 등장 이후 아베 총리가 "강한 일본", "대국 일본"을 모토로 내걸고 "일본의 불행한 과거에 대한 사과와 반성을 더 이상 반복하지 않겠다는 입장"을 견지하며 "주변국들과의 영토 분쟁에 있어서 자국의 주권을 수호할 의지를 강하게 나타냄으로써 갈등이 첨예화되고 있는 것이 현실이다." 그러나 조금 더 들어가 살펴보면 최근 한일관계가 복합적으로 악화된 원인(遠因)은 냉전종식 이후 북한의 핵·미사일 위협이 강화되고 중국의 공세적 부상이 현실화된 상황에서 북한과 중국을 대하는 한국과 일본의 대외전략의 차이에 있다고 박철희는 주장한다. 실례로 북한을 어떻게 대할 것인가와 관련하여 한국의 문재인 정부는 "대화와 협상을 통한 북한의 '완전한 비핵화'를 내세우며 ... 미북 간에 중재와 조정에 나서 미북 정상회담을 통한 핵문제의 타결을 시도하고 있다." 반면 일본의 아베 정권은 "북한이 완전한 비핵화에 이를 때까지 강력한 제재와 압박이 계속되어야 한다는" 입장을 견지하고 있다. 전체적으로 볼 때, "북한에 대해 강경노선을 취하는 일본의 아베 정권과 유화적이고 대화 위주, 대북 지원을 중시하는 문재인 정권 사이에는 전략적 괴리가 존재하는 게 사실"이며 "여기서 파생하는 전략적 의구심이 한일 간의 친밀한 소통과 긴밀한 협력을 약화하는 요인이 되고 있다"고 박철희는 주장한다. 뿐만 아니라 중국에 대해서도 한국은 "북한을 움직이기 위해 ... 자극하지 않으려는 ... 자세"를 보이는 반면 일본은 "경제적인 면에서는 중국과의 우호적인 관계정립에 노력하면서도 군사적인 면에서는 미국과 함께 중국의 팽창을 억제하고 봉쇄하는 역할 수행에 거리낌이 없다." 박철희는 이처럼 한일 양국 사이에 존재하는 "대외전략의 상이성과 간극이 한일 간의 전략적 정합성의 복원을 늦추고 있는 원인(遠因)으로 작용하고 있다"고 주장한다.

그러나 갈등의 근인과 원인이 무엇인건 간에 장기적으로 한일 양국은 안보 분야에서 협력해야 한다고 박철희는 주장한다. 박철희에 의하면 "한국에게 있어 일본은 한국 방어의 안전판이자 린치핀"이며 한국 안보에 있어 적어도 다음과 같은 네 가지 중요한 역할을 수행한다. 첫째, 유사 시 육군 중심으로 편성된 주한미군이 해군, 공군, 해병대로 구성된 주일미군과 결합하지 않으면 총체적인 작전수행 능력을 발휘할 수 없다. 둘째, 일본에 위치한 7개의 유엔사령부 기지는 한반도 유사시 병력, 장비, 탄약, 식량, 물 등을 보급해 줄 수 있는 후방기지 역할을 수행한다. 셋째, 미국 본토에서 대규모 지원 병력이 한반도에서 전개될 때 일본을 통해 들어와야 한다. 넷째, 일본 자위대의 후방지원 또한 중요한 역할을 수행한다. 이러한 이유로 박철희는 한일 간에 위 "네 가지 차원에서의 다층적 활동이 원활히 수행될 수 있도록 하는 중층적 협력 태세가 갖추어져야 한다"고 주장한다. 이러한 점에서 볼 때 "한일안보협력과 한미동맹에 손상을 주는 일은 한국의 안보를 취약하게 하거나 장래의 불안을 증대시키는 행위이다. 북한의 군사적 위협의 총체적 성격이 변환되거나 남북한 간에 균형감 있고 상호주의에 걸맞은 군축과 상호 신뢰가 정착할 때까지 안보의 기본체계에 대한 손상을 가해서는 안 되며 한일안보협력을 유지하고 발전시키는 것이 중요하다"고 박철희는 주장한다. 더 나아가 박철희는 앞으로 한일 양국이 안보협력을 유지하고 발전시키기 위해서는 구체적으로 1) 한일 간 신뢰 회복을 위한 상호 유화조치의 도입, 2) 안보협력의 탈정치화 선언, 3) 공공외교를 통한 한일안보협력 기본체계에 대한 이해 심화 노력 배가, 4) 미국과의 동맹을 활용한 신뢰구축 및 정보 공유의 강화, 5) 전문가, 민간인을 포함한 한일안보협력 및 전략 대화 개최, 6) 자주국방 능력의 축적과 배양 등이 필요하다고 주장한다.

3. 한일 화해를 위한 제언

지금까지 본서 2~5장의 내용을 중심으로 한일 간 과거사, 무역 및 안보 문제를 둘러싼 갈등 양상과 이러한 갈등을 해결하기 위한 방안에 대해 살펴보았다. 여기서 더 나아가 본서 6장과 7장은 한일 갈등의 해결 방안을 모색하기 위해 유럽의 사례, 구체적으로는 독일과 폴란드 사례, 독일과 프랑스 사례를 살펴본다.

우선 제6장 「독일과 일본의 화해 정책 비교」에서 천자현은 제2차 세계대전 종전 이후 보상의 법제화라는 원칙 하에 '독일 연방배상법(Bundesentschädigungsgesetz; BEG)' 제정과 '독일-폴란드 화해재단'

및 '기억 · 책임 · 미래재단' 설립을 통해 피해국과 개별 피해자들에게 배상을 진행한 독일의 전후 보상 정책과 특별법 제정이나 재단 설립 등을 통한 근본적 · 장기적 해결 없이 그때그때 미봉책으로 일관해 온 일본의 전후 보상 행태를 비교한다. 구체적으로 천자현은 중국인 피해자들의 대일본(對日本) 전후 보상 소송에 초점을 맞춰 일본의 전후 보상 행태를 독일과 비교해 비판적으로 살펴본다. 천자현에 의하면 특별법 제정이나 재단 설립을 통한 배상 없이 개별적인 법원의 판단 결과에 따라 배상을 제공하거나 제공하지 않는 일본의 조치는 그 동안 많은 한계를 드러냈다. 특히 일본 사법부는 중국인 강제징용, 난징 대학살 등 일본의 잘못이 명백한 사건에 대해서도 "전쟁과 관련한 모든 배상과 보상은 이미 끝마쳤으며", 1972년 중 · 일공동성명 5조를 통해 양국이 "중화인민공화국정부는 중일 양국 국민의 우호를 위해, 일본에 대한 전쟁배상의 청구를 포기하는 것을 선언한다"는데 합의하였기 때문에 일본 측이 보상금 또는 배상금을 지급할 의무가 없다는 입장을 견지하고 있고, 이러한 입장에서 일본 기업들을 대상으로 한 대부분의 전후 보상 소송에서 피해자의 보상 요구를 거절하고 있다. 일본 사법부의 방침에 맞서 중국정부는 2014년부터 중국인 피해자들이 중국 법정에서 소송을 제기할 수 있도록 허용하는 방식으로 대응하고 있으나 장기적으로 볼 때 이러한 방식은 중일 간 화해를 위한 근본적인 해결책이 될 수 없다고 천자현은 지적한다. 천자현은 중일 양국이 좀 더 근본적인 화해를 위해서는 "피해자 중심 접근이라는 철학적 성찰과 장기적인 관점에서 동북아시아의 안정적 지역질서 구축이라는 비전을 고려해야" 하며, 특히 일본의 경우 "정해진 모범답안은 없겠지만, 독일의 연방법 제정과 법 테두리 안에서 배상을 위한 일련의 재단 설립 과정을 교훈 삼아" 더욱 적극적으로 문제 해결에 임해야 한다고 주장한다.

다음으로 제7장 「프랑스 - 독일의 화해와 공동 역사교과서 탄생」에서 이용재는 지난 수백 년 동안 앙숙처럼 지내던 프랑스와 독일이 제2차 세계대전 이후 어떻게 화해의 길로 접어들게 되었는지, 그리고 궁극적으로 그러한 노력이 어떻게 「독일 - 프랑스 공동 역사교과서」의 탄생으로 결실을 맺게 되었는지 살펴본다. 우선 이용재에 의하면 프랑스와 독일 양국은 제2차 세계대전 종전 이후 등장한 미·소 냉전질서와 유럽공동체의 탄생이라는 급변하는 정세 속에 화해를 도모할 수밖에 없었고, 결국 1963년 1월 22일 프랑스 엘리제궁에서 '프랑스-독일의 우호와 협력 조약' 체결을 통해 양국 간 "(1) 모든 주요 외교 현안들에 대한 정책을 서로 자문하고, (2) 전략과 전술 및 군장비 부문에서 공동 작업을 도모하며, (3) 청소년의 교육과 교류를 증진하기 위한 다양한 민관기구를 창설"하기로 합의하였다. 더 나아가 양국은 1970년대 이후 유럽통합이 가속화하는 흐름 속에 첫째, 양국 정상과 관계부처 장관들 사이의 만남을 제도화하고, 둘째, "갈등의 기억을 화합과 공영의 묘판으로" 바꿔 "기억의 화해를 도모하기 위해 주기적으로 성대한 기념식을 개최하고 화합의 기념물을 축조"했으며, 셋째, "상충된 역사 기억을 화해시키기 위해 여러 차례 '과거사 조명작업'을 추진"하였고, 마지막으로 양국 정상과 정부 단위에서 시작된 "위로부터의 화해"를 시민사회와 청소년 세대로 확장하기 위해 다양한 문화교류 사업을 실시하였다.

이처럼 제2차 세계대전 이후 수십 년간 지속된 양국의 화해 노력은 2003년 공동 역사교과서 편찬 사업으로 이어져 2006년 「독일 - 프랑스 공동 역사교과서」 출판이라는 성과를 거두게 되었다. 이용재에 의하면 이 「공동 역사교과서」는 "두 나라가 함께 연루된 공동의 과거에 대한 자국 중심의 해석을 뒤로 하고, 두 나라의 공통점과 차이점, 상호작용을 비교사의 관점에서 개방적으로 서술"하고 있으며 또한 "자국의 역사를 유럽사의 지평에서, 더 나아가 세계사의 지평에서 이해할 수 있는 길을 열어"주고 있다. 특히 각 단원 말미에 실린 "교차된 관점들(regards croisés, perspektivenwechsel)"이라는 제목의 장(場)은 "두 나라 사이에 합의가 힘들고 논쟁을 부르는 역사 장면들에 대해서 두 나라의 견해를 동시에 제시"함으로써 학생들에게 "상대방의 입장을 헤아려 객관적으로 판단할 수 있는 길을 열어주려"하였다. 이러한 고찰을 바탕으로 이용재는 한국과 일본이 역사 갈등을 해결하기 위해서는 프랑스와 독일의 화해 사례를 참고하여 "공동 역사교육을 통한 역사인식의 공감대"를 넓히는 것이 바람직하다고 강조한다.

마지막으로 제8장「한일갈등의 주요 쟁점과 해결방안」에서 이원덕은 최근 심화되고 있는 한일갈등의 주요 쟁점을 위안부 합의를 둘러싼 갈등, 징용 재판을 둘러싼 갈등, 제주 관함식 욱일기 사건으로 시작된 해군 갈등, 대북정책과 관련하여 한국정부가 일본을 소외하거나 무시한다는 소위 '재팬패싱론'에 의한 갈등 등 4가지로 정리하여 살펴 본 후 이러한 갈등의 원인을 1990년대 탈냉전 이후 지속된 동북아 국제질서의 변화, 갈등을 막후 조정할 한일 인적 네트워크의 약화, 한일 양자관계의 수직적 관계에서 수평적 관계로의 변화, 일본 내부의 보수 우경화 등 지난 30여 년간 누적된 추세적 변화와 더불어 2012년 이명박 대통령의 독도 방문 이후 나타난 양국 지도층 간 소통 부재와 양국 국민들의 극단적 상호인식, 상대국의 전략적 비중을 경시하는 양국 지도층의 인식 등 다양한 요인으로 설명한다.

　　이어서 이러한 갈등을 해결할 방안으로 우리정부가 우선 "국민정서, 대중의 감정에 휩쓸리는 대일 과거사 외교의 함정에 빠지지" 말고 "냉철한 국익의 계산과 철저한 전략적 사고"를 바탕으로 대일관계를 재정립해야 한다고 주장한다. 구체적으로는 첫째, 징용 재판 갈등 해결을 위해 정부가 "피해자 그룹(징용 재판 원고단)과의 조율을 통해 법원에서 진행되고 있는 강제집행조치를 일시적으로 보류하는 방안을 탐색"한 후 일본과 협상에 나서야 하며, 둘째, 수출규제와 GSOMIA 문제는 "한일갈등이 놓여있는 국제정치적 맥락, 동북아 국제관계의 문맥 속에서 사태를 세밀하게 진단하고 해법을 추구해야" 하며, 셋째, 한반도 평화프로세스 추진에 있어 "일본의 건설적인 역할을 견인하여 일본이 북한의 비핵화, 한반도의 평화체제 구축에 적극적인 공헌과 기여를 할 수 있도록 유도할 필요가 있다"고 주장한다. 이원덕은 특히 약 100억 불에 달할 것으로 예상되는 일본의 대북 청구권자금이 "북한 지역의 피폐한 인프라의 재구축 및 경제재건 과정에서 가장 요긴하게 활용될 수 있는 자원"이 될 수 있고 "장차 통일비용 절감에 결정적인 역할"을 할 수 있다고 강조한다.

4. 마치며: 한일 화해의 의미와 과제

1965년 국교 정상화 이후 한일관계는 안보와 경제적 이익을 위해 상호 협력하는 가운데 과거사 문제를 두고 갈등하는 관계를 지속해왔다. 그러나 2018년 10월 30일 우리나라 대법원이 일제 강제징용 피해자의 손해배상 청구권을 인정하고 이에 대한 항의로 일본정부가 대한 수출 규제 조치를 취하면서 악화되기 시작한 최근의 한일갈등은 과거사 문제를 넘어 경제와 안보 분야로까지 전선이 확대되고 있다. 이처럼 악화일로를 걷고 있는 한일갈등을 그대로 방치하는 것은 양국 모두에게 손해일 수밖에 없다. 장기적인 관점에서 볼 때 두 나라 사이의 협력은 불가피하며, 이를 위해서는 과거의 갈등을 해소하는 화해의 과정이 필요하다. 그렇다면 양국 사이 화해의 목표는 무엇이며 화해를 위해 무엇을 어떻게 할 것인가? 우선 일반적인 차원에서 화해의 다면성과 다층성에 대해 살펴보자.

4.1. 화해의 다면성과 다층성

화해를 뜻하는 영어 reconciliation은 어원적으로 라틴어의 reconcilio에서 유래한 것으로 14세기 이래 우호적 관계를 회복한다는 의미로 사용되었다.

그렇다면 화해는 정치적으로 어떻게 정의할 수 있는가? 기본적으로 화해는 갈등과 분쟁을 종식시키고 우호적 관계를 회복하는 과정으로 우호적 관계의 회복 정도에 따라 다양한 형태로 나타날 수 있다. 가장 초보적인 단계에서 화해는 김비환이 언급한 바와 같이 직접적인 폭력을 수반하는 갈등 상황(전쟁 또는 내란)이 일시적으로 종식된, "폭력의 종식" 상태를 의미할 수 있다. 그러나 이 상태는 "직접적인 폭력 사용만 그쳤을 뿐 화해의 당사자들 사이에 아직 깊은 적대감이 존재하고 있어서 언제라도 폭력 충돌이 재발할 수 있다." 이러한 점에서 "폭력의 종식은 가장 기본적인 화해가 이뤄진 상태로 볼 수 있는 동시에 보다 실질적인 화해를 위한 예비 단계로 볼 수도 있다." 다른 한편으로 화해는 "모든 적대와 갈등이 해소되었을 뿐만 아니라, 구성원들 사이에 두터운 상호 신뢰와 존중을 넘어 강력한 일체감이 형성된", 즉 공동체가 형성되거나 회복된 상태

를 의미할 수도 있다. 화해는 또한 위 두 극단 사이에 존재하는 다양
한 상태, 즉 폭력의 종식과 공동체 형성 사이에 존재하는 다양한 상
태를 의미할 수도 있다. 구체적으로는 폭력적 갈등은 종식되었지
만 아직 반목과 긴장이 계속되는 "비폭력적 갈등" 상태와 완전한 통
합과 공동체로 나아가지는 못했지만 상호 신뢰와 존중을 바탕으로
우호적 관계가 지속되는 "우정의 관계" 상태, 그리고 이 양자의 중
간에서 적절하게 균형을 이룬 갈등과 협력의 "역동적 균형" 상태를
의미할 수도 있다.[2]

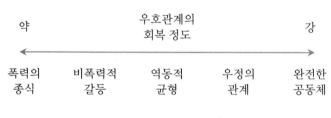

〈그림 1〉 화해의 스펙트럼[3]

화해는 이처럼 우호 관계의 회복 정도에 따라 다양한 형태로
나타날 수 있으며 또한 화해의 주체가 누구냐에 따라서도 다양한
형태로 나타날 수 있다. 실례로 국제관계에서 화해의 주체는 기본

---

2 정치적 화해의 다양한 상태에 관한 설명은 김비환, 「정치적 화해의 스펙트
    럼: 어떤 정치, 어떤 화해인가?」, 『정치사상연구』, 제26집 1호, 2020, 78쪽.
3 김비환, 「정치적 화해의 스펙트럼: 어떤 정치, 어떤 화해인가?」, 『정치사상
    연구』, 제26집 1호, 2020, 78쪽의 그림을 본서의 내용에 맞게 필자가 수정.

적으로 국가이지만 최근의 다양한 사례를 보면 국가 이외의 행위자가 화해의 주체로 등장하는 경우도 증가하고 있다. 최근 한일관계에 나타나고 있는 갈등 양상을 보면 국가와 국가 사이에 화해가 일단락된 이후에도 개인 또는 시민사회가 이러한 국가 간 화해에 불만을 제기할 경우 언제든 갈등이 재발할 수 있음을 보여준다. 구체적으로 한일관계의 최근 갈등은 그 과정을 추적해보면 일제강점기 징용으로 일본에 끌려갔던 강제징용 피해자들이 일본 기업을 상대로 낸 손해배상 청구 소송에서 시작한 것으로 한일 양국이 1965년 국교 정상화를 통해 관계를 정상화했음에도 불구하고 개인과 기업 등 민간 부문에서 화해가 이루어지지 않는다면 언제든 갈등이 재발할 수 있음을 보여준다. 화해를 이론화하기 위해서는 따라서 국가 이외의 다양한 행위자, 예를 들어 개인 수준에서는 '위안부', '징용공' 등의 피해자 개인, 집단 수준에서는 한국정신대문제대책협의회, 일본의 재특회 등 시민사회 단체와 NGO, 언론, 기업 등을 함께 고려해야 하며 국가와 국가 사이의 화해 뿐 아니라 국가와 개인, 국가와 사회 집단, 개인과 개인, 개인과 사회 집단, 사회 집단과 사회 집단 등 다양한 행위자 사이에 나타나는, 즉 다양한 층위에서 나타나는 갈등과 화해의 다층적 양상을 고려해야 한다.[4]

---

4 김범수, 「서론: 갈등을 넘어 화해로」, 김범수 외, 『동서 화해사상으로 본 통일공동체의 상과 과제』, 통일연구원 위탁연구과제 보고서, 2019, 3쪽.

4.2. 한일 화해의 목표와 과제

이러한 화해의 다면성과 다층성을 고려할 때 1965년 국교 정상화 이후 한일관계는 국가와 시민사회, 개인 등 다양한 행위자 사이에 갈등이 주기적으로 반복되고 있지만 최소한 "폭력의 종식" 상태를 유지하고 있다는 점에서 장기적인 관점에서 볼 때 화해의 과정에 있는 것으로 볼 수 있다. 즉, 1965년 국교 정상화를 일제 식민통치 기간과 이승만 정권 시기까지 이어진 한일 간 폭력적 갈등을 종식시킨 화해의 시작점으로 본다면, 이후 한일관계는 "비폭력적 갈등" 상태, 갈등과 협력의 "역동적 균형" 상태, "우정의 관계"[5] 사이에서 진동 운동을 거듭하고 있지만 최소한 현재까지는 "폭력의 종식" 상태를 유지하고 있다. 실제로 한일관계는 최근 한일 양국 정부 사이에 나타나는 바와 같이 "비폭력적 갈등" 양상을 보여주기도 하고, 민간 차원에서도 때때로 반일 감정과 반한 감정이 격화되는 모습을 보여주기도 하지만 이러한 갈등이 폭력적 갈등 양상으로 비화된 적은 없으며 앞으로도 당분간 양국 사이에 폭력적 갈등이 발생할 것으로 보이지 않는다.

---

5 다소 논란은 있을 수 있으나 1998년 10월 8일 김대중 대통령과 일본의 오부치 게이조(小渕恵三) 총리가 함께 발표한 「21세기를 향한 새로운 한일 파트너십 선언(21世紀に向けた新たな日韓パートナーシップ宣言)」은 양국 간 포괄적 협력을 규정하고 있다는 점에서 양국 사이 "우정의 관계"를 선언한 것으로 볼 수 있다.

오히려 한일 양국은 최근 갈등에도 불구하고 경제와 안보 분야에서 2019년 7월 일본이 수출규제 조치를 취하기 이전과 비교하면 다소 줄어들긴 했지만 현재까지 협력을 계속 유지하고 있다. 구민교가 언급한 바와 같이 2020년 기준 일본은 한국의 5대 교역국(수입액 기준으로는 3위)이며 한국은 일본의 3대 교역국으로 남아 있다. 월간 수출입 동향 통계에 의하면 2020년 7월 기준 한국의 대일 수출 규모는 일본이 수출규제 조치를 취한 2019년 7월의 25억 달러 대비 21.6% 감소한 약 20억 달러 규모로 줄어들긴 했지만 아직 상당한 규모를 유지하고 있으며 수입 또한 2019년 7월에 비해 약 8.2% 정도 줄어들긴 했지만 아직 38억 6천만 달러에 달하고 있다.[6] 더 나아가 2020년 9월 수출입 현황 통계에 의하면 대일 수출 규모는 2019년 9월 대비 6.3% 감소하긴 하였으나 2020년 7월에 비해서는 다소 증가한 21억 7천만 달러를 기록하고 있으며, 수입의 경우 1년 전인 2019년 9월에 비해서도 약 0.2% 정도 증가한 38억 3천만 달러에 달하고 있다.[7] 안보 분야에 있어서도 한국정부가 2019년 8월 22일 일본정부에 한일군사정보보호협정(GSOMIA; 지소미아) 종료를 통보했다가 결국 종료 하루를 앞둔 11월 22일 한일 간 수출 규제와 관련한 논의를 시작하기로 합의하면서 '조건부 유예'로 돌아선 바 있으며, 2020

---

6 관세청 통관기획과, 「2020.7. 월간 수출입 현황(확정치)」,
   https://unipass.customs.go.kr/ets/index.do(2020.10.31).
7 관세청 통관기획과, 「2020.9. 월간 수출입 현황(확정치)」,
   https://unipass.customs.go.kr/ets/index.do(2020.10.31).

년 8월에도 별다른 조치를 취하지 않아 지소미아를 중심으로 한 한일 간 안보협력관계는 앞으로도 당분간 계속 유지될 것으로 보인다.[8] 이러한 점에서 최근 한일관계는 겉으로는 갈등만 지속되고 있는 것처럼 보이지만 실제로는 갈등과 협력이 적절한 균형 상태에서 유지되고 있는 "역동적 균형" 상태에 있다고 볼 수 있다.

그렇다면 이처럼 갈등과 협력 사이에서 어렵게 균형을 유지하고 있는 한일관계가 앞으로 나아갈 방향은 무엇인가? 궁극적으로는 위에서 언급한 화해의 스펙트럼에서 최선의 화해 상태인 "모든 적대와 갈등이 해소"되고 양국 정부와 국민들 사이에 "두터운 상호 신뢰와 존중을 넘어 강력한 일체감이 형성된 상태", 즉 한일 양국 사이에 유럽연합(EU)와 같은 하나의 공동체가 형성된 상태를 목표로 할 수도 있겠으나 이러한 목표는 단기간 내에 실현불가능하다. 그렇다고 한일관계가 단기간 내에 일제 강점기 시기나 또는 국교 정상화 이전 이승만 대통령이 선언한 '평화선' 문제를 두고 어선을 나포하는 등 무력으로 충돌하던 시기와 같은 "폭력적 갈등" 상태로 되돌아갈 가능성도 거의 없다.[9] 이러한 점을 고려할 때 현실적으로 가능한

---

8 『동아일보』,「지소미아, 유지는 하는데 ... 韓 '언제든 종료' 日 '운용 필요'」, 2020.8.24.
9 1952년 1월 18일 이승만 대통령은 우리나라 연안 수역 보호를 목적으로 한반도 주변 도서지역 해안에서 약 20~200해리에 이르는 해상에 "평화선"을 긋고 대한민국 주권을 선언하였다. 이에 대해 일본뿐 아니라 미국도 일방적 선언이라고 주장하며 "평화선" 철폐를 강력히 요구하였으나 이승만 대통령은 군함을 동원해 "평화선"을 넘는 일본 어선을 나포하는 등 강경 대응

한일 화해의 목표는 현재의 "역동적 균형" 상태가 "비폭력적 갈등" 상태 또는 "폭력적 갈등" 상태로 악화되는 것을 제어하는 가운데 상호 신뢰와 존중을 바탕으로 "우정의 관계"를 회복하는 것이다.

이를 위해서는 한일 양국이 본서에서 제기하는 다양한 화해 방안들을 실천으로 옮겨야 한다. 구체적으로는 구민교가 주장하는 바와 같이 한일 양국이 "역사 문제 '때문에' 서로에게 등을 돌릴 것이 아니라 역사 문제에도 '불구하고' 상호 협력해야 한다." 특히 안보 분야의 경우 박철희가 주장하는 바와 같이 일본이 한국 안보에 중요한 역할을 수행한다는 점을 인지하고 한일 양국 간 "중층적 협력 태세"를 갖춰야 한다. 한일 양국 간 "신뢰 회복을 위한 상호 유화조치"를 도입하고, 공공외교를 통해 "한일안보협력 기본체계에 대한 이해 심화 노력"을 배가하며, 전문가와 민간인을 포함한 안보 전략대화를 통해 양국 간 안보협력을 유지 발전시켜 나가야 한다. 더욱 근본적으로는 남기정이 제안한 바와 같이 한일 양국이 "'미국과의 동맹이 보장하는 안전'이라는 이익을 공유"하며 "역사 갈등을 관리하는 방식"에서 벗어나 동아시아 지역주의에 기반을 둔 "다자적 안보공동체" 구축을 목표로 협력하는 가운데 "역사 문제를 해소해

으로 일관하였다. 1961년까지 나포된 일본 어선은 328척에 달하였으며 억류·감금된 일본인은 3,929명에 달했다. 또한 나포 과정에서 일본 어부 44명이 사망하였다. 한국학중앙연구원, 「평화선」, 『한국민족문화대백과사전』, http://encykorea.aks.ac.kr/Contents/Item/E0060099(2020.10.31.); 위키백과, 「평화선」, https://ko.wikipedia.org/wiki/평화선(2020.10.31).

나가는 방식으로의 사고 전환이 필요하다.”

　　그리고 이러한 협력을 위해서는 김상준이 지적하는 바와 같이 일본이 과거를 직시하고 과거사에 대한 제대로 된 인식을 형성하는 것 또한 필요하며, 천자현이 제안하는 바와 같이 “독일의 연방법 제정과 법 테두리 안에서 배상을 위한 일련의 재단 설립 과정을 교훈 삼아” 더욱 적극적으로 과거사 문제 해결에 임하는 것 또한 필요하다. 더 나아가 한일 양국이 프랑스와 독일의 화해 사례를 참고하여 “공동 역사교육을 통한 역사인식의 공감대”를 넓히는 것도 중요하다. 이와 더불어 한국정부는 이원덕이 제안하는 바와 같이 “국민정서, 대중의 감정에 휩쓸리는 대일 과거사 외교의 함정에 빠지지” 말고 “냉철한 국익의 계산과 철저한 전략적 사고”를 바탕으로 대일관계를 재정립해야 한다. 구체적으로는 우선 우리정부가 징용 재판 갈등 해결을 위해 “피해자 그룹(징용 재판 원고단)과의 조율을 통해 법원에서 진행되고 있는 강제집행조치를 일시적으로 보류하는 방안을 탐색”한 후 일본과 협상에 나서야 하며, 수출규제와 GSOMIA 문제 등에서는 “한일갈등이 놓여있는 국제정치적 맥락, 동북아 국제관계의 문맥 속에서 사태를 세밀하게 진단하고 해법을 추구해야” 한다.

　　이처럼 한편으로는 최근 갈등 양상을 보이고 있는 한일관계를 개선하기 위해 노력하는 동시에 다른 한편으로는 더 이상 관계를 악화시키지 않도록 양국 정부와 국민들이 서로를 자극하지 말고 절제하는 모습을 보여주는 것 또한 매우 중요하다. 이러한 점에서 현대 다원주의 사회의 갈등 예방 전략으로 스테판 홈즈(Stephan Homes)가 제시하는 "언급 자제(gag rule)"의 전략은 양국관계에 시사하는 바가 크다. 홈즈에 의하면 "합리적 의견 불일치(reasonable disagreement)"를 특징으로 하는 현대 다원주의 사회에서 민주주의가 효과적으로 작동하기 위해서는 때때로 대화와 타협의 상대인 상대방을 불필요하게 자극할 수 있는 언급을 자제하는 것이 무엇보다 중요하다. 실례로 근본적 화해가 불가능한 종교 교리를 두고 종교집단 간 또는 교파 간 갈등이 발생할 경우 무리하게 자신들의 주장을 내세우며 합의를 추구하기 보다는 그 문제를 잠시 아젠다에서 내려놓고 대신 합의 가능한 다른 영역에서 협력함으로써 민주주의가 효과적으로 작동할 수 있다고 홈즈는 주장한다.[10] 이러한 홈즈의 주장을 한일관계에 적용해 보면, 한일 양국 정부를 비롯하여 개인, 시민단체, 언론 등 다양한 주체들이 화해가 불가능한 또는 매우 어려운 과거사 문제는 잠시 아젠다에서 내려놓고 합의가 가능한 영역에서 협력을 추구하는 것이 필요해 보인다. 이를 통해 한일 양국이 당분간 시간은 걸릴 수도 있겠지만, 1965년 국교 정상화 이후 최악으로 치닫고 있는 현재 갈등 국면을 해소하고 "우정의 관계"로 나아갈 수 있는 계기를 만들 수 있으리라 생각한다. 급할 때 일수록 잠시 돌아가는 지혜가 필요해 보인다.

10   Holmes, Stephen, "Gag Rules or the Politics of Omissions," in Jon Elster ed., *Constitutionalism and Democracy*, New York: Columbia University Press, 1988, pp. 43-50.

한일관계 갈등을 넘어 화해로

제1부

과거사 문제와
한일관계

한일관계 갈등을 넘어 화해로

제2장

1965년 국교 정상화 이후 한일관계의 진화*
역사 문제와 안보의 연동 메커니즘

┃ **남기정**(서울대학교 일본연구소 교수)

1. 역사와 안보의 연동

한일관계는 1965년 국교 정상화를 이룬 뒤, 20년 만인 1985년 일본 『외교청서』에 '한일 신시대'가 확인되어 '신시대' 한일관계로 진입한 이후, 1995년, 2005년, 2015년의 10년 주기로 최악의 한일관계를 갱신해 왔다. 그러나 그것은 절대적인 수치로서의 최악이 아니라 상대적인 감각으로서의 최악이었다. 그 사이 사이에는 일본에 의한 새로운 역사인식의 제시와 문제 해결을 위한 움직임이 나타나고 있었기 때문이다. 예컨대 1995년의 '최악'에 이르기까지는 1993년

---

* 이 글은 『일본연구논총』 45호(2017)에 발표한 「한일관계에서 역사 문제와 안보의 연동 메커니즘: 투트랙 접근의 조건과 과제」를 수정한 것이다.

호소카와 연설(細川演説)과 고노담화(河野談話), 1995년 무라야마 담화(村山談話)로 이어지는 과정이 있었다. 2005년 '최악'을 갱신하기까지는 1998년 한일신시대파트너십 공동선언에서 2002년 월드컵 공동개최에 이르는 과정이 있었다. 그리고 2015년 전후 '최악'이 일컬어지기까지는, 이명박 정권 전반기의 한일 밀월시대와 2010년의 간 나오토 담화(菅直人談話)가 있었던 것이다.

이렇듯 갈등의 최저점과 협력의 최고점이 같이 상승하고 있는 현상이 '역사를 둘러싼 갈등-화해의 진화'라는 현상이다. 갈등의 최저점 또한 상승하고 있지만, 협력의 최고점이 동반 상승하고 있기 때문에 한일관계의 갈등 국면은 언제나 '최악'의 갈등으로 체감되는 것이다. 그것은 마치 열코일과 냉코일을 교차시켜 함께 감아 놓은 코일막대가 뜨겁지도 차갑지도 않고 '아프게' 감지되는 것과 같은 것이다.[1]

이러한 상황에서 한편에서는 한일관계가 기본적으로 갈등할 수밖에 없으며, 갈등이 주된 기조라고 보는 비관적인 시각이[2], 다

---

1 남기정, 「한일수교 50년: 갈등과 협력의 진화」, 『일본비평』 12호, 2015, 21쪽.
2 한일관계는 개선될 가능성이 없기 때문에 한국과 우호협력을 증진시키려는 노력이 필요 없다는 일본의 극우보수주의자들의 시각이 대표적이다. 한편 일본에서 혐한론이 확산되는 데 따라 한국에서도 일본과는 갈등하는 것이 기본이며, 이를 새로운 정상상태(New Normal)로 받아들여야 한다는 시각이 나타났다. WorldKorean, 「'일본사회의 구조적 변화와 한일관계' 심포지엄」, 2014.12.3.; 빅터 차, 「(세상읽기) 한일관계에 대한 네 가지 이론」, 『중앙일보』, 2015.1.30.

른 한편에서는 한일관계는 발전하여 협력을 확대시켜 나갈 수밖에 없다고 기대하는 낙관적인 시각이 공존하고 있다.[3] 전자를 역사에 대한 근본주의적 시각이라고 할 수 있다면, 후자는 협력에 대한 기능주의적 시각이라고 할 수 있다. 이러한 비관과 낙관은 사실은 동전의 양면으로 존재하며, 서로를 더욱 키워가는 적대적 공존관계에 있다.

전통적으로 한일관계에서 '역사적 과제의 해결'과 '안보적 경제적 국익'의 추구는 서로 상충되는 것으로 인식되어 왔다. 1965년의 국교 정상화에 이르는 과정이 이를 극명하게 보여 주었기 때문이다.[4] 역사적 반목에도 불구하고 협력하는 양상은 현실주의 국제정치학자들이 주목하는 사례로 거론되어 왔다.[5] 이러한 경험이 역사를 둘러싼 갈등과 안보적 경제적 국익을 위한 협력을 구분하는 '투트랙 접근(two-track approach)'의 유용성의 근거가 되어 왔다. 즉, 역사 문제를 관리하면서 국익 추구 외교는 추진되어야 한다는 입장이다. 그러나 탈냉전기에 들어 이러한 현실주의적 접근에 한계가

---

3 예컨대 2015년 5월 23일 일본 삿포로(札幌) 홋카이도(北海道)대학 내 학술교류회관에서 열린 한일정치학회 국제심포지엄(동아일보 아사히신문 공동 주최)에서 피력된 오구라 가즈오(小倉和夫), 박철희, 정재정 등의 입장이 이러한 시각을 반영하고 있다. dongA.com, 「정치인들이 反日·反韓감정 이용… 관계회복에 걸림돌」, 2015.5.26.
4 和田春樹, 「歷史の反省と經濟の論理—中國·ソ連·朝鮮との國交關係から」, 東京大學社會科學研究所編, 『現代日本社會7, 國際化』, 東京大學出版會, 1992.
5 Victor D. Cha, *Alignment Despite Antagonism: The United States-Korea-Japan Security Triangle*, Stanford University Press, 1999.

보였다. 외부 위협을 공유함에도 불구하고 안보협력이 지체되기 때문이었다. 이러한 현실에서 구성주의적 시각을 동원하여, 한일의 안보 협력이 미진한 데에는 역사인식에 근거하는 국민적 아이덴티티가 외부적 안보 위협보다 더 크게 영향을 주고 있다는 분석이 나왔다.[6] 나아가 글로서만과 스나이더와 같은 연구자는 국익(national interest)에서 국가정체성(national identity)으로 분석대상을 변화시켜 한일관계를 설명하려 했다.[7]

그러나 김지영이나, 글로서만과 스나이더 등의 논의도 결국에는 국가정체성의 충돌에서 파생하는 문제를 어떻게 조정해서 국익을 공유하는 협력관계로 나가게 하는가에 관심이 있는 것을 보면, 그 논의는 '안보와 국익'이 여전히 한일관계에서 중요한 요인이라는 것을 거꾸로 증명하고 있다. 이를 고려하면 '안보와 국익'을 논의의 대상으로 다시 소환하되, '소극적 안보'와 구별되는 '적극적 안보'의 개념을 도입해서 한일관계를 설명하고 그 미래를 전망해 볼 수 있을 것 같다. '소극적 안보'를 양자 동맹을 통한 안보로 규정하고, '적극적 안보'를 다자적 안보공동체(안보협력체) 구축을 통한 안보로 규정한다면, 종래의 한일관계는 '소극적 안보, 작은 평화'에서 확

---

6 Ji Young Kim, "Rethinking the Role of Identity Factors: the History Problem and the Japan - South Korea Security Relationship in the post-Cold War Period", *International Relations of the Asia-Pacific*, v. 15, 2015.

7 Brad Glosserman and Scott A. Snyder, *The Japan-South Korea Identity Clash: East Asian Security and the United States*, New York: Columbia University Press, 2015.

보되는 이익을 공유하는 관계로 갈등을 제어하고 협력을 제고시켜 온 데 비해, 탈냉전 이후의 한일관계는 '적극적 안보, 큰 평화'를 모색하는 가운데 역사 갈등을 제어하고, 화해를 모색해 왔던 것이다. 이러한 경험은 역사 문제를 둘러싼 갈등이 안보적 국익에 미치는 영향을 차단하며 국익 추구 외교를 구사해야 한다는, 투트랙 접근에 대한 종래의 이해 방식에 변화가 필요하다는 것을 보여주고 있다. 이 글은 이러한 문제의식에서 한일관계에서 역사 문제와 안보의 연동 메커니즘을 찾아내어, 투트랙 접근의 조건과 과제를 확인해 보고자 하는 것이다.

다시 확인하건대, 한일관계가 갈등과 협력이 반복되면서도 장기적 관점에서 발전하고 있다는 것을 확인하는 것은 한일관계의 미래에 대한 열린 태도를 확보하게 하는 일이며, 그러한 열린 태도는 다시 갈등을 관리하고 협력을 확대하는 의식적 노력을 창출하게 된다. 이를 위해서 필요한 것은 갈등과 협력의 메커니즘을 발견하는 것이다. 즉, 갈등 국면과 협력 국면의 반복과 진화를 어떻게 설명할 것인가의 문제에 과학적 해명을 제시하는 것이다. 결과론적 설명이긴 하지만, 어쨌건 이러한 과정을 통해 일본은 역사인식을 발전시켜 왔다. 여기에서 역사인식의 발전이란, 일본이 한반도에 대한 식민지 지배의 역사를 회피하지 않고 직접적으로 인정하며, 그 과정에서 한국인들이 받은 피해에 대해 반성하고 사죄하는 성찰적 태도를 획득해 나가는 과정을 의미한다.

한편 일본의 역사인식 발전에 한일 양국의 시민단체의 연대와 운동, 양국의 국민 여론, 국제사회의 압력이나 운동 등이 중요한 영향을 미쳤다. 다만, 그런 움직임은 거의 상수로 존재해 왔다는 점, 그리고 오히려 이러한 움직임이 단기적으로는 양국관계를 악화시킨 원인이기도 하다는 점을 고려할 때, 이러한 움직임이 존재하는 것을 일본의 역사인식 발전의 요인으로 직결시키는 것은 어려움이 있다고 생각한다. 그런 의미에서 탈냉전 이후, 2010년 간(菅) 담화에 이르기까지 일본의 역사인식이 상승하던 시기를 분석대상으로 삼아, 한일 간 역사 갈등을 극복하는 데 개재해 있던 또 다른 요인을 찾아보는 것은 의미 있는 일이다. 이러한 문제의식 하에서 본고에서는 첫째, 일본의 총리 또는 각료들의 발언을 통해 일본의 공식적인 역사인식이 발전해 온 경로를 추적하고, 둘째, 그러한 발전이 가능했던 조건들을 찾아 추려냄으로써 더욱 높은 수준의 역사인식 공유가 어떻게 가능할지 살펴보고자 한다.

2. 화해 없는 국교 정상화: 역사 갈등의 기원

2.1. 메아리 없는 '화해'의 요청

한국정부의 대일 입장은 정부수립 직후인 1948년 9월 30일

이승만 대통령의 시정연설에서 표명되었다. 구체적으로 이승만 대통령은 "정부는 과거의 일본 제국주의 정책으로 인한 모든 해악을 회복하고 또한 장래 인접국가로써의 정상한 외교관계를 보속하기 위하여 연합국의 일원으로써 대일 강화회의에 참렬케 할 것을 연합국에 요청할 것이며 민국이 대일 배상에 대한 정당한 권리를 보유하며, 또한 그 이후의 발전에 관하여 국제적 의무를 부하할 것을 주장할 것"이라고 강조했다.[8]

그러나 3주 후 이승만 대통령은 도쿄의 맥아더 총사령부를 방문하고 돌아와 이러한 입장을 철회하는 듯한 성명을 발표했다. 10월 21일, 이승만 대통령은 도쿄에서 가진 기자회견에서 "여(余)는 일본과 한국 간에 정상한 통상관계가 재확립되기를 희망한다. 우리는 과거를 망각하려 할 것이며, 또한 망각할 것이다"라고 발언하며 역사 청산에 앞서 통상관계 확립을 중시한다는 뜻을 표명했다.[9] 이 배경에 미국의 신중한 입장이 작용한 것은 의심의 여지가 없다. 반공 단독정부를 수립한 이승만의 입장에서 미국이 설정한 범위 밖에서 대일관계를 주도할 여력은 없었던 것이다. 일제 강점에 의한 식민 통치 유산의 청산은 반공 전선의 구축이라는 과제에 용해되어 사라지고 말았다. 탈식민지주의의 과제가 냉전체제 속에 은폐 온존되는 구조가 여기에서 성립했던 것이다.

8 『동아일보』, 1948.10.2.
9 『동아일보』, 1948.10.22.

한국정부는 한일수교 교섭에 임하면서 입장을 다시 한 번 미묘하게 바꿨다. 배상을 포기한 상황에서 일본에 '화해'를 요구함으로써 간접적으로 한국이 연합국의 일원임을 확인하고자 했던 것이다. 한일 간의 공식 대화에서 '화해(화목)'라는 말이 처음 나온 것은 아마도 1951년 10월 22일, 도쿄의 연합국 최고사령부 회의실에서 개최된 국교 정상화를 위한 예비회담 제2차 회의에서였을 것이다. 회담에서 한국 측 수석대표로 참석한 양유찬 주미대사는 모두 발언에서 극동의 평화를 위해 한일 양국이 선린우호 관계를 맺어야 하는 필요성을 인정하고, "우리는 지난날 당신들이 저지른 행위에 대해 배상 같은 것을 요구하지도 않겠다"면서 "우리는 과거의 한일 간에 존재하던 적대심(hatchet)을 버리고 화목하여"라고 말했다. 양유찬은 영어로 모두 발언을 했는데, 이 대목은 미국측 기록에 따르면 "hatchet should be buried"였다. 이에 대해 치바 히로시(千葉皓) 교체 수석대표는 "화목할 여아한 것이 있었는지?(Whether there was a hatchet to bury?)"라며, 한일 사이에 화해를 할 만한 일이 없다는 태도를 보였다.[10] 한국 측 입장은 한국이 일본과의 관계에서 연합국에 준한 입장에서 배상의 권리를 갖고 있으나, 선의로서 이를 포기하겠다는 점을 확인히고자 했으나, 일본은 이를 받아들이지 않겠다는 태도를 보였던 것이다.

10　유의상, 『대일외교의 명분과 실리: 대일청구권 교섭과정의 복원』, 역사공간, 2016.

이것이 한국과 일본의 정부 간의 최초의 만남에서 있었던 일이다. 이 간극을 메우는 것이 길고 긴 국교 정상화 교섭의 핵심 의제였다. 나아가 국교 정상화 이후에 벌어지는 모든 역사 갈등이 이 간극에서 기원하는 것이었고, 결과적으로 말하자면, 이 간극은 지금도 해소되지 않았다.

2.2. 일본에 의한 최초의 '유감' 표명: 대미외교의 일환

그럼에도 이 간극은 조금씩이나마 좁혀져 왔다. 한일관계에서 일본 쪽으로부터 '과거'에 대한 발언이 처음 나온 것은 의외로 전범 정치가인 기시 노부스케(岸信介) 총리의 입을 통해서였다. 일본은 1차 한일교섭에서 한국에 대한 청구권, 이른바 '역청구권'을 주장하고, 3차 한일교섭에서 이를 설명하는 가운데 '구보타 망언(久保田妄言)'이 터지면서 한일 교섭은 중단되었다. 이를 타개하려 했던 것이 기시였다. 미국의 지역통합전략에 부응하는 것으로 미일동맹에서 일본의 위상을 높일 수 있다고 생각한 기시는 1957년 5월 19일, 친서를 휴대하게 하여 야쓰기 가즈오(矢次一夫)를 한국에 파견했다. 친서에서 "기시 총리는 현대사 가운데 양국관계를 악화시킨 이토 히로부미(伊藤博文)가 동향인으로 한국에 대해 저지른 잘못을 유감스럽게 생각하고 그 잘못을 시정하려고 노력하고 있다"고 하며 '유감'을 표시했다. 이어서 한국을 떠나며 발표한 성명에서 야쓰기는 과오를 범한 주체를 일본의 군국주의자들로 한정하고, 이들이 "한국에 대해 범했던 과오를 유감스럽게 생각하고 있다"고 언급하였다.[11] 과오를 범한 주체가 이토 히로부미 개인으로부터 일본의 군국주의자들로 확대되긴 했으나, 일본의 국가 책임은 비켜가고 있었으며, 그 사과의 수준도 '유감'에 머물러 있었다. 이후 천황 발언으로 유명해진 '유감' 표현의 원형이 여기에 있다. 기시 정권이 구보타 망언을 철회하면서까지 시도했던 대한(對韓) 접근은, 재일교포 '북한 입국(북송)' 사업이 개시되면서 수포로 돌아갔다. 철저한 반북 반공을 내걸었던 이승만 정권에게 일본의 행위는 배신으로 간주되었기 때문이다.

철저한 반공을 내건 한국과 북한과의 관계에 유보적인 일본의 엇박자는 장면 정권이 수립되면서 수습되었다. 1960년 8월 23일 출범한 장면 정권이 27일 취임 후 처음 가진 시정연설에서 "한일 양국의 외교관계를 정상화하기 위한 양국 간의 회담을 재개하는 것과 재일동포의 경제적 지원 및 교육에 관한 지도 등을 적극화하는 것, 동포의 자본을 국내에 도입하는 길을 여는 것이 급무"라고 밝히면서 일본과의 국교수립에 적극적인 태도로 전환했기 때문이다.[12] 장

---

11 김동조, 『회상 30년, 한일회담』, 중앙일보사, 1986, 120쪽.
12 허동현, 「제2공화국 국무총리 장면의 삶과 꿈」, 조광 외, 『장면 총리와 제2공화국』, 경인문화사, 2003, 103쪽; 南基正, 「戰後日韓関係の展開－冷戦, ナショナリズム, リーダーシップの相互作用」, *GEMC Journal*, no. 7, 2012. 3, 65-66頁.

면의 시정연설에 일본에 대해 역사를 추궁하는 태도는 보이지 않았다. 이에 일본이 반응했다. 1960년 9월 6일, 고사카 젠타로(小坂善太郎) 외상이 방한하며 발표한 도착 성명에서 "한국의 새로운 지도자분들께서 과거에 얽매이지 않고 미래에 대처해 나아가겠다고 말씀하신 것"이 일본인들에게 감명을 주었다고 하고, "수년 간의 여러 현안들을 하루 속히 해결하여, 양국 간에 친선우호와 상호 신뢰의 관계가 확고하게 수립되는 것을 희망한다"고 표명했다.[13] 장면 정권이 북한과의 관계에서도 변화를 모색하고 있는 것도 일본의 입장에서는 호재였다. 그러나 5.16 쿠데타의 발발로 장면 정권에서의 국교 정상화는 타결 목전에서 좌절되었다.

역사를 묻지 않는 태도는 박정희 정권에서도 이어졌다. 1961년 11월 11일, 일본을 방문한 박정희 의장은 지금 "특별히 요청되는 것은 자유진영 제국간(諸國間)의 상호우호와 단결의 강화인 것"이라고 언급하였고, "우리들은 사소한 문제를 가지고 서로 대립을 고집하지 말고 더욱 이해의 정신으로써 어떻게 하면 굳은 제휴를 효과적으로 추리할 수 있는가를 진지하게 고려해야 할 것"이라고 강조했다.[14] 이후 국교 정상화 교섭에서 역사 청산의 과제는 후경화(後景化)되고 말았다.

13 『朝日新聞』, 1960.9.6.
14 『조선일보』, 1961.11.12.

2.3. 역사 갈등의 기원: 청구권협정에 대한 해석의 간극

주지하는 바와 같이 한일기본조약이나 청구권협정에서 역사에 대해 직접 언급한 구절은 찾아 볼 수 없다. 다만 한국정부는 기본조약 제2조에서 "1910년 8월 22일 및 그 이전에 대한제국과 대일본제국 사이에 체결된 모든 조약 및 협약이 이미 무효임을 확인한다"는 구절에 대한 해석에서 구조약이 원천적으로 무효였다는 것이 확인되었다는 입장이다. 그러나 일본은 구조약이 일단 성립되었으나, 대한민국 정부가 수립된 1948년 시점에 무효가 되었다는 해석을 굽히지 않았다. '이미'라는 말은 타협의 산물이었다. 결국 양국은 '이미'라는 문구의 해석을 편의적으로 해석하는 것으로 이 간극을 그대로 놔둔 채 문제를 봉인했다. 이 문제는 고스란히 청구권협정에 반영되었다. 청구권협정에서는 1조와 2조의 관계가 문제였다. 1조는 "일본은 한국에 10년에 걸쳐 무상 3억 달러와 유상 2억 달러를 제공한다"는 내용으로 되어 있다. 2조는 "양국과 그 국민의 재산 권리 및 이익과 청구권에 관한 문제가 완전히 그리고 최종적으로 해결된 것을 확인한다"는 내용으로 되어 있다. 문제는 두 조문의 상관성이었다.

한국정부는 1조에 제시된 금액의 공여기 한국의 대일청구에 대한 채무지불의 성격을 가지며, 기본적으로 배상과 같은 것이라고 설명했다. 반면 일본정부는 「일한조약과 국내법의 해설」이라는 문건에서, "양자 사이에는 어떠한 법률적 상호관련도 존재하지 않는다"고 하여, 금액을 제공한 결과로 청구권이 해결된다는 해석을 부정했다. 즉, 일본이 제공하는 금액은 한국이 주장하는 것처럼 청구권의 행사로 지불하는 것이 아니라는 것이었다.[15] 1951년 10월 한국과 일본이 처음 만난 자리에서 '화해'를 둘러싸고 전개한 신경전이 이러한 해석의 차이로 낙착되었던 것이다. 일본은 마치 식민지 지배의 역사가 없었던 것처럼 행동했고, 한국은 일본이 식민지배의 역사를 인정하고 청산한 것으로 간주해 주었다.

다만, 한일기본조약 체결을 앞두고 시나 에쓰사부로(椎名悦三郎) 외상이 방한하여 '과거'에 대해 언급하고 '유감'과 '반성'을 표명했다는 것은 특기해 둘 만하다. 1965년 2월 20일, 이동원-시나 한일공동선언을 발표하는 자리에서 시나 외상은 "과거의 관계는 유감이며, 깊이 반성하고 있다"고 발언했던 것이다. 국교 정상화를 계기로 해서 처음으로, 한일 과거사에 대한 일본의 공식적인 언급 속에서 '반성'이라는 말이 처음 등장한 것이다. 그러나 시나 외상의 발언에서 과거가 어느 시기를 말하는 것인지, 무엇에 대한 반성인지에 대해서는 명확한 언급이 없었다.

이러한 인식은 1982년 8월 26일 발표된 '역사교과서' 문제에 대한 관방장관 담화에도 이어졌다. 담화는 "일본정부 및 일본국민은 과거에 우리나라의 행위가 한국과 중국을 포함한 아시아 국가들의

---

15   이원덕, 『한일 과거사 처리의 원점: 일본의 전후처리 외교와 한일회담』, 서울대학교 출판부, 1996, 287-289쪽.

국민에게 다대한 고통과 손해를 안겨준 것을 깊이 자각하고, 이러한 일을 두 번 다시 되풀이해서는 안 된다는 반성과 결의 위에 서서 평화국가로서의 길을 걸어왔다"고 하고, 이어서 "우리나라는 한국에 대해서는 1965년의 한일공동선언 중에서 '과거의 관계는 유감이며 깊이 반성하고 있다'는 인식을 (중략) 표명했는데, (중략) 현재에도 이 인식은 어떠한 변화도 없다"고 하여 1965년의 시나 외상의 인식을 계승하고 있었다.

나아가 1984년 9월 6일, 전두환 대통령 방일 시에 일본 천황이 궁중만찬회에서 '말씀(お言葉)'을 통해 "이번 세기의 한 시기에 양국 사이에 불행한 과거가 있었던 것은 매우 유감이며, 다시 반복되어서는 안 된다고 생각한다"고 발언한 것은, 천황이 직접 '유감'을 표명했다는 것을 차치하면, 시나 외상의 발언에 비하면 오히려 후퇴한 것이었다고 볼 수 있다.

아무튼 한일기본조약과 청구권협정에 노정된 이 간극이 한일 간 역사 갈등의 기원이 되었다. 이 간극은 한일관계가 역사인식의 상승국면을 맞이할 때마다 갈등요인으로 나타나 한일관계를 갈등의 나락으로 추락시키는 중력으로 작용하고 있다. 오랜 동안 이 중력은 상수로 취급되어 왔다. 그렇기에 중력을 관리하는 것으로 한일관계의 발전 국면을 유지하려 했다. 그러나 이 중력 그 자체를 없애려는 시도가 1990년대에 들어와 나타나기 시작했다. 그 최초의 시도는 탈냉전기 국제질서의 개편기에 나타났다.

3. 탈냉전기 이후 역사화해의 시도

3.1. 탈냉전과 역사화해의 상승구조

일본의 역사인식이 변화하는 것은 냉전의 종언과 불가분의 관계를 갖는다. 또한 당시 주일대사관을 전선으로 한 대일외교가 역사 문제에 적극적일 수 있었던 것은 민주화를 배경으로 정통성 문제에서 외교 당국자들이 자유로워졌다는 데에도 심리적 이유를 찾을 수 있다.

후일 아주국장과 통일부차관을 지낸 김석우가 회고록에서 밝힌 바에 따르면 그는 주일 대사관 정무참사관 시절, 사할린 동포 문제를 인지하고 이 문제의 해결을 위해 사할린에 들어갔다. 김석우 참사관의 대소 접촉은 서울 올림픽에 참가한 소련 대표팀과 접촉한 경험이 밑바탕이 되어 있었다.[16] 사할린 동포 귀국 문제를 둘러싼 한소 교섭이 진전을 보는 가운데, 일본도 더 이상 이 문제를 회피하고 있을 수는 없었다. 결국 1990년 4월 18일, 나카야마 타로(中山太郎) 외상은 사할린 동포 문제를 일본정부의 책임으로 인정하기에 이르렀다. 나카야마 외상은 "자신의 의사가 아닌, 당시 일본정부의 의사로 사할린에 강제로 이주당하고 노역당한 사람들이 전쟁의 종

---

16 김석우, 『해방둥이의 통일외교: 남북이 만난다, 세계가 만난다』, 고려원, 1995, 115-124쪽.

결과 함께 원래의 조국으로 돌아가지 못하고, 그대로 현지에 머물러 살아야만 했다는 비극은, 진심으로 이 분들께 마음으로부터 죄송하다는 마음을 갖고 있습니다"라고 언급하며 사할린 동포의 미귀환 문제에 대해 일본정부로서 처음으로 공식 사과했다. 탈냉전의 기운이 식민지 지배로 인한 미해결 과제에 한국이 나서는 계기를 만들었고, 이러한 움직임에 일본정부가 일정한 대응을 하지 않을 수 없었던 것이다.

일본군 '위안부' 문제가 불거진 것도 이즈음이었다. 일본군 '위안부' 문제를 한일외교의 아젠다로 공식적으로 처음 제기한 것도 위에 소개한 김석우였다.[17] 김석우는 아주국장이 되어 한중수교를 극비리에 추진하고 있었고, 1991년 12월 중국과의 무역회담차 북경에 다녀오면서 일본에 들러 일본 외무성의 다니노 사쿠타로(谷野作太郞) 아주국장을 만나, '위안부' 문제 해결을 처음 과제로 제기했던 것이다. 다니노는 중국통이기도 했기에 김석우는 한중관계 타개의 조언을 구한다는 명분을 세울 수도 있었을 것이다. 김석우의 문제제기에 따라 일본정부는 다나카 고타로(田中耕太郞) 외정심의관을 서울로 파견하여 '위안부' 할머니들의 증언을 청취하게 했다. 한편 다니노 자신도 개인적으로 '위안부'였던 할머니를 아주국장실에서 면담하기도 했다.[18]

---

17 김석우, 『해방둥이의 통일외교: 남북이 만난다, 세계가 만난다』, 고려원, 1995, 79-97쪽.
18 谷野作太郞, 『外交証言録―アジア外交, 回顧と考察』, 岩波書店, 2015, 239-241頁.

다니노는 이 문제를 해결하지 않으면 안 된다는 감각을 갖게 되었고, 미야자와 기이치(宮沢喜一) 총리의 방한에서 그 단초를 열어 보려 했다. 김석우 또한 미야자와 총리의 방한에 기대를 걸었다. 1992년 1월 16일의 미야자와 방한의 이면에는 김석우와 다니노의 움직임이 있었다. 미야자와 총리는 노태우 대통령 주최 만찬회에서 "과거의 한 시기, 귀국 국민이 우리나라의 행위로 인해 참을 수 없는 고통과 슬픔을 경험한 사실을 상기하고, 반성하는 마음을 잊지 않도록 하겠습니다. 나는 총리로서 거듭 귀국 국민에 대해 반성과 사죄의 마음을 표하고자 합니다"라고 언급하며 자신의 역사인식을 표명했다. 여기에서도 '반성과 사죄'가 언급되었다. 이는 노태우 대통령이 일본을 방문했을 때 가이후 도시키(海部俊樹) 총리가 했던 인사를 계승한 것이었다. 그러나 미야자와 총리의 방한과 이때 행한 「아시아 속의, 세계 속의 일한관계(アジアのなか、世界のなかの日韓関係)」라는 제목의 연설은 다음의 두 가지 면에서 주목을 받을 만하다.[19]

첫째, 연설은 탈냉전을 실감하는 분위기에서 이루어진 것이었다. 한반도에서도 유엔 동시 가입이 성사되었고, 1991년 12월 남북 총리회담 합의서 서명으로 남북관계가 크게 진전되었다. 탈냉전의 세계정세 속에서 '새로운 평화질서'에 대한 요구도 강력해지고 있

---

19 이하 일본의 역사인식이 표명된 공식 문건은 다음의 사이트를 참조. 田中明彦研究室, 「日本と朝鮮半島関係資料集」, 『データベース、世界と日本』 http://www.ioc.u-tokyo.ac.jp/~worldjpn/

었다. 일본도 이에 부응하려 노력하며 국제공헌의 가능성을 모색하기 시작하던 상황이었다. 이러한 이유로 미야자와 총리는 남북한 교류 협력의 분위기를 특히 높이 평가하고 있다. 연설 가운데 다음의 구절에서 보듯이 햇볕정책의 명명은 미야자와 총리의 연설에 기원하고 있다고도 할 수 있다. 미야자와 총리는 "작년의 남북총리 회담에서 서명된 합의서 가운데, 제가 특별히 주목한 것은, 귀국의 주장으로 남북 간의 교류와 협력이 제창되었다는 것입니다. 이솝 우화에도 있듯이, 사람이 외투를 벗는 것은 북풍이 불었을 때가 아니라 따뜻한 햇볕을 쬐었을 때였습니다. 저는 서로 다른 정치, 경제, 사회체제 속에서 반세기나 지내왔던 사람들이 동포로서 변함없는 애정을 갖고 접하려는 귀국의 따뜻한 마음에 감명했습니다. 동시에 북한을 고립화시키기보다는 오히려 바깥 세계에서 받아들이는 것이, 그 개혁과 변화, 특히 개방을 촉진하여, 한반도의 평화와 안정에 기여한다는 귀국의 생각에 공명했습니다"라고 발언하며 한국의 대북 화해 정책을 높이 평가했다. 또한 '유일한 피폭국 일본'의 총리로서, 한국이 추진해 온 비핵화 선언, 남북 동시사찰 제안, 핵부재 선언 등의 일련의 조치를 높이 평가했다.

둘째, 미야자와 총리는 '종군위안부' 문제를 공식적으로 처음 언급한 총리였다. 그는 한일관계에 대해 언급하며 양국의 파트너십을 '아시아 속의, 세계 속의 일한관계'로 규정했다. 그리고 이러한 파트너십의 기초로서, 양국 간의 신뢰관계를 확고히 할 필요가 있다고 주장하며 이를 위해 잊지 말아야 할 역사가 있다고 언급했다. 즉, 그는 "우리나라와 귀국의 관계에서 잊지 말아야 할 것은, 수천 년에 걸친 교류 속에서, 역사상의 한 시기에 우리나라가 가해자이고, 귀국이 피해자였다는 사실입니다. 저는 이 시기 한반도의 여러분이 우리나라의 행위로 인해 참을 수 없는 고통과 슬픔을 겪으신 데 대해, 여기 다시 한 번 진심으로 반성의 뜻과 사죄의 마음을 표명합니다. 최근 이른바 종군위안부 문제가 거론되고 있습니다만, 저는 이러한 일은 실로 마음 아픈 일이며, 진심으로 죄송한 일이라 생각합니다"라고 발언하며 '위안부' 문제의 존재를 인정하고 사죄했다.

다니노는 1992년 7월 28일 외정심의실장으로 취임하게 되는데, 그가 이동하기 직전인 7월 6일엔 가토 고이치 담화(加藤紘一談話)가 발표되기도 했다. 아주국장으로서의 책임을 다하려고 했던 흔적을 엿볼 수 있다. 그리고 고노담화가 발표된 것은 미야자와 내각을 마지막으로 자민당 장기집권이 막을 내리기 바로 직전인 8월 4일이었다. 그 뒤에 등장한 것이 호소카와 내각이었다.

3.2. '식민지배'의 인정과 지역안보 구상의 등장

일본 총리의 역사인식에서 '침략'과 '식민지 지배'를 처음으로 공식 언급한 것은 호소카와 모리히로(細川護熙) 총리였다. 호소카와

총리는 1993년 8월 9일 총리 취임 후 10일에 가진 기자회견에서 "지난 전쟁은 이런저런 사정이 있다고는 해도, 침략적인 측면이 있었던 것은 사실이며, 침략전쟁, 잘못된 전쟁이었다고 인식한다"고 언명했다.[20] 이는 역대 총리로서는 처음으로 일본이 일으킨 전쟁이 침략전쟁이었다고 언급한 발언이었다. 이어서 호소카와 총리는 8월 23일에 소신표명 연설을 통해 "과거 우리나라의 침략행위와 식민지 지배 등이 많은 사람들에게 참을 수 없는 고통과 슬픔을 초래한 데 대해 거듭 깊은 반성과 사죄(お詫び)의 마음을 표명함과 함께, 앞으로 더욱 세계평화를 위해 기여하는 것으로 우리의 결의를 보여 나가고자 한다"고 표명했다.[21] 호소카와 총리는 전투만이 아니라 전시에 이루어진 모든 행위를 '침략행위'라고 포괄적으로 표현하고, '식민지 지배'가 끼친 고통과 슬픔에 대해서도 언급했다. '식민지 지배'에 대한 인식은 역대 총리의 인식으로서는 처음 표명된 것이었다.

호소카와 총리는 11월 7일 한국을 방문해서 김영삼 대통령과 가진 공동기자회견에서는 더욱 구체적으로 '식민지 지배'에 대해 언급했다. 호소카와 총리는 "과거의 우리나라의 식민지 지배로 인해 조선반도의 사람들이 학교에서 모국어교육의 기회를 박탈당하고, 자신의 성명을 일본식으로 개명 당하는 등 여러 형태로 참을 수

20 細川護熙, 「記者会見」, 1993.8.9.
21 細川護熙, 「所信表明」, 1993.8.23.

없는 고통과 슬픔을 경험한 데 대해, 마음으로부터 깊은 반성과 사죄의 마음을 표현"했다. 회견 이전에 가진 김영삼 대통령과의 회담에서는 '위안부,' 강제연행 등에 대해서도 언급하면서 "가해자로서 부도덕한 행위를 깊이 반성하고 마음으로부터 진사(陳謝)한다"고도 말했다.[22]

이에 대해 김 대통령은 "총리의 역사적 인식을 높이 평가하고 싶다"고 대답하고, 나아가 기자회견에서는 한국의 "전 정권은 종군위안부에 대해 보상을 요구했으나, 이는 필요 없다고 말했다"고 밝혔다.[23] 나아가 1994년 3월 24일 김영삼 대통령은 일본을 방문해 호소카와 총리와 회담하고 이 자리에서 한일관계를 "과거에 구속되지 말고 미래지향적인 방향으로 가져가야 한다"고 발언했다. 이에 대해 호소카와 총리는 "종군위안부 문제에 대해 조치를 예의 검토 중"이라고 밝혔다. 김 대통령은 궁중만찬에서는 천황에 대해 "마음이 통하는 관계를 만들어가야 한다. 이를 위해 올바른 역사인식이 중요하다"고 하며 방한을 요청했고, 천황은 과거사 문제에 대해 '깊은 슬픔'을 표명했다.[24]

1994년 8월에는 '전후 50년을 앞둔 무라야마 담화(94년 담화)'가 발표되었다. 94년 담화는 "우리나라의 침략행위와 식민지 지배 등

---

22 服部龍二, 『外交ドキュメント, 歴史認識』, 岩波書店, 2015, 131-132頁.
23 服部龍二, 『外交ドキュメント, 歴史認識』, 岩波書店, 2015, 132頁 재인용.
24 服部龍二, 『外交ドキュメント, 歴史認識』, 岩波書店, 2015, 133-134頁.

이 많은 사람들에게 참을 수 없는 고통과 슬픔을 초래한 데 대해 깊은 반성의 마음을 갖고, 부전의 결의 하에 세계평화의 창조를 위해 힘을 다하는 것이 앞으로 일본이 나갈 진로라 생각한다"고 하여, 그 동안 점진적으로 발전되어 왔던 역사인식을 종합한 문구가 등장했다. 이어서 1995년 8월 15일에는 '전후 50년 무라야마 담화(무라야마 담화)'가 발표되었다. 95년 담화는 "우리나라는 멀지 않은 과거의 한 시기, 국책을 그르치고 (중략) 식민지 지배와 침략으로 많은 국가, 특히 아시아 국가들의 사람들에 대해 다대한 손실과 고통을 안겨 주었습니다. 저는 (중략) 이에 새로이 통절한 반성의 뜻을 표명하고, 마음으로부터 사죄(お詫び)의 마음을 표명합니다. (중략) '의지하는 데는 신의보다 더한 것이 없다'고 하여", '식민지 지배와 침략', '다대한 손실과 고통', '통절한 반성과 마음으로부터의 사죄'라는 역사인식 표현의 기본 문구가 정립되어 발표되었다.

특기할 것은, 이상과 같은 호소카와 연설에서 무라야마 담화에 이르는 역사인식 발전의 배경에 「히구치 리포트(樋口レポート, 일본의 안전보장과 방위력 구상: 21세기를 향한 전망日本の安全保障と防衛力のあり方－21世紀へ向けての展望)」라는 이름의 '지역주의 외교 안보 구상'이 존재했다는 점이다. 일본은 탈냉전의 흐름 속에서 전후 처음으로 미일 동맹에서 벗어나 동(북) 아시아라는 지역을 일본의 외교 안보 구상의 무대로 간주하기 시작했던 것이다.

『히구치 리포트』는, 1990년대 초 소련이 붕괴하여 냉전이 종료

되고 이에 조응한 국내체제가 종언을 고함으로써, 냉전 시대의 방위구상을 수정할 필요성이 제기된 데 따라 구상되었다. 호소카와 총리는 94년 2월 총리의 사적 자문기관으로 '방위문제간담회'를 설치하고, '방위계획대강'의 검토에 들어갔다. '간담회'에서 기존 '방위계획대강' 검토와 수정을 요구하는 「히구치 리포트」가 제출된 것은 무라야마 내각기였다. 보고서는 "눈에 보이는 형태의 위협이 소멸하고, 미러 및 유럽을 중심으로 군비관리, 군축의 움직임도 진전되는 한편, 불투명하고 불확실한 상황이 우리를 불안하게 하고 있어 (중략) 분산적이고 특정하기 어려운 여러 가지 성격의 위험이 존재하고 있다"고 위협 요인을 거론했다. 그리고 일본의 안보정책으로, 수동성에서 탈피하여 '능동적인 질서형성자'로서 행동할 것, 이를 위해 '능동적 건설적 안전보장정책'을 추구할 것을 요청했다. 『히구치 리포트』의 가장 큰 특징은 '다각적 안전보장협력'을 주장하고 있는 점이었다. 『히구치 리포트』의 특징으로 지적되는 '다각적 안전보장협력'과 유엔평화유지활동에 대한 강조는 미국 입장에서 볼 때 미일동맹을 유엔중심주의로 상대화하는 것으로 간주될 수 있었다.[25]

그러나 1995년, 한일관계는 급전직하로 악화되었다. 일본 국내에서 무라야마 담화에 대한 반발이 역사수정주의로 조직화되었

---

25   佐道明広, 『自衛隊史: 防衛政策の七〇年』, 筑摩書房, 2015, 196-197頁.

고, 이것이 한국으로 전달되면서 한국의 반발을 샀다. 1994년 8월 전후 50년을 앞둔 무라야마 담화와 위안부 기금 구상이 발표되자, 그해 말인 12월 오쿠노 세스케(奧野誠亮)를 회장으로 한 '종전 50주년 국회의원 연맹'이 탄생했다. 이러한 상황에서 김영삼 대통령은 '버르장머리를 고쳐 놓겠다'고 발언하며 일본에 노골적인 반감을 표시했다.[26] 1995년은 국교 정상화 30주년의 해였음에도 이를 기념하는 어떠한 행사도 열리지 않은 채, 해방 50주년을 기념하여 8월 15일에 조선총독부 건물이 해체되는 행사가 화려하게 진행되었다. 김영삼 정부는 '군부독재의 청산'과 함께 군부정권이 추진해 온 '일본을 모델로 한 산업화 노선'에 수정을 가하려 했다. 이러한 역사 갈등 재연의 배경에 「히구치 리포트」로부터 「나이 이니셔티브(Nye Initiative, East Asia Strategic Report)」로의 방향 수정이 있었다. 다자 안보 구상은 미일동맹으로 오그라 들었다.

　　이러한 변화의 전조는 1994년 1차 핵위기와 남북관계의 경색에서 찾을 수 있다. 1994년 3월 19일, 남북특사 교환을 위한 실무접촉에서 박영수 북측 대표의 '불바다' 발언이 동아시아 정세를 얼어붙게 했다. '서울이 멀지 않습니다. 전쟁이 일어나면 불바다가 되고 말아요'라는 박영수 대표의 발언으로 한반도 위기가 고조되었다.[27]

　　이러한 국제정세를 반영하여, 「히구치 리포트」에 대한 미국의

26　『동아일보』, 1995.11.18.
27　『동아일보』, 1994.3.20.

입장이 1995년 봄 미 국방성이 발표한 「나이 이니셔티브」를 통해 제시되었다.[28] 이를 기반으로 미일 간에 조정이 이루어져 1996년 4월에는 '미일안전보장공동선언'에 합의했고, 「나이 이니셔티브」의 생각이 반영되어 1995년 11월 28일 새로운 '방위계획대강(이른바 헤이세이 07년 대강(1995년 대강)'이 결정되었다. 「나이 이니셔티브」는 냉전 이후 불투명하고 불확실해진 국제정세 속에서 과거보다 다양한 위험에 대처해야 하는 상황에서 방위력 구상을 전개하고 있었다. 그러나 냉전기의 기반적 방위력 구상은 여기서도 기본적으로는 계승되고 있었으며, 오히려 방위력의 규모와 기능 면에서 합리화 효율화 간편화(컴팩트화)를 추진하여 질적 충실화를 기하고 있는 점이 특징이었다. 그리고 그 주안점은 미일동맹의 재조정 강화였다. 이로서 일본은 미일동맹으로 회귀했다. 1995년 11월 28일 새로운 '방위계획대강'에서는 자위대의 역할이 기왕의 대강에서 상정하는 것보다 확대되어, 미일안보체제의 의의와 역할이 강조되었다.

동아시아 지역주의에 입각한 다자 안보구상이 구상되고 있을 때, 한일관계는 역사화해에 커다란 진전이 이루어지고 있었다. 반면, 다자 안보구상이 미일동맹으로 수축되는 과정에서 한일관계는 다시 갈등 국면으로 돌입하고 있었던 것이다.

---

28   田中明彦, 『安全保障—戦後50年の模索』, 読売新聞社, 1997, 335-336頁.

3.3. 1998년 한일 파트너십 선언: 한일 역사화해의 정점

1998년 한일 파트너십 선언은 '한국외교사 상 외국과 작성한 최초의 포괄적인 협력 문서'로 일컬어진다. '과거사에 대한 공통인식, 현재에 대한 평가, 그리고 양국의 미래가 함께 담겨질 것'이라는 기대 속에서 한일관계의 새로운 구상이 마련되고 있었다.[29] 정식 명칭이 '21세기를 향한 새로운 한일 파트너십 선언(21世紀に向けた新たな日韓パートナーシップ宣言(1998.10.8.))'인 1998년 한일 파트너십 선언에서 오부치 게이조(小渕恵三) 총리는 "우리나라가 과거의 한 시기 한국국민에 대해 식민지 지배로 인해 다대한 손해와 고통을 안겨준 역사적 사실을 겸허히 받아들여, 이에 대해 통절한 반성과 마음으로부터의 사죄를 표명했다." 이 선언은 일본의 총리가 '한국국민'을 지칭하여 식민지 지배에 대한 반성과 사죄를 처음으로 표명한 의의를 지닌다.

이 선언이 최초인 것은 또 하나 있다. 김대중 대통령이 "전후 일본이 평화헌법 하에서 전수방위 및 비핵3원칙을 비롯한 안전보장 정책 및 세계경제 및 개발도상국에 대한 경제지원 등 국제사회의 평화와 번영에 대해 일본이 수행해 온 역할을 높이 평가했다"는 것이다. 아마도 외국 정상이 일본의 평화주의를 공식 문서에서 거론

29 『동아일보』, 1998.9.12.

하여 평가한 것은 김대중 대통령이 처음일 것이다. 일본의 평화주의적 발전을 긍정적으로 평가한 것은, 당시 김대중 대통령이 추진하던 남북 화해정책, 즉 햇볕정책의 연장 선상에서 일본과 북한의 국교 정상화를 기대했기 때문일 것이다. 김대중 대통령은 북일관계 개선과 국교 정상화가 한반도 및 동아시아의 안정과 번영에 필수불가결하다고 보고 있었다.[30] 이러한 김대중 대통령의 구상은 일본에서 새로 만들어지고 있던 외교 안보 구상과 맥이 통하는 것이었다.

1998년 5월 27일, '21세기 일본의 구상 간담회'에서 오부치 총리는 다음과 같이 인사했다. 일본의 바람직한 모습으로, "경제적 부와 함께 품격 있는 국가, 덕이 있는 국가 즉, 물질과 마음의 균형이 잡힌 국가, 즉 부국유덕의 국가"를 목표로 한다는 것이었다. 간담회의 대주제는 「세계 속의 일본(世界に生きる日本)」이었다.

'21세기 일본의 구상 간담회'는 2000년 1월 「21세기 일본의 구상 -일본의 프론티어는 일본 안에 있다: 자립과 협치로 구축하는 신세기(21世紀日本の構想-日本のフロンティアは日本の中にある, 自立と協治で構築する新世紀)」라는 이름의 문건을 발표했다.[31] 이 문건의 제6장에서는 "세계 속의 일본"이라는 제목 하에, '열린 국익'과 '인교(隣交, 근린 아시아와의 협조)'를 제창하고 있다. 이에 기초하여 일본이 "지역의 공동이익

---

30   南基正, 「戰後日韓関係の展開-冷戰, ナショナリズム, リーダーシップの相互作用」, *GEMC Journal*, no. 7, 2012. 3, 70-71頁.

31   首相官邸, 「『21世紀日本の構想』懇談会最終報告書」,
http://www.kantei.go.jp/jp/21century/

에 눈을 돌려, 협조의 정신을 공동으로 활성화하고, 이 지역에 뿌리 깊은 균열과 대립을 완화해 나가는 것이, 이 지역의 신세기의 발전을 위해 불가결하며, 나아가 이것이 일본의 국익"이라는 것이다. "긴 교류의 역사를 갖고 있으며, 근대에는 식민지 지배와 침략의 과거를 갖고, 상호간의 사람의 이동도 많아 중요한 무역 파트너인 근린 국가들과의 관계가 건설적인 것은 21세기 일본국민에게 귀중한 정신적, 실제적 기반이다. 아시아에 자유경제가 뿌리를 내리고, 각국이 경제발전을 이루는 가운데 문화의 다양성을 유지하면서도 민주주의가 점차 널리 공유되기에 이르고 있다. 일본은 이러한 방향성을 분명히 하면서, 근린 제국과의 관계에서 비약적 발전 강화, 즉 '인교'를 적극적으로 추진해 나가야 한다"고 제언하고 있다. 명시적으로 동아시아 지역주의를 주창하고 있지는 않지만 그 내용은 동아시아를 하나의 단위로 한 지역 외교 구상이었다.

한국이 한반도에서 긴장을 완화하고 이를 동아시아에서의 공동체 구상으로 보증하려는 '지역주의' 외교를 펼치고 일본 또한 지역을 중시하는 외교를 펼치는 동안 한일관계는 안정적으로 발전했다. 2002년 한일 월드컵의 성공적 개최와 한류의 유행으로 한일관계는 최고의 황금기를 맞이하고 있었다. 그러나 2005년 한일관계는 급전직하로 추락했다.

2005년은 독도/역사교과서 문제를 둘러싼 한일 '외교전쟁'과 제2차 북한 핵위기가 개시된 해였다. '외교전쟁'을 불사하겠다고 할 정도로 한일관계가 악화된 배경에는 2004년 개정된 '방위계획대강'이 있었다. 한국은 북한 핵위기에도 불구하고 남북화해노선을 지속했고, 북일관계도 그런 방향으로 전개해 줄 것을 기대했다. 그러나 일본에서는 북한의 불안정성과 중국의 군사대국화에 대한 대응, 그리고 이에 더해 9.11의 충격 속에서 국제테러에 미국과 공동으로 대처하는 것이 일본의 안보에 중요하다는 인식이 확산되었다.

2004년 '방위계획대강'은 "일본에 직접 위협이 미치는 것을 방지하고 배제하는 것"과 함께 "국제적인 안전보장환경을 개선하여 일본에 위협이 미치지 않게 하는 것"을 안보의 목표로 설정했고, 이를 위해 "일본의 자조 노력", "동맹국과의 협력", "국제사회와의 협력" 등 세 가지 접근법이 필요하다고 정식화했다. 그러나 이 중에서 가장 중시된 것은 미일동맹이며, 미일동맹 강화를 위한 일본의 자조 노력이 중요하다는 것이 2004년 '방위계획대강'의 기조였다. 일본의 외교는 지역주의 외교로부터 동맹외교로 다시 수축했다.

3.4. 일본의 역사인식의 도달점: 2010년 간(菅) 담화

자민당 정권으로부터 민주당 정권으로의 교체는 일본외교의 기축이 동맹외교에서 지역주의외교로 다시 전환하는 계기가 되었다. 하토야마 총리의 동아시아공동체 구상이 단적인 예였다. 그러나 이러한 갑작스러운 선회는 미국의 의구심을 낳았고, 일본의 미일동맹파가 전개하는 반격에 부딪혀 하토야마가 시도했던 아시아 회귀는 좌절하고 말았다. 하토야마 내각에 이어 등장한 간 내각에서는 손상 받은 미일관계를 복구하는 한편, 기존의 아시아 접근 외교의 연장에서 한일관계의 수복에 나섰다. 일제의 한국 병탄 100년을 맞아 발표된 간 나오토(菅直人) 담화(2010.8.10.)는 이러한 흐름 속에서 나온 것이었다. 간 총리는 담화에서 "100년 전 8월, 한일병합조약이 체결되어 이후 36년에 걸친 식민지 지배가 시작되었습니다. 3.1 독립운동과 같은 격렬한 저항에 나타난 것과 같이, 정치적 군사적 배경 하에 당시의 한국 사람들은 그 뜻에 반해서 행해진 식민지 지배로 인해, 나라와 문화를 빼앗기고 민족의 긍지에 깊은 상처를 입었습니다. (중략) 이 식민지 지배가 초래한 다대한 손해와 고통에 대해 거듭 통절한 반성과 마음으로부터 사죄의 마음을 표명합니다" 라고 언급하며 '한일병합조약'의 강제성을 인정했다. 간 담화는 비록 병합조약의 불법성을 명시적으로 인정하는 데까지 나가지는 못했지만, 강제성을 인정했다는 점에서 획기적인 내용이었다. 간 담화는 한일기본조약과 청구권협정이 노정한 해석의 간극을 메울 수 있는 발판이 되었다.

간 담화는 기왕의 문건들과 비교할 때 역사 마찰의 기원에 '한일병합조약'이 있다는 것을 명시적으로 언급하고 있다는 점에서 기존의 다른 담화나 선언과 확연히 다른 구조와 내용을 갖고 있었다. 1998년 김대중-오부치 공동선언으로부터 12년의 시간이 흐른 시점에서 이루어진 것이었다. 그 사이에 무엇이 있었는지 확인하는 것은 한일 간에 역사적 현안을 둘러싸고 전개된 갈등-화해의 진화를 설명하는 데 매우 중요하다. 이와 관련하여 이 시기 주목할 움직임은 한일 간 역사대화이다.

사실 한일 간 역사대화의 역사 그 자체는 짧지 않다. 1976년, 한국과 일본이 조일수호조규(1876, 이른바 강화도조약)를 체결한 지 100주년에 해당하는 해, 한국의 역사연구자/교육자는 일본의 역사연구자/교육자를 초청하여 한일 역사대화를 시작했다.[32] 1982년에는 역사교과서 왜곡 사건을 계기로 한일 역사교과서연구회가 조직되어 한일 간 역사연구자들의 대화가 이어졌다.

1970년대부터 가늘게 띄엄띄엄 이어지던 한일 역사대화는 1990년대 중반 들어서서 확대되기 시작해 2001년 일본에서 '새로운 역사교과서를 만드는 모임'이 주도한 『새로운 역사교과서』가 검정을 통과하면서 새로운 단계를 맞이했다. 먼저 민간 수준에서 한일 역사연구자의 연대 움직임이 조직되었다. 2001년 12월부터 2005년 2월에 걸쳐 양국의 전국 규모 역사연구단체가 3차례의 합동 심포지엄을 개최했다. 이와 동시에 양국정부도 역사 갈등 해소를 위한 구체적 노력에 나서지 않을 수 없었다. 2001년 10월 김대중 대통령과

---

32 정재정, 「한일역사대화의 구도」, 김영작 · 이원덕, 『일본은 한국에게 무엇인가』, 한울아카데미, 2006, 93쪽.

고이즈미 총리는 정상회담을 갖고 '한일역사공동연구위원회' 설치에 합의했다. 2002년 5월에 발족한 '위원회'는 2005년 6월, 3년간의 연구활동을 정리하여 보고서를 발표하고 활동을 종료했다.[33] 그러나 국교 정상화 40주년을 맞이했던 바로 그해 한일 간에는 역사 갈등이 최고조에 달해, 역사 공동연구의 의의에 대한 회의론이 제기되기도 했다. 그런 의미에서 2010년 간 담화에 이르는 과정에서, 역사 공동연구의 기여는, 결코 작지 않지만, 충분하지는 않았다.

간 담화의 배경에도 일본의 새로운 외교 안보 구상이 존재하고 있었다. 2010년 8월 27일, '새로운 시대의 안전보장과 방위력에 관한 간담회(新しい時代の安全保障と防衛力に関する懇談会)'가 발표한 보고서는 「새로운 시대의 일본의 안전보장과 방위력의 장래 구상: '평화창조국가'를 목표로(新たな時代における日本の安全保障と防衛力の将来構想—「平和創造国家」を目指して)」라는 제목으로 발표되었다.[34] 그 이전에는 2009년 1월 아소 총리가 조직한 지식인 자문조직인 '안전보장과 방위력에 관한 간담회(安全保障と防衛力に関する懇談会)'가 제출한 2009년 8월 보고서가 있다. 이 둘 사이에는 많은 공통점이 발견되고 있지만, 민주당 정권 하에서 제출된 보고서에는 몇 가지 점에서 2009년 보고서 내용을 수정

33　정재정, 「한일역사대화의 구도」, 김영작·이원덕, 『일본은 한국에게 무엇인가』, 한울아카데미, 2006, 93-94쪽; 정재정, 『주제와 쟁점으로 읽는 20세기 한일관계사』, 역사비평사, 2014, 345쪽.
34　首相官邸, 「新たな時代における日本の安全保障と防衛力の将来構想—「平和創造国家」を目指して」, http://www.kantei.go.jp/jp/singi/shin-ampobouei2010/houkokusho.pdf

한 부분이 눈에 띄었다. 가장 큰 차이는 '평화창조국가'라는 지향을 명시한 점이었다. "평화를 유지하기 위해서만이 아니라 평화를 창출하기 위해서도 적극적으로 행동할 필요성"을 주장하고 있다는 점에서 새로운 지향을 제시한 것으로 평가되었다.[35] 간 담화는 이러한 구상이 마련되는 과정에서 나온 것이었다. 그러나 이후 노다 내각에서 미일동맹으로의 경사가 다시 확인되고, 급기야 2012년 12월, 제2차 아베 내각이 탄생한 이후로는 일본의 근린 아시아 외교는 실종되었다. 아베의 안보정책이 극명하게 반영된 집단적자위권 용인과 안보법제 통과 등은 북한 및 중국으로부터의 위협에 대해 미일동맹 강화를 통한 대응을 그 어느 때보다 강조하고 있는 것이 특징이다. 미일동맹은 이제 '간단없는(seamless) 동맹'으로 격상되었다.

때마침 한국에서도 남북화해 정책으로부터의 전환이 모색되었다. 동아시아공동체 구상도 한미동맹으로 대체되었다. 이명박 대통령의 '비핵/개방/3000' 구상과 박근혜 대통령의 '통일대박 정책'은 북한을 긴장시켜 남북협력의 접촉면을 현저히 줄어들게 했고, 남북관계는 종종 위기국면으로 치닫곤 했다. 한국에서 이명박 정권과 박근혜 정권으로 이어지고 일본에서 노다 내각에서 아베 내각으로 이어지는 시기에 한일관계의 경색이 지속되는 배경에는 이와 같이 동아시아 지역주의 구상의 좌절이 있었던 것이다.

---

35 金子将史, 「パブリック・ディプロマシーと国家ブランディング」, 『外交』, 第3巻, 2010.

한국에서 문재인 정부가 탄생하면서 '한반도 평화프로세스'가 추진되고, '동북아 플러스 책임공동체' 등 지역주의 구상이 부활했으나, 일본은 아베 정권 하에서 '자유롭고 개방적인 인도 태평양' 구상이라는 이름 하에 더욱 더 미일동맹 경사로 나아갔다. 한국이 '적극적 안보-큰 평화'로 나아가는 동안, 일본은 '소극적 안보-작은 평화'를 추구했던 것이다. 이 '어긋남'이 '역사를 둘러싼 갈등-화해의 진화' 메커니즘에 기능부전을 일으키고 있었던 것이다.

3.5. 남은 과제

한편 한국정부는 노무현 정부 시절, 청구권협정으로 해결되지 않은 미해결 과제로 일본군 '위안부', '한국인 원폭피해자', '사할린 거주 한인' 문제 등이 남아 있다고 정리했다. 이와 관련하여 일본군 '위안부' 문제에 대해서는 2005년 8월 민관 공동위원회의 입장으로서, 일본군 '위안부' 개인에 대한 보상책임을 인정하면서, 한일 청구권협정이 일본의 식민통지에 대한 보상 없이, 한일 간의 민사적 채권 재무 관계를 정리한 것에 불과하며, 일본군 '위안부' 문제 등 국가권력이 관여한 불법행위에 대해 일본정부의 책임이 남아있다고 명시했다.[36]

---

36   김창록, 「한일청산의 법적 구조」, 『법사학연구』, 47호, 2013, 7쪽.

2015년의 한일 외교장관 합의에서는 일본정부의 책임을 인정하는 문구가 포함되었으나, 일본이 건넨 10억 엔이 일본국가가 관여한 불법행위에 대한 책임이행, 즉 배상인지 여부를 둘러싸고 여전히 이견이 남아있는 상태다.

일본은 일본군 '위안부' 문제와 마찬가지로 재한 피폭자 문제에 대해서도 법적으로는 한일 청구권협정으로 모두 해결되었다는 입장을 취하고 있다. 한국에는 히로시마와 나가사키에서 피폭한 뒤 귀국한 피해자가 1991년 6월 시점에 한국정부에 등록된 수로 9,241명 생존해 있었다. 2005년 공개된 한일외교문서에 따르면 재한 피폭자 문제와 관련하여 한일 양국 정부는 1970년대 중반 협의를 했던 흔적이 있다. 당시 한국 보건사회부가 작성한 '한국 원폭피해자 구호 1974'라는 문건은 피폭자 1·2세 지원을 위한 정부 방침을 수립해 놓았다. 한국정부는 이 사업을 위한 자금을 일본정부로부터 받아낼 계획이었으나, 일본정부는 한일기본조약의 '경제협력금'의 틀 안에서 처리하자는 입장이었고, 이후 이 구호사업은 흐지부지되었다.[37]

그러다가 1981년부터 5년 동안 원폭 피해자의 '도일치료'가 실시되어 349명이 치료를 받았다. 1986년 한국정부는 '도일치료' 사업의 완료를 선언하고, 이후 한국정부의 지원 하에 대한적십자 병원

---

37 김형률, 『나는 반핵인권에 목숨을 걸었다』, 행복한 책읽기, 2015, 49-50쪽.

에서 진료를 실시했다. 한국의 민주화는 피폭자 문제의 제기와 해결을 향한 길에서도 큰 의미를 지니는 사건이었다. 1987년 11월 한국원폭피해자협회는 주한일본대사관에 재한 피폭자의 손해배상을 요구했고, 일본정부는 1988년에서 1989년까지 각각 4,200만 엔의 의료비를 대한적십자사에 위탁하여 지원했다. 이어서 일본은 1990년 5월, 노태우 대통령의 방일 시에 의료 면에서의 지원으로 총액 40억 엔 제공을 약속했고 1991년과 1992년에 각각 17억 엔, 23억 엔을 출연했다.[38] 그러나 한국인 원폭피해자 2세들의 피해 인정과 지원 문제는 여전히 미완의 과제로 남아 있다.[39]

사할린 거주 한인 문제와 관련해서도 일본정부는 법적 책임과는 별도로 인도적 관점에서 사할린 한인의 영주귀국을 지원하고 있다. 1989년 7월 일본적십자사와 대한적십자사가 설립한 '재 사할린 한국인 지원 공동사업체'가 사할린 거주 한인의 일시귀국과 영주귀국을 지원하고 있다. 1994년 3월에는 김영삼 대통령과 호소카와 총리의 정상회담에서 이 문제가 논의되어, 영주귀국자를 위한 아파트 건립 지원 사업을 전개하는 데 양국이 합의했다. 일본이 건축비 32.3억 엔을 지급하고, 한국이 부지를 제공하는 방식이었다.

---

38 정재정, 『주제와 쟁점으로 읽는 20세기 한일관계사』, 역사비평사, 2014, 324-326쪽.
39 대한적십자사, 대한민국 재난안전플랫폼, 「1945년 8월 광복의 기쁨 뒤 가려진 슬픔: 원폭 피해」, https://m.blog.naver.com/knredcross/222054164145 (최종접속일: 2021.1.18.)

이에 따라 영주귀국자에게는 도항비 및 이전비, 주택시설 건설비, 간병인과 광열비(光熱費), 복지회관 운영비 등이 제공되었다. 1999년 3월에는 인천에 요양원이 건립되었고, 2000년 2월에는 안산에 아파트가 건립되어 영주귀국자에게 제공되었다. 영주귀국 사업을 통해 2001년 6월까지 1,512명이 귀국했다.[40]

4. 미래지향적 협력의 조건과 과제

한일관계에서 역사 갈등이 분출하는 기원에는 '화해'에 대한 입장의 차이가 있고, 이는 1965년 체제에 그대로 내장되었다. 그 과정에는 냉전체제에 은폐되어 온존된 식민지주의의 문제를 발견할 수 있다. 냉전체제의 유지 속에 안보와 경제라는 국익을 유지·확대시킬 수 있었던 시대에는 '국익'의 공유를 통해, 즉 냉전체제의 유지라는 공동의 과제를 통해 한일관계에서 역사마찰을 제어하고 관계를 조정할 수 있었다. 그러나 냉전이 붕괴되고 새로운 질서를 모색하기 시작하면서 이 구도는 와해되었다.

탈냉전 이후 유동화한 안보환경 속에서 안보이익의 공유를 통해 한일관계를 조정하는 메커니즘이 복잡해진 데 더해, 경제에서

---

40 정재정, 『주제와 쟁점으로 읽는 20세기 한일관계사』, 역사비평사, 2014, 327-328쪽.

도 기존의 조정 장치는 작동하지 않게 되었다. 1960년대에서 1970 년대에는 일본의 이른바 '청구권자금'과 이에 이은 지속적 원조가 한일관계의 갈등을 제어하는 모티브가 되고 있었다. 한국정부는 물론 일본 측에게도 일본의 대한 자금협력은 역사마찰을 회피하는 신중한 정책을 선호하는 유인이 되고 있었다. 즉, '청구권자금'은 그대로 일본의 수출 확대로 이어지는 것이었기 때문이다. 이와 동시에 민간 차원의 경제협력 채널이 형성되었고, 이것이 한일관계 악화를 제어하는 통로가 되었다. 일본의 대한 자금협력은 '청구권자금'의 공여에 그치지 않았다. 1970년부터 일본정부는 청구권자금과 별도로 해외경제협력기금(Overseas Economic Cooperation Fund, OECF)을 통해 엔 차관을 공여했다. 1980년대에는 안보경협과 기술협력의 강화로 이러한 경향이 지속되었다.[41]

1990년은 일본의 한국에 대한 엔 차관 공여가 종료된 해였다. 1980년대 중후반의 경제성장을 통해 한국이 개발도상국으로부터 벗어났기 때문이었다. 그러면서 대일무역적자 문제는 전혀 개선되지 않고 오히려 확대되고 있었다.[42] 이렇듯 경제협력의 이완과 무역적자를 둘러싼 불만이 1990년대 초반 한일 간 역사 갈등의 배경이 되고 있었다. 거꾸로 1998년 김대중-오부치 공동선언으로 역사

---

41   아베 마코토, 「일본의 대한 경제협력」, 김도형 · 아베 마코토, 『한일관계사 1965-2015, II 경제』, 역사공간, 2015, 62-69쪽.
42   아베 마코토, 「일본의 대한 경제협력」, 김도형 · 아베 마코토, 『한일관계사 1965-2015, II 경제』, 역사공간, 2015, 70쪽.

갈등이 수습되고 한일 화해의 가장 높은 단계로 나가는 이면엔 외환위기 이후의 양국 간의 협력 강화가 있었다. 1997년 12월 일본은 IMF의 긴급 융자를 지원하는 이른바 '이선융자(二線融資)'로 100억 달러를 지원했다. 이어서 1998년부터는 일본수출입은행을 통한 지원을 재개하고 본격화했다.[43] 이렇듯 경제협력의 새로운 단계로의 진입을 계기로 하고 2002년의 한일 월드컵과 한류를 배경으로 해서 한일관계는 획기적으로 개선되고 발전되었던 것이다.

한일관계는 다시 2005년 이후 악화되었다. 2005년 2월에 시마네현이 '다케시마의 날'을 선포하고, 이 때문에 역사교과서 갈등이 증폭된 것이 그 직접적 원인이었지만, 한일FTA 교섭이 2004년 11월 제6차 교섭을 마지막으로 재개되지 않고 있던 데에서 확인되듯이, 경제협력의 정체가 양국관계 악화의 배경에 자리 잡고 있었다. 그것은 한편 동아시아의 확대된 시장 창출에 실패하는 것과 궤를 같이 하고 있다. 그런 의미에서 경제 분야에서 한일 간 협력은 양자협력의 수준을 벗어나, 동아시아 경제공동체 구축이라는 보다 더 큰 지역주의 전략 속에서 이루어져야 할 과제라 할 수 있다.

한편 탈냉전 이후 한일관계는 '안보와 국익'의 관점에서도 갈등과 협력의 명확한 인과관계를 설명하기 어렵게 되었다. 이 글에

43 아베 마코토, 「일본의 대한 경제협력」, 김도형·아베 마코토, 『한일관계사 1965-2015, II 경제』, 역사공간, 2015, 72-75쪽; 다카야스 유이치, 「IMF에 의한 금융지원의 한계와 한일 금융협력」, 김도형·아베 마코토, 『한일관계사 1965-2015, II 경제』, 역사공간, 2015, 279-281쪽.

서 확인한 바와 같이 냉전기 한일관계는 미국과의 동맹을 통해 동아시아 냉전 체제에 적응하고 생존하는 것을 목표로 하는 '소극적 안보, 작은 평화'에서 확보되는 이익을 양국이 공유하면서 역사 문제에서 비롯하는 갈등을 제어하고 협력을 제고시켜왔다. 이에 비해 탈냉전기에 들어서서 한일관계는 북한의 핵미사일 개발이나 중국의 부상 등 외부 위협을 공유할 수 있다고 생각되는 가운데에서도 종종 냉각되곤 했으나, 거꾸로 양국은 냉전을 극복하여 다자적 평화공존 질서를 구축하려는 '적극적 안보, 큰 평화'를 모색하는 노력을 공유할 때, 갈등을 제어하고, 화해를 모색해 왔던 것이다.

다시 말해 1990년대 탈냉전 이전 시기의 한일관계가 미국과의 유사동맹 하에서 '경제협력 및 안전보장'과 '역사'가 교환되며 운영되어 온 관계였다면, 1990년대 탈냉전 이후 한일관계는 '경제와 안보의 다자적 평화공동체 구축 노력'과 '역사'가 연동되는 방식으로 전개되어 왔다고 할 수 있다. 이를 탈냉전기 한일관계의 주조로 간주하는 것은 일반화의 오류를 범하는 것일 수 있다. 그러나 적어도 이러한 패턴이 탈냉전기에 나타났다는 데 주목할 필요가 있다.

한일 양국이 냉전체제(휴전체제) 순응 또는 생존을 위한 소극적 안보를 채택할 경우, 이는 미국과의 동맹관계 강화를 추구하게 하고, 이는 다시 한미일 안보 분업 체제로서 동북아 냉전체제를 강화시켜, 식민지주의를 온존 은폐하게 된다. 한편, 한일 양국이 냉전체제(휴전체제) 극복을 목표로 한 적극적 안보(평화구축)를 추구할 경우, 이는 양국에서 미국과의 동맹의 상대화를 추구하게 하여, 한일관계의 독자적 발전을 가능하게 한다. 이 경우 양국은 역사 문제의 해소를 시도하게 된다.

따라서 한일관계를 보다 더 높은 수준의 화해로 나가게 하려면, 안보와 역사를 거래하는 방식, 즉 '역사를 팔아 안보를 사는 방식'에서 탈피하여, 평화와 역사를 화해라는 같은 궤도에 올려놓는 방식, 즉 '평화 속에 역사를 푸는 방식'으로의 전환이 필요하다. 다시 말해, 한일 양국이 '미국과의 동맹이 보장하는 안전'이라는 이익을 공유하는 데에서 역사 갈등을 관리하는 방식이 아니라 '다자적 안보공동체 구축을 통한 평화의 확대'를 위해 협력하는 데에서 역사 문제를 해소해 나가는 방식으로의 사고 전환이 필요하다. 그런 의미에서 과거사 극복을 위한 외교와 경제 및 안보 협력을 긴밀화하는 외교를 동시 진행하는 투트랙 접근은 상호 간의 영향을 차단하여 별개의 과정으로 분리해서 추진하는 것이 아니라 하나의 통합적 과정으로 이해되어야 할 것이다.

한일관계 갈등을 넘어 화해로

제3장

한일관계의 기저를 다시 생각하다
'안정적이고 지속적 관계'를 위한 전제들

| 김상준(연세대학교 정치외교학과 교수)

1. 한일관계의 퇴행

　　본 글은 '안정적이고 지속적(stable and steady)' 상태를 만들어 가는 과정이 한일관계에 필요하다고 파악한다. 최근 경직된 한일관계를 극복하기 위해 해결해야만 하는 여러 단기적 과제들에 직면해 있다. 하지만, 한일관계를 해결하기 위한 다양한 노력들은 결과를 보지 못하는 가운데, 양국관계의 악화로 인한 실질적 피해는 증대되고 있다. 본 글은 단기적 해결안들과 병행하여 시간을 가지고 모색해 보아야하는 문제를 살펴보고자한다.

　　토크빌은 신생 미국 민주주의를 바라보면서 한 번 나아가면 멈추지도 않고, 다시 퇴보하지도 않는 꾸준한 '안정과 지속성(stable and steady)'을 가진 상태를 강조하였다. 그리고 이를 위해 사회 구성원들의 정서(morale)가 뒷받침되어야 한다고 지적했다.[1] 유사한 맥락에서 독일이 이스라엘, 폴란드, 프랑스 등과 화해할 수 있었던 것은 기본적으로 독일사회의 저변 정서가 꾸준히 변했기 때문이다.[2] 물론 피해국과의 문제를 단기적으로 해결하기 위한 다양하고 효과적인 정책과 프로젝트도 존재하였다. 하지만, 우리가 간과하면 안 되는 것은 과거 나치의 '급진성(radicalness)'을 반성하였던 전후 독일이 '시간을 들여' 형성한 과거에 대한 '사회적 합의' 그리고 공통된 인식과 정서이다.

본 글은 한일관계에서도 과거사에 대한 인식과 정서의 함양이 시간을 들여 노력해야할 부분임을 전제한다. 특히 한일의 과거사에는 '식민기억'과 '전쟁기억'이 중첩되어 있다. 과거사는 지나치게 크게(too much) 다루어도, 또는 지나치게 작게(too little) 다루어도 문제가 발생할 수 있다. 과거사에 대한 제대로 된 분별이 무엇인지를 살펴볼 필요가 있다.

---

1 Jon Elster, *Political Psychology,* Cambridge University Press, 1993. pp. 121-122.
2 독일사회에서도 1970년대를 중심으로 일부 전쟁에 대해 수정주의입장을 취하는 보통국가론이 등장하기도 하였다. 하지만 독일에는 끊임없이 과거에 대한 합의된 인식이 무너지지 않도록 하는 노력이 존재해왔다. Jeffrey Olick, "What Does It Mean to Normalize the Past? Official Memory in German Politics Since 1989," in Jeffrey K. Olick, ed., *State of Memory,* Duke University Press, 2003.

1.1. 한일관계의 나선적 퇴행

1980년대 이후 한국과 일본의 상호인식과 교역은 급격히 증대하였으나 전에 없던 갈등이 불거지기 시작하였다. 첫번째 단계는 일본정부의 태도를 둘러싼 갈등으로, '사과'의 문제가 주를 이루면서 대체로 '정치영역'에서 발생하였다. 1980년대에는 일련의 일본 정치인들에 의한 과거사 '망언(妄言)'이 존재하였지만 한일 간 갈등을 초래할 수준은 아니었다. 갈등의 주요 원인은 역사교과서, 영토, 야스쿠니 신사참배, 종군위안부 문제 등이었다. 이러한 문제를 통해 이전과는 달리 일본의 수정주의적 입장이 드러나기 시작하였다. 다른 한편, 일본정부의 반성도 이어졌다. 1990년대 초·중반에 걸쳐 고노, 무라야마, 호소카와, 오부치 등 일본 정치가들이 사과를 표명하였다. 이들 사과로 인해 한일관계는 일순 우호적 방향으로 전개되는 듯했고, 양국은 한일관계가 처음으로 진정한 화해의 단계로 접어들었다고 인식하기도 하였다.[3] 하지만 일본정부에서 공식화 되어가는 과거사 반성에 대한 일본 국내 보수 세력의 강도 높은 '반발(backlash)'은 한국이 일본의 사과를 수용하기 어렵게 만들었

---

3 예를 들어, 1998년의 김대중-오부치 한일 파트너십 선언을 통해 한일 간 화해가 모색되었다. 이는 사과-용서-화해라는 과거사 해결을 위한 전형적 모습으로 간주될 수 있다. 하지만 선언이후 문화개방 등의 실질적인 진전에도 불구하고, 2000년대 초반 영토 문제가 등장하였다. 한일 파트너십이 안정적이고 지속적 한일관계를 담보하지 못한다는 것을 보여주었다.

다.[4] 결국 양국관계는 '나선적 퇴행(downward spiral)'을 보였다.

두 번째 단계에서는 과거사에 있어서 정당성과 합법성의 문제를 둘러싼 갈등이 등장하였다. 주로 '법적영역'에서 제기된 '배상' 등의 문제가 정치와 사회전체로 확산되면서 갈등은 새로운 국면으로 접어들게 되었다. 특히 두 번째 단계는 이전에 볼 수 없던 특징을 지니고 있다. 먼저, 과거사에 대한 법적 문제가 등장하게 되면서 과거사는 국가 간의 문제를 넘어 개인을 포함하는 문제, 그리고 정치적 맥락을 넘어 보편적 차원의 합법성 문제로 논의되기 시작하였다. 다른 한편, 양국관계는 결과에 따라서 승자와 패자로 구분될 수밖에 없는 일종의 '제로섬 게임'으로 전환되었고, 이로 인해 타협을 위한 양국의 입지는 더욱 좁아졌다. 타협을 위한 입지가 좁아지자 압박을 위한 수단이 등장하게 되었으며, 과거사 문제에 경제 문제가 연계되는 '이슈 연계(issue-linkage)'가 발생하였다.[5]

사안의 연계로 인해 갈등의 영역이 확장되면 될수록 문제의 해결은 어려워질 뿐만 아니라 새로운 영역에서 국익 충돌의 문제가 발생한다. 국익추구도 물론 중요하지만 과거사를 희생하면서까지 추구해야하는 것인지, 혹은 과거사도 중요하지만 국익을

---

4 Jeniffer Lind, *Sorry States: Apologies in International Politics,* Cornell University Press, 2008.
5 게임적 상황에서 주목할 부분은 국제정치에서 자주 언급되는 '사안의 연계(issue-linkage)'이다. 일단 행위자가 게임으로 관계를 상정하게 되면, 승리를 위해 가용할 수 있는 자원과 기회를 상대방을 움직일 수 있는 지렛대(leverage)로 사용하고자한다.

희생하면서까지 과거사에 집착해야하는 것인지 등의 문제가 발생하는 것이다.

1.2. 한일관계의 영역

위에서 한일관계를 두 단계로 구분하였지만 영역의 차원에서는 세 가지로 구분할 수 있다. 첫째, 역사영역이다. 역사영역에서는 과거사에 대해서 얼마만큼 제대로 알고 있는가를 문제로 삼으며, 정보를 바탕으로 하는 '지각(perception)'과 '인식(consciousness)'의 문제를 핵심적으로 다루게 된다. 둘째는 정치영역으로 과거사에 대한 입장과 태도의 문제가 주를 이루며, 핵심으로 다뤄지는 부분은 사과이다. 셋째는 법적영역으로서 합법성과 정당성의 문제를 기반으로 하며 배상이 핵심 사안이다.

	역사영역 -인지중심-	정치영역 -사과중심-	법적영역 -배상중심-	화해의 정도
고강도 갈등	X	X	X	1
	X	X	O	2
	X	O	X	3
	X	O	O	4
	O	X (or △)	X(or △)	5
	O	X(or △)	O	6
	O	O	X(or △)	7
고수준 화해	O	O	O	8

지금까지의 한일관계는 주로 일본의 과거사에 대한 인식이 부족한 가운데서 진행되었다. 먼저 한일관계의 시작이라고 할 수 있는 국교 정상화는 배상을 중심으로 진행되었지만, 충분한 사과를 포함하지 않았다(화해의 정도 2에 해당). 그러나 1990년대 일본 정치지도자들은 구체적인 과거사에 대한 배상을 거론한 것은 아니지만, 연속적으로 사과의 의사를 표명하기 시작하였다. 일본 정치지도자들의 사과로 인해 한일관계가 우호적 방향으로 나아가는 듯했으나, 사과에 대한 일본국내 보수 세력의 반발로 인해 한국은 이들의 사과가 일본 전체의 뜻이 아닌 것으로 인식하게 되었다(화해의 정도 3에 해당). 그리고 사과의 문제가 불확실한 채로 한일관계에서 위안부와 강제징용에 있어서 새로운 보상의 문제가 등장하게 되었다. 한국정부는 일본 측에 대해 충분한 사과뿐만 아니라 배상도 기대하였지만(화해의 정도 4에 해당), 실제 한일관계에서는 세 영역 모두에서 합의가 불가능한 상황이 지속되고 있다(화해의 정도 1에 해당).

1.3. 일본의 과거사 인식

본 글은 한일관계에서 새롭게 주목해야 할 부분으로 일본의 과거사에 초점을 맞춘다. 왜 새삼스럽게 일본의 과거사에 대한 인식의 문제가 중요하다는 것일까? 과거사에 대한 인식은 현재의 갈등을 극복하는데 어떻게 작용할 수 있을까? 일본의 과거사인식에 있어서 보완할 부분은 무엇인가 등을 살펴보기로 한다. 과거사에 대한 인식과 정서에서 사회적 합의가 이루어지게 된다면 다음의 두 가지 영향을 고려할 수 있다. 첫째, 일본사회에서 과거사에 대한 새로운 방향의 인식이 형성된다면, 이는 사회적으로 합의된 '묵시적 반성(implicit repentance)'과 유사한 것으로 생각할 수 있으며, 동시에 한국은 묵시적 반성을 바탕으로 '명시적 사과(explicit apology)'의 여부에 대해서도 보다 유연하게 대처할 수가 있다. 한국정부에서는 일본정부의 사과에 대한 국내 일부의 반발이 존재한다 하더라도 이들의 사과를 수용할 가능성이 높아지게 되고, 일본에 대해서 과거사 문제를 반복적으로 요구할 필요성은 낮아질 수 있다. 다시 말해서 정부와 국민을 포함해서 양국은 현재의 상대방에 대한 압박 일변도에서 보다 '자기제한적(self-limiting)' 접근을 취할 수 있다.

둘째, 일본의 과거사에 대한 인식이 확충된다면 이는 양국관계를 위해 필요한 '신뢰요인(trust factor)'에 긍정적으로 작용할 수 있다. 한국의 일본에 대한 불신과 의구심은 기본적으로 일본의 과거사에 대한 불충분한 인식에서 상당부분 비롯되고 있다. 한국과 일본이 신뢰를 회복하게 되면, 과거사를 바탕으로 배상 문제에 대해서도 한국과 일본이 합의에 도달할 가능성이 이전보다 높아질 수 있다. 일본의 과거사 인식이 현재보다 나아진다면 한국정부는 배상 문제 등을 국내적으로 처리할 수 있는 여유를 가지게 되고, 이는 일본정부의 부담을 줄이는 방향으로 나아가 궁극적으로 한일관계의 신뢰회복이라는 선순환을 기대할 수 있다.

앞서 논의한 역사, 정치, 법 등의 세 가지 영역에 과거사 인식을 적용했을 때, 역사영역에서 다루어지는 역사인식의 문제는 다른 영역에 영향을 주며 한일관계를 개선할 수 있는 잠재력을 지니고 있다. 역사인식의 변화는 법적 배상 관련 문제에 대해 보다 유연한 입장을 보일 수 있다(화해의 정도 5에 해당). 또한 사과 혹은 배상의 문제 중 하나에 유연한 입장을 보일 수도 있다(화해의 정도 6 또는 7에 해당). 그리고 일본의 과거사에 대한 인식이 보다 확산되었을 경우에는 사과와 배상의 문제 전부에 있어서 일본이 적극적 태도를 보일 수도 있다(화해의 정도 8에 해당).

일본의 역사인식 문제를 다시금 고려해야하는 이유는 지금까지의 일본의 역사인식에서 드러나는 한계에 있다. 일본의 과거사에 대한 인식이 한계를 보이는 데는 크게 세 가지 요인이 작용하였다. 첫째, 전후 일본은 공식적 차원에서 역사교육을 의도적으로 제한했다. 글럭(Carol Gluck)이 지적한 바와 같이, 새로운 민주주의 일본을 희망하였던 미군정은 전통일본과 군국주의 일본 그리고 미국과의 전쟁 등의 내용을 다룬 역사교육을 의도적으로 제한하였다.[6] 일본정부 또한 전후 일본의 재도약을 위해서 역사적인 측면에서 전전과 전후의 단절을 목표로 삼았다.

6　Carol Gluck, "The 'End' of the Postwar: Japan at the Turn of the Millennium," in Jeffrey K. Olick, ed., *State of Memory*, Duke University Press, 2003.

둘째, 일본의 전쟁에 대한 기억은 매우 한정적이다. 이는 유럽 국가들의 전쟁 기억과 대조적이다. 유럽대륙이 전장(戰場)이었던 이들 국가들에서는 전쟁에 대한 집단적 기억이 자연스럽게 형성된 반면, 전장이 바다 건너 있었던 일본의 전쟁 기억은 전쟁참여자에 국한된 의도적인 재생산 과정을 거쳐야만 하였다. 셋째, 일본의 특정 기억이 국가정체성과 결부되면서 전쟁에 대한 다른 기억은 사회적으로 확산되기 어려웠다. 본 글은 가장 복잡한 과정과 양상을 보여주고 있는 전후 일본의 전쟁 기억의 문제에 초점을 맞춰 일본의 과거사 인식 문제를 살펴보고자 한다.

2. 왜 갈등이 증폭되고 있는가

한일관계가 갈등적 상황에서 벗어나지 못하는 데에는 몇 가지 이유가 존재한다. 첫째, 근본주의적 입장에서 20세기 초반 한국의 식민지 경험 자체가 다른 나라와 차이가 있으며, 이는 해방 이후 한일관계에 지속적으로 영향을 미쳤다. 둘째, 국제정치의 변화는 한일 양국관계에도 영향을 미쳤다. 냉전 종식과 글로벌리제이션 등 거시적 변화는 냉전기의 이념중심에서 탈냉전기의 정체성 중심으로의 이행을 의미한다. 이러한 변화는 한일관계에도 적용되어, 양국은 '이념의 동질성'에서 '정체성의 이질성'으로 변화했으며, 이는 갈등심화로 이어졌다. 셋째, 한일 양국이 대등한 관계로 설정되기 시작하면서 갈등이 증폭되었다. 한국의 괄목할만한 성장, 이에 대비되는 일본의 '잃어버린 10년' 이후 장기적 후퇴 등으로 말미암아 한국과 일본의 상대적 지위가 과거보다 대등해지게 되었는데, 그 결과 한국과 일본 양국 국민 사이에 경쟁심이 고조되는 예기치 못한 파생물이 발생했다고 볼 수 있다. 넷째, 한일관계는 양국의 국내 정치 변화와 맞물려 있으며 특히 1990년대 이후의 정치변화와 밀접한 관련이 있다는 견해이다. 사실 양국 갈등은 지난 20년간 지속적으로 증폭되었는데 이 시기 양국의 국내정치 또한 크게 변화하였다. 일본의 경우 '55년 체제' 이후 위기의 자민당이 보수 우경화 입장을 취했으며 한국 또한 민주주의 이후 민족주의적 성향이 강화되었다. 그 결과 양국관계에는 정부와 국민, 그리고 정부 간의 '양면게임(two-level game)'의 성격이 두드러지게 나타났다.

2.1. 일제 강점의 특수성: 인접국가에 의한 식민화

한국에 대한 일제의 강점은 다른 식민지배와는 차이가 있으며 이는 식민이후(post-colonial) 시대에도 지속적으로 큰 영향을 미쳤다. 20세기 이전 대부분 식민지배가 '대륙간 지배(intercontinental colonialization)'였던 반면, 한국에 대한 일제강점의 경우는 '대륙내 식민화(intracontinental colonialization)'였다. 로즈만(Gilbert Rozman)은, 식민지배국인 일본이 한국과 지리적 근접성, 언어적 유사성, 그리고 인종적 공통성을 가지고 있으며 이러한 동질적 성향이 한국에 큰 위협이 되었다고 지적한다.[7] 이러한 구조적인 유사성으로 인해 일본의 동화정책은 매우 효과적일 수가 있었다. 일본어의 전파속도는 매우 빨랐으며, 동화의 대상은 전국민으로 쉽게 확장될 수 있었다. 이는 한국의 정체성이 일본에 의해 말살될(또는 일본에 의해 대체될) 위험성이 있었음을 의미한다. 다시 말해 식민지화는 국가체제의 '합병'을 넘어, 궁극적으로 '민족소멸'로 귀결된다는 점에서, 경제적 착취뿐만 아니라 동화중심의 식민지배에 대한 위기감은 매우 높았다고 볼 수 있다.

이밖에도 일본의 한국 식민지화는 세계의 여러 식민지화와 차이가 있는 데, 한국의 경우 식민지배 이전 유교 문화를 바탕으로 이미 매우 발달된 가족정체성과 국가정체성이 형성되어 있었다. 특히 발달된 보학으로 일본보다 정립된 친족 관계와 선조 관계를 가지고 있었다. 이는 서구의 동남아시아 및 아프리카 식민지화와 구별되는 것으로, 식민지배에 대한 저항이 매우 강렬하였던 이유 또한 이러한 발달된 자의식에 기인하였던 것으로 간주할 수 있다.

일본의 한국 식민지화는 18·19세기 유럽 국가들의 식민지화와 차이를 보일뿐 아니라 동아시아 내부에서도 대만의 사례와 차이를

---

7   Gilbert Rozman, "Japan and Korea: Should the US Be Worried about Their new Spat in 2001?," *The Pacific Review*, v. 15, no.1, 2002.

보인다. 대만의 식민기간이 한국에 비해 길었음에도 불구하고 대만이 일본을 바라보는 인식은 한국에 비해 긍정적이고, 총독부 건물을 계속 정부청사로 사용하는 등 일본의 잔재에 대해서도 관용적 입장을 취한다.[8] 이는 강도 높은 동화정책이 전개된 한국과는 달리 대만에서의 식민통치는 한국에 비해 훨씬 온건했기 때문이다.

다른 한편, 많은 일본인들은 전쟁대상이 아닌 식민지배의 대상이었을 뿐인 한국의 국민이 과거에 대해 과도하게 집착하는 것에 대해 의아하게 생각한다. 사실 '식민 기억'은 '전쟁 기억'에 못지 않거나 오히려 더욱 강하고 복잡한 기억 메커니즘을 가지고 있다. 근대사에서 많은 경우 식민지배기간은 전쟁기간보다 길었다. 또한 대부분의 전쟁은 대등한 입장(적어도 심리적 차원에서라도)에서 상호간에 살상이 존재하였기 때문에 전쟁 종식후 강화조약을 맺으면서 즉각적인 화해도 가능하였다.

실제로 많은 국가들이 전쟁을 치러왔는데, 전쟁이 끝난 이후 반목과 갈등의 관계가 지속되는가 하면, 화해를 하고 새로운 관계로 발전시켜나가는 경우도 허다하다. 2차 대전에서 독일과 프랑스는 전쟁을 치렀지만 전후 양국의 화해는 EU 탄생의 초석이 되었다. 전쟁을 치렀던 일본과 미국은 전후 매우 강한 동맹관계를 유지하고 있다. 패전국 일본은 전쟁 직후 승리자 미국을 '포용(embracing)'하

---

8   Gilbert Rozman, "Japan and Korea: Should the US Be Worried about Their new Spat in 2001?," *The Pacific Review,* v. 15, no.1, 2002.

였다.

　그렇다면 왜 식민지에 의한 피해는 오래가는 것일까? 식민지배와 피지배의 관계에서는 '굴욕(humiliation)'이라는 심리적 차원이 존재한다. 피지배라고 하는 것은 행위적 복종과 심리적 굴욕이 결합되어 있는 상태이다. '해방' 이후 행위적 복종은 종식되지만, 심리적 굴욕에 대한 기억은 계속된다. 특히 굴욕 또는 수치가 발생하는 맥락에서는 피해자와 가해자 사이에 무언가를 주고 받을 수 있는 '교환관계(reciprocal relation)'가 성립하기 매우 어렵다. 이는 식민종식 이후에 결국 가해자에 대한 감정적 증오의 원인이 된다. 이러한 상황에서는 화해가 간단하지 않다. '대량학살(atrocity)'이 발생한 경우는 예외이지만, 전쟁 당사국들이 화해에 성공할 가능성이 식민관계에서 보다 높을 수 있다.

2.2. 냉전에서 탈냉전: '이념'에서 '정체성'으로의 변화

　한일갈등이 원천적으로 식민지배 자체에서 생겨났다기보다는 20세기 후반 냉전의 종식에서 비롯되었다고 보는 시각이 존재한다. 냉전과 탈냉전 시기로 구분, 즉 '이념지배(ideology domination)'의 냉전기에서 '정체성 지배(identity domination)'라는 탈냉전으로의 변화가 새로운 한일관계를 형성했다고 보는 것이다. 냉전에서 탈냉전으로의 이행은 한국과 일본이 '같은 이념'에서 '다른 정체성'으로 변화했음을 의미한다.

　냉전 시기는 자본주의와 사회주의 진영 간 이념대결, 그리고 진영 내부에서의 정치·경제적 협력관계가 특징적이었다. 한국과 일본은 자본주의 경제를 선호하면서 경제적으로 협력하였다. 일본에서는 소위 '55년 체제'라는 보수/혁신의 이념대치 아래 자민당 일당우위가 지속되었고, 한국은 권위주의가 지속되었다. 남북대결 구조 아래에서 일본사회당이 북한을 지지하고, 일본 여당과 한국 여당이 정치적 협력을 유지하면서 갈등이 조정되는 이른바 '관리되는 한일관계'의 양상을 보였다. 특히 국교 정상화가 성립된 배경에도 이러한 냉전 상황에서의 양국의 정치 및 경제적 협력이 있었음을 알 수 있다.

　탈냉전기에 새로이 형성된 국제관계에서는 냉전시기 양국의 관계를 지배하던 이념적 요소가 후퇴하는 한편, 각 국가의 정체성이 부각되었다. 이념정치에서 정체성의 정치로의 이행에는 다양한 요인이 작용하였다. 냉전 초기에는 치열한 이념대결과 더불어 진영 간 국지전쟁이 발생하였다. 하지만 시간이 갈수록 이념대결은 퇴색하는 가운데 데탕트와 군축이 주창되었다.

　경제적인 측면에서도 선진국과 개도국 간 생산성의 차이는 갈수록 축소되었고 개도국의 선진국에 대한 의존 또한 줄어들었다. 특히 개도국의 시장다변화, 자본유입의 다원화, 기술혁신의 보편화 등으로 개도국의 자율성은 더욱 강화되었다. 사회주의 국가에서도 이념보다 개방을 통한 경제발전을 추구하게 되었다. 20세기 후반 시작된 이러한 국가 개방의 확산은 결국 '글로벌리제이션' 현상을 불러일으켰다. 일반적으로 글로벌리제이션을 거대 기업, 거대 금융의 '자유로운 움직임' 그리고 그로 인한 '국가의 쇠퇴(retreat of state)'로만 이해하기 쉬운데, 실제로 글로벌리제이션은 탈냉전과 맞물려 냉전기 국제관계를 결정지었던 '이념의 후퇴'에 지대한 영향을 미쳤다. 적어도 경제적 요인은 과거의 이념적 요소를 희석하는 데 큰 역할을 하였지만 이념적 갈등요소가 쇠퇴하였다고 해서 국가 간 갈등이 사라진 것은 아니었다.

탈냉전기의 새로운 갈등은 국내적 상황의 변화와 밀접한 관련이 있다. 이념이 아닌 민족중심의 새로운 사고가 등장하면서 구소련 주변부에는 여러 새로운 국가가 탄생하였다. 미시적으로 구소련의 해체는 내부 권력투쟁의 예기치 못한 결과로 볼 수 있지만, 거시적 맥락에서는 이념적 요소의 쇠퇴에 기인하여 나타난 필연적 과정으로도 볼 수 있다. 반대로 동서독의 통합에는 민족적 요소가 강하게 작용하였다.

이처럼 국가해체(state-decoupling)와 국가재결합(state re-coupling) 과정에는 민족주의적 요소가 자리하고 있었다. 국가 간 관계의 결정요인으로 이념적 요소는 급격히 퇴조하는 한편, 민족(nation)과 인종(ethnic) 등을 둘러싼 갈등이 새로운 쟁점으로 등장하였던 것이다. 이러한 의미에서 19세기 근대국가 형성기에 첫 번째 민족주의의 탄생이 있었다면, 탈냉전기에는 많은 나라에서 소위 '신민족주의'라고 부를 수 있는 두 번째 민족주의의 물결이 등장하게 되었다. 이념이라는 요소는 기본적으로 개인의 경제적 이익에서 파생된 것으로, 자본주의와 사회주의의 이념적 가치는 국가와 민족을 초월하게 된다. 하지만 이러한 이념지향이 후퇴하면서 국가와 민족, 인종 등은 계급적 인식을 초월하여, 공통적 국가내지는 민족, 인종적 정체성을 우선하게 되었다. 이념에서 정체성으로의 전환은 국제정치에서 새로운 게임이 시작되었음을 의미하며, 이전과 다른 갈등이 등장하게 되었다.

이러한 국제정치의 전환에 한국과 일본도 민감하게 반응하였다. 일본의 보수 우경화 경향은 이념 요소보다 국가내지는 민족적 요소를 중시하게 되었음을 의미하며, 이러한 현상은 일본의 고도 경제성장기 이후에 두드러지게 되었다. 일본의 보수 우경화 경향은 1980년대 이후 전개된 다양한 사건을 통해 엿볼 수 있다. 교과서 문제에서는 과거사에 대한 새로운 가치부여를 요구하였으며 야스쿠니 신사 참배에서도 국가적 요소가 강조되었다. 이 밖에도 독도를 둘러싼 영토 문제와 종군위안부 문제 등이 등장하였다. 냉전기간에 일본이 취했던 태도와는 대조적으로 그동안 잠류하였던 민족주의적, 국수주의적 요인들이 일본사회에 확산되었고, 이러한 확산은 한일관계에 있어서 새로운 갈등을 야기하게 되었다.

2.3. 한국 위상의 상승과 '사회적 질투(social envy)'의 증가

최근 양국 국력의 변화가 한일관계에 부정적인 영향을 미쳤다고 볼 수 있다. 이 경우 아이러니하게 갈등이 증폭된 이유로 한국국력의 신장을 들 수 있다. 다시 말해서 한국은 이전보다 강화된 국력으로 일본과 대등한 입지에 서게 되었으며, 이로 인해 한국이 일본을 무시하려는 경향, 그리고 일본의 한국에 대한 혐오 감정 등이 생겨났다는 입장이다. 대체로 많은 일본학자들은 한국과 일본 사이의 갈등이 심화된 원인을 두 나라의 힘의 관계가 이전보다 대등해졌다는 점에 있다고 지적한다.[9] 물론 대등한 상황에서 국가들은 협력적이 될 수도 있으며, 반대로 갈등을 야기할 수도 있다.

그럼에도 불구하고 대등한 관계가 그렇지 못한 관계 보다 갈등의 발생확률이 더 높아질 수 있다는 개연성이 존재한다. 일반적으로 '사회적 질투(social envy)'는 대등한 관계로 이행하는 과정에서 보다 쉽게 발생한다. 엘스터(Jon Elster)는 사회적 질투를 "남이 가진 것을 나도 원하는 것이 아니라, 내가 가지지 못한 것은 남도 가지지 못하게 하는 것"으로 인식한다.[10] 이러한 감정적 요인은 집단적 차원에서도 발생할 수 있으며, 한일 간에도 적용이 가능하다. 문화적

---

9 木宮正史, 「歴史・嶺土を巡る対立と未来志向的な日韓関係の構築」, 김대중・오부치선언 19주년 기념 국제학술회의, 2017.

10 Jon Elster, *The Cement of Society: A Study of Social Order*, Cambridge University Press, 1989.

측면에서 한국의 한류, 경제적 측면에서 한국 기업의 성장 등에 비추어 볼 때, 한국은 세계에서 가장 대표적인 '글로벌리제이션의 변화'를 이룬 개방성을 보이는 반면, 일본의 경우는 '갈라파고스적 진화'라는 폐쇄성을 보이면서 이 둘의 대비가 두드러졌다.

2.4. 양국 국내정치의 변화: 합의사회의 붕괴와 '강경 소수(strong minority)'

1990년대 일본 자민당은 중요한 변화를 겪었다. 사회당이 몰락하였지만 자민당의 일당우위 역시 불안정해졌다. 자민당의 오랜 집표 메커니즘이었던 '이익배분의 정치'가 한계를 보였으며 자민당 정치리더의 우경화가 두드러졌다. 기본적으로 '중산층/물질주의/합의사회'의 패러다임이 퇴보하고, 대신 저성장 기조에서 중산층의 와해와 더불어 격차사회, 탈물질의 가치중심에서 자국중심주의의 결합, 그리고 합의사회 붕괴에 따른 소수 강경 여론의 세력화 등의 현상이 나타났다. 가장 대표적인 예로, 과거사에 대한 '반성과 사과'가 정치적 아젠다로 선정되는 순간 이에 대해 적극적으로 '반발'하는 집단들이 등장하게 되었다. 이러한 반발로 인해 한국인들이 일본의 사과를 불완전한 것으로 인식하게 되었다. 전쟁에 대한 비판적 시각이 우세하였던 일본사회에서 보수성향의 정부와 보수적 입장을 지향하는 국민들이 힘을 합치면서, 이른바 함께 '통나무 굴리기(log-rolling)'와 같은 행동이 나타나기 시작하였다. 시기적으로 보면, 1980년대까지 일본에서는 과거사 문제에 대해 일본의 근본적인 책임을 인정하는 경향이 주를 이루었고 이에 대한 반대는 가시화되지 않았다. 하지만 1990년대 이후로 일본의 반성적 태도에 대한 반발이 점차 거세지면서 2000년대 이후에는 우경 보수가 주류로 전환되기에 이르렀다.

다른 한편으로, 한국의 경우에도 민주화 이후 일본에 대한 다양한 스펙트럼이 존재하게 되었다. 일본에 관한 문제는 한국에서 국민적 관심사가 되었으며 정부에서도 이전보다 민감하게 과거사 문제를 양국의 핵심 아젠다로 설정하게 되었다. 대체로 정부를 중심으로 형성되었던 양국의 관계가 국민간의 관계에 의해 큰 영향을 받게 되었다. 정부와 정부 간의 게임의 다른 한편으로 정부와 국민들 사이에 게임도 존재하는 것이다. 양국관계에 대한 포럼이 확장된 결과 일종의 '양면 게임(two-level game)'이라는 상황이 전개되기 시작하였다. 양국에서 발생한 이러한 과정은 결국 한국과 일본이 과거사 문제를 두고 이해와 타협이라는 과정보다는 승자와 패자를 구분하려는 '제로섬 게임' 상황으로 귀결되었다.

2.5. 소결

이상의 네 가지 요인은 모두 한일관계가 부정적으로 전개되는 데 기여하였다. 일제강점의 특수성, 그리고 그 결과로서 누적된 감정이 존재하였으며, 이는 냉전기간 동안 사회적으로 통제되어 잠행되는 측면이 있었다. 하지만 냉전이후의 사회에서 정체성에 대한 새로운 자각이 등장하면서 식민지의 특수성이 전면적으로 부각되었다. 다른 한편, 한국이 글로벌리제이션의 흐름을 활용함으로써 일본에 대한 경제적 의존을 줄이면서 동시에 문화적 독자성을 추구하는 과정에서 양국의 심리적 거리는 더욱 멀어졌다. 결국 과거사 문제는 정치적 쟁점으로써 국내정치의 핵심 아젠다로 부상하였으며 결과적으로 한일관계는 승자와 패자를 가르는 게임이 되었다고 볼 수 있다. 문제의 핵심은 갈등을 추동하는 요인은 네 가지나 작동하는데 비해, 이를 저지하는 제어 환경은 형성되어 있지 않다는데 있다.

3. 무엇을 기억하고 무엇을 망각하였는가

3.1. '현재속의 과거'

우리가 과거사에 대한 인식을 문제 삼을 때, 그 인식은 단순히 독립적으로 존재하는 것이 아니라 복합적 메커니즘의 산물이다. 과거에 대한 인식은 다양한 과정을 통해서 형성된다. 교육과 같은 공적인 채널을 통해 적극적이고 명시적으로 형성되기도 하며, 사회화 과정에서 개인의 인식들이 확산되면서 은연중에 묵시적으로 형성되기도 한다. 이 중에서 기억은 과거에 대한 인식을 형성하는 데 매우 중요한 기제이다. 기억은 과거에 대한 '정보(information)'를 제공하고, 정보는 사안에 대한 판단(evaluative)영역 또는 감정(affective) 영역에 영향을 미친다. 다른 한편, 사회적 차원에서 과거사에 대한 기억은 집단적 속성을 가지고 있으며, 이는 사회구성원의 대다수에 의해 기억이 형성되는 것을 의미한다. 그리고 다수의 기억은 특정 방향의 여론을 형성하는 데 기여한다.

이 절에서는 기억을 중심으로 일본의 과거에 대한 인식이 어떻게 형성되었는지를 살펴보고자 한다. 기억의 문제는 결국 현재 시점에서 재생되는 과거라는 점에서 어디까지나 '현재속의 과거(past in the present)'이다. 독일에 비해 일본의 과거사 인식이 지닌 한계가 크다는 점에서 일본의 과거사 인식이 어떻게 형성되었는지를 면밀히 살펴볼 필요가 있다. 우선 기억의 출발점, 즉 상이한 기억의 생성한 조건이 독일과 일본의 차이를 낳았다고 볼 수 있다. 일본의 경우 피해자편의 목격자는 집단적으로 존재하는 반면, 가해자편의 목격자는 한정적이었던 점이 일본 과거사 인식의 한계로 이어졌다고 볼 수 있다.

하지만 기억의 외부적 조건보다 중요한 것은 기억의 내부적 구성이다. 기억은 선택 또는 선별되고, 확산되기도 하지만, 반대로 통제 또는 소멸되기도 한다는 점에서 기억은 '사회적 구성(social construction)'의 산물이다. 또한 이러한 기억의 사회적 작용은 많은 경우 의도와 목적을 가진다는 점에서 정치적인 것으로 이해된다.

3.2. 두드러진 기억들: '야스쿠니'와 '히로시마'

사실 일본에서 전쟁의 기억은 무수히 많으며 도시에서는 미국에 의한 공습을 기억하고 있다. 본토와 달리 일본과 미국 양자에 의해 피해를 입은 오키나와의 경우도 존재한다. 여러 전장(戰場)에서 돌아오는 군인, 식민지에서 돌아오는 민간인(引き上げ者) 등에 대한 기억도 남아있다. 소설가 오에(大江健三郎)는 20세기 일본 개인의 삶에 가장 큰 영향을 주었던 사건은 전쟁이었으며, 전후 일본은 기억과 해석에 의해 분열되었다고 주장한다. 어떤 면에서 전후 일본이라는 사회는 전쟁에 대한 기억이 두텁게 자리하는 이른바 '기억의 제국'이라고 불릴 수 있다. 이처럼 전쟁에 대한 기억이 산재하고 있지만, 전후 일본사회에서 개인과 집단의 신념체계에 가장 많은 영향력을 미친 기억은 적어도 상징적 차원에서 (1) 야스쿠니를 둘러싼 기억과 (2) 히로시마를 둘러싼 기억의 두 가지로 정리될 수 있다. 그리고 이들 기억의 내용은 각각의 박물관을 통해서 확인이 가능하다. 이들 박물관은 단순히 과거를 전시하는데 그치지 않고, '추모'와 '재현'의 기능을 동시에 수행하는 집단적 기억을 형성하는 장치

이다.[11]

먼저, 야스쿠니 신사의 '유슈칸(遊就館)'이라는 박물관은 세이난 전쟁(西南戰爭)에서 2차 대전에 이르기까지의 메이지 유신이후의 전쟁을 망라하는 최대의 전쟁박물관이다. 전쟁박물관으로서 유슈칸의 전시에서 몇 가지 특징을 읽을 수 있다. 첫째, 유슈칸은 결국 전쟁에 참여한 자들을 추모하는 역할을 수행한다. 유슈칸전시에서는 '누구에 의해 전쟁이 시작되었는가' 등의 전쟁에 대한 설명이 아니라 '누가 참여 하였는가'에 초점이 맞추어져 있다. 예를 들어 전시되어있는 군인의 유품이 누구의 것이었는지 그 실명을 밝히면서 과거와의 교감을 유도한다.

둘째, 전시를 통해 여러 전쟁 상황을 순차적으로 보여주고 있지만, 일본이 치룬 전쟁들이 '어떠한 전쟁이었는가' 등의 전쟁의 배경 및 전쟁에 대한 해석은 억제되어 있다. 특히 각 전쟁에 대해 특정한 성격을 부여하기를 회피하고 있다.[12] 전투에 대한 지엽적인 묘사로 팽창주의 전쟁이 지니는 국제정치적 평가를 탈피한다.[13] 결국

11 김상준, 「일본 전쟁 기억과 공동체의 상상: 기억의 사회적 재생산을 중심으로」, 『日本(政治論叢』 제 30호, 2009.
12 예를 들어, 일본 전쟁사에서 1931년의 중일전쟁에서 1941년의 태평양전쟁에 이르기까지 15년간의 전쟁은 대외적으로는 팽창주의, 대내적으로는 군국주의 전쟁이라는 점에서 이전의 전쟁과는 다른 성격을 가지고 있다. 하지만 이러한 전쟁에 대한 성격규명은 유슈칸전시에서는 회피되거나 억제되어있다.
13 예를 들면, 러일전쟁에 대한 전시에서는 일본군이 러시아의 발틱함대를 상대로 사용한 전술을 단계별로 분석하면서 당시에 사용되었던 군사적

유슈칸전시에서는, 근대 일본이 전개한 다양한 전쟁은 서로 다를 게 없고, 나아가 전쟁이라는 것은 일본에만 해당되는 것이 아니라 생존을 위한 국가행위이며, 이는 다른 나라도 마찬가지라는 논리를 내포하고 있다고 간주할 수 있다.[14] 이러한 논지는 카스텔(Manuel Castells)이 언급한 정체성의 종류 가운데 하나인 '정당화 정체성 (legitimization identity)'과 일맥상통한 것으로 이해할 수 있다.[15] 사실 일본의 전쟁에 대한 정당화를, 근대국가에서 전쟁은 불가피하였다는 인식을 유슈칸이 대변하고 있는 것이다.[16] 특히 '정당화'라고 하는 것은 '옳음'의 판단을 신념화 하는 과정으로, 심리적 차원에서 이는 사회의 집단의지의 표현으로 간주된다.[17]

전략과 전술 등을 치밀하게 군사, 과학적으로 재구성한다. 이는 전쟁을 기술함에 있어서 전쟁 '행위(action)'만을 부각시키는 것으로, 전쟁이 어떻게 수행되었는가에 관한 군사적 차원의 설명에 주안점을 두고 있는 것이다. 김상준, 「기억의 정치학: 야스쿠니 vs. 히로시마」, 『한국정치학회보』, 39집 5호, 2005.

14 일본뿐 아니라 근대국가를 형성하는 과정에서 거의 모든 국가들이 전쟁이라는 과정을 통해 국가를 형성했다는 주장과 연관되어 있다.

15 Manuel Castells, *The Power of Identity*, London: Blackwell, 1997.

16 예를 들어, 1994년 호소카와 총리는 침략전쟁에 소위 '米英同罪史觀'이라고 할 수 있는 "[전쟁책임에 있어서] 일본만 비난할 것이 못 된다"는 주장을 한다 (江口圭一 1996. 12). 또한 대다수의 일본인들은 과거 전쟁에 대해 상당수가 필요에 의한 전쟁이었다는 판단을 하고 있다. 1994년 NHK의 조사에 의하면 조사자의 32퍼센트는 과거 청일전쟁에서 태평양 전쟁에 이르기까지의 전쟁이 '침략전쟁'이지만 '당시 어쩔 수 없었던 행위'라는 입장을 보인다. 김준섭, 「전후 일본의 평화주의에 관한 고찰」, 『국제정치논총』, 제39집 1호, 2000.

17 이러한 과정은 Elster가 주장하는 자기기만의 문제와 상통하고, 이는 단순한 희구적 사고(wishful thinking)를 넘어 의식/의도적 행위라고 간주된다. Jon Elster, *Ulysses and The Sirens: Studies in Rationality and Irrationality*, Cambridge: Cambridge University Press, 1979. p. 174.

일본의 또 다른 전후 기억은 히로시마적 기억이라고 하겠다. 이는 일본의 전후 국가정체성에 있어서 자유주의내지는 평화주의 국가정체성으로 이해할 수 있다. 히로시마 기념관은 국가와 국가 사이의 상대적 맥락이라기 보다는 인류와 원폭이라는 절대적 맥락에서 바라본 전쟁고발이다. 히로시마기념관에서는 원폭이 어떻게 인명을 살상하였고 도시를 어떻게 파괴하였는지, 그리고 전쟁이 끝난 후에도 원폭으로 인해 방사선에 노출된 사람들이 계속해서 어떤 식으로 피해를 받고 있는지 등을 강조하고 있다. 결국 자료실은 단순히 전쟁에 의한 손상으로서 인간의 죽음을 그리는 것이 아니라, 원폭이라는 새로운 무기에 의한 전에 없던 형태의 손상을 보여준다.

히로시마의 기억은 야스쿠니의 기억과는 매우 대조적이다. 야스쿠니의 기억이 주로 전쟁에 참가한 군인들을 위한 기억이라고 한다면, 히로시마의 기억은 주로 민간인의 피해를 중심에 둔다. 히로시마적 기억의 핵심은 '원폭에 의한 피해'를 부각시키고, 일본의 새로운 자기인식을 모든 형태의 전쟁을 반대하는 것으로 귀착시키는데, 이는 전후 국가정체성의 한축이 되는 '평화주의 정체성'을 구축하게 된다. 이러한 점에서 앞서 카스텔의 용어를 빌면, 히로시마의 전쟁 기억은 국가의 평화프로젝트를 의도적으로 추구한다는 점에서 '기획 정체성(project identity)'으로 간주 할 수 있다. 실제, 이러한 정체성을 바탕으로 전후 상당한 기간에 걸쳐 히로시마는 '피해의

도시'에서 '평화의 도시'로 전환된다.[18]

3.3. 그리고 망각

전후 일본사회에서 특정 기억의 두터운 존재는 동전의 양면과 같이 망각과 연결되어 있다. 야스쿠니류 기억과 히로시마류 기억을 통해 전후 일본에는 '이중적 기억(dual memory)'을 바탕으로 '두 개의 일본(two Japans)'이 존재했음을 알 수 있다. 이는 국내적으로 과거사에 대한 인식이 분열되어 있음을 의미한다. 역사학자 이리에(入江昭)는 과거사에 대해서 합치 된 인식을 형성한 독일과 달리 일본은 자기반성적인 '하나의 기억'에 합의하는데 실패하였다고 주장한다.[19] 즉 독일인이 하나의 '공적 기억'을 형성하였다면, 일본에서는 다양한 '집단적 기억'이 형성되면서 사실 과거사가 '방치'되었음을 의미한다. 일부 일본 학자들은 오히려 이러한 다양성이 일본 민주

18 히로시마는 피해의 도시라기보다는 평화의 도시로서 재정립되어 왔다. 히로시마는 세계평화시장회의를 주최하고, 사하로프, 테레사 수녀, 지미 카터, 달라이 라마 등 노벨 평화상 수상을 비롯한 세계의 평화지도자들의 네트워크를 구축하고 있으며, 정례적으로 평화의 메시지를 생산하고 세계적으로 확산시키고 있다. 일본인들은 히로시마를 끊임없이 평화의 메카로 인정하고 있는 것이다. 일본인들은 일본이 핵군축의 주창자가 될 수밖에 없는 이유가 바로 일본이 유일무이한 핵의 희생자이기 때문이라고 주장한다. 김상준, 「기억의 정치학: 야스쿠니 vs. 히로시마」, 『한국정치학회보』, 39집 5호, 2005.
19 入江昭, 「個人, 国家, および世界の記憶」, 細谷千博・入江昭・大芝亮 編, 『記憶としてのパールハーバー』, 京都: ミネルヴァ書房, 2004.

주의를 반영하는 것이라고 변호하기도 한다.[20]

더욱 심각한 문제는 기억의 다양성보다 이러한 기억들의 존재가 망각과 연결된다는 점이다. 전후 일본에 있어서 망각은 종종 언급되었다. 글럭(Carol Gluck)은 일본을 '망각의 제국(the empire of amnesia)'이라고 간주한다.[21] 이처럼 전후 일본을 다르게 바라보는 시각이 존재하는 이유는 일본이 지닌 기억의 한계 때문이다. 일본은 어떤 부분에 대해서는 매우 강한 기억을 가지고 있지만, 또 다른 부분에 대해서는 매우 약한 기억 또는 기억하지 않으려는 노력을 보이고 있기 때문이다.

왜 망각되었는지에 대한 설명도 존재한다. 예를 들어, 이에나가(家永三郎)는 망각에 대해선, 일본의 전쟁에 대한 지각이 독일과 달랐기 때문에 일본의 과거사 인식에 한계가 있다고 주장한다.[22] 독일인들은 유태인들이 끌려가는 것을 목도하였으며, 이는 전후에 독일의 과거사에 대한 집단적 기억의 형성에 중요하게 작용하였다. 즉, 독일인 스스로가 가해의 '목격자(witness)'가 되었고, 전후 독일의 반성에 중요한 역할을 하였다고 볼 수 있다. 하지만 일본군이 싸

---

20 예를 들어, 야마우치(山内昌之)는 중국은 공산당 일당 독재 하에 과거사에 대한 인식이 국수주의 내지는 민족주의 하나로 주입되었지만, 민주주의 일본에서는 과거사에 대해서 다양한 시각이 존재할 수 있다고 주장한다. 山内昌之, 「歴史と外交 ゆきすぎの防波堤として」, 『外交Forum』, No. 205, 2005.
21 Carol Gluck, "The 'End' of the Postwar: Japan at the Turn of the Millennium," in Jeffrey K. Olick, ed., *State of Memory*, Duke University Press, 2003.
22 家永三郎, 『戦争責任』, 東京: 岩波書店, 2003.

웠던 전장은 주로 태평양과 아시아 등지여서 전쟁에 참가하지 않았던 일본인들은 본토에서 일본군의 전쟁행위를 직접 목격할 수 없었다. 전쟁에 참여하지 않았던 일본인들이 목도하였던 것은 바로 1945년 봄이 지나면서 패색이 짙은 일본 본토 20여개의 도시를 미 공군이 공습하는 모습이었다.[23] 즉 '보이지 않은 전장(invisible battlefield)'에서 돌아온 일본군인들은 전장에서 벌어진 행위에 대해서 침묵하였으며 이는 결국 망각으로 이어졌던 것이다.

위의 망각에 대한 설명 이외에도 또 다른 중요한 이유가 존재한다. 망각은 단순히 기억의 소재의 부재에서 기인한 것이라기보다는 전쟁의 부분적 기억이 확산된 결과로서, 또 다른 전쟁의 기억에 대한 망각이 발생한다고 볼 수 있다.

기억의 반작용으로서 망각을 생각할 수 있는 것은 두 가지 이유에서이다. 첫째, 심리적 차원에서, 기억과 이를 바탕으로 하는 인식들이 확산되면 될 수록 이들 기억들이 '주류 기억(main stream memory)'을 형성하면서, 다른 전쟁 기억들이나 식민지배 기억들은 '주변화(marginalised)'된다. 심리적으로 한 기억이 지배적이 되면, 다른 기억들을 '밀어내는 효과(crowding-out effect)'가 발생하는 것이다.[24] 둘째,

---

23 대표적인 예로서 전쟁의 참상을 그린 1988년의 다카하카 이사오(高畑勳)의 만화영화 〈반딧불이의 묘〉 역시 공습에 의한 피해자들을 그린 작품이었다. 김상준·명석영, 「애니메이션과 전후 일본의 아이덴티티」, 『日本政治論叢』, 제26호, 2007, 271-300쪽.
24 Jon Elster, *Political Psychology*, Cambridge University Press, 1993. p. 184.

특정 '집단 기억(collective memory)'이 '공적 기억(official memory)'으로 전환되면, 다른 집단 기억은 점점 위축되거나 소멸 된다. 집단 기억은 국가정체성과 연관되면서 공적 기억으로 전환되는데 야스쿠니 또는 히로시마적 기억과 인식들이 전후 국가정체성의 형성에 크게 기여하면서 이들의 기억들은 공적 기억화된 것으로 간주할 수 있다. 히로시마류의 기억과 야스쿠니류의 기억들이 내포한 내용은 서로 반대되는 것은 아니지만 매우 대조적이며, 각기 주목하는 방향이 매우 다르다. 그럼에도 불구하고 이들 기억은 각각의 국가정체성에 관여한다는 공통점이 있는 것이다.

특히 이들 기억들은 모두 패전 후 민주주의 일본 국가를 다시 건설하기 위한 '전후 국가재건설(post-war state rebuilding)'과 연결되어 있다. 패전국가로서 일본은 국가정체성 형성에 어려움을 지니고 있었다. 그리고 '경제 민족주의'와 같은 매우 특이한 민족주의에 관심을 보이기도 하였다.[25] 하지만 전후 일본은 야스쿠니 인식에서 보이는 것처럼 '다른 나라와 같은 나라(same as others)' 또는 히로시마 인식에서 보이는 것처럼 '다른 나라와 다른 나라(different from others)'라는 두 개의 축으로 '국가정체성(national identity)'을 형성하였다고 볼 수 있다.

결국 전후 일본사회가 '망각의 제국'이라고 불리는 현상은 특정 피해의 기억을 선택함으로써 보편적 피해의 기억에 대한 배려

---

25   Kosaku Yoshino, *Cultural Nationalism in Contemporary Japan*, Routledge, 1995.

가 후퇴한 것에서 비롯되었다. 이는 전후 일본이 지닌 기억의 한계를 의미한다. 때문에 일본사회에는 강한 기억과 망각이 공존한다고 볼 수 있다.

4. 한일관계 개선을 위한 새로운 접근의 필요성

한일관계 개선을 위해서는 다양한 접근이 필요하다. 앞서 갈등의 원인으로 네 가지를 열거하였다. 갈등의 원인이 소멸되면 갈등이 극복될 수 있지만, 식민지배의 문제, 이념에서 정체성으로 국제정치의 변화, 대등한 한일 관계에서 기인하는 문제는 사실상 해결이 불가능하다. 갈등이 등장한 역사적 맥락을 바꿀 수 없기 때문이다. 남아 있는 선택지로서 한일의 게임적 상황이 있다. 하지만 이 또한 쉬운 방법은 아닐 것이다.

승자와 패자가 결정되는 게임 상황을 극복하려면 양자의 타협이 필요하고, 타협은 결국 정치지도자의 '결단'으로 가능해 진다. 결단 또한 불가능한 일은 아니다. 왜냐하면, 정치지도자들은 여론에 반응할 수 있지만 다른 한편, 여론과 거리를 두고 독자적 판단에 기초한 정책과 입장을 통해 오히려 여론을 주도할 수도 있기 때문이다. 다시 말해 정치지도자들은 리더십을 통해서 자신의 지지자들을 규합할 수 있기 때문에, '정치적 리더십'이 정치변화에 영향을 주는 하나의 독립변수가 된다.[26] 그럼에도 불구하고 실제에 있어서는 국내정치의 여론에 민감하게 반응하는 양국의 정치지도자들에 의한 타협은 쉽지 않았다.

4.1. 인식의 확충이 필요한 시점

한일양국 갈등의 해결을 위해서는 양국 정치지도자들 사이의 단기적 타협이 중요하다. 하지만 앞서 지적한 바와 같이 보다 '안정적이고 지속적'인 한일관계를 위해서는 결국 일본의 과거사에 대한 제대로 된 인식이 출발점이 되어야한다.

전후 일본의 반성이 불충분한 것에 대해 문화적 설명이 존재한다. 예를 들어 독일인들은 기독교 정신에 바탕을 둔 '죄(sin)의식'이 강한 내면 성찰적 문화인 반면, 일본은 '수치(shame)의식'이 강한 주변 의식적 문화라는 것이다. 그리고 독일과 다른 일본의 과거사인식이 독일과는 달리 한계를 보인 이유는 바로 이러한 문화적 차

26 정치과정에서 있어서 '리더십'에 대한 인식은 모호하다. 주로 리더십이 어떻게 구성되는가에 대해 관심이 집중되어 있다. 하지만, 리더십은 다른 많은 독립변수들이 설명하지 못하는 상황에서 하나의 독립변수로 자리매김될 수가 있다. 실제 정치적 변화에는 구조적요인, 문화적 요인, 환경적 요인, 행위자 요인 등의 다양한 요인이 존재할 수가 있다. 리더십 또한 이들과 같은 수준에서 논의될 수 있는 변수로 인정할 수가 있다. 예를 들어, 독일의 사과에 있어서 빌리 브란트, 미국 흑인운동에서 마틴 루터 킹 등은 변혁에 있어서 리더십 변수로 간주될 수 있다.

이에서 기인한다고 한다. 하지만 이러한 문화론적 접근은 사실 검증이 거의 어려우며, 반증 또한 상당하다. 독일의 경우에도 반성보다는 과거사에 대한 적당한 무마, 그리고 '강한 독일'과 '보통국가 독일'를 지향하는 경향이 존재하였다. 하지만 이를 극복하려는 자유주의적 경향이 우세하면서 독일의 궁극적인 선택은 반성, 사과, 화해의 단계로 안정적이고 지속적인 과정으로 나아가게 되었다. 그리고 이러한 전개과정이 가능했던 것은 과거사에 대한 사회적으로 합의된 인식이 존재하였던 것이다.

무엇보다 본 글은 '인식'과 '반성'을 분리하고자 한다. 대부분 강한 인식이 있는 경우 행동으로 이행될 가능성이 높으며, 반대로 약한 인식은 행동으로 이어질 가능성이 낮다. 과거사에 대한 강한 '지각(perception)', '인지(cognition)', '인식(recognition)' 등은 매우 중요하게 '반성(self-reflection)'이라는 행위에 영향을 준다.

이 과정에서 지각, 인지를 위한 정보(information)는 중요한 역할을 하게 된다. 반성과 사과 이전에 '인식(cognition)'의 문제를 먼저 해결할 필요가 있다고 본다. 인식의 공유가 선행되지 않은 상태에서의 행위는 쉽게 부정될 수 있다.

4.2. 초월적이고 보편적인 가치체계의 필요성

현재 시점에서 다시 검증하는 과거사는 보편적이고 '초월적인 가치(transcendental value)'를 전제로 인식되어야 한다. 일본에서 오랜 기간 특파원 생활을 하면서 일본을 관찰하였던 볼프렌(Karel van Wolferen)은 일본사회의 가장 중요한 문제 가운데 하나로 '초월적 가치(transcendental value)'의 결여를 지목한다.[27] 일본의 초월적 가치의 결여는 사실 일본의 집단주의와 연결되어 있다. 때문에 초월적이고 보편적인 판단을 위해서 자유주의적이고 개인주의적인 입장을 강화할 필요가 있다.

첫째, 집단의 개인에 대한 영향력을 최소화하고, 개인의 보편적 자아를 지향하는 탈집단주의의 사고는 초월적 가치를 인식하고 추구할 수 있게 하는 바탕이 된다. 개인중심의 사고는 집단중심의 사고보다 일반적으로 보다 가치 지향적이고, 보편적이고, 초월적으로 간주될 수 있다. 사회에 보편성을 바탕으로 한 개인중심의 사고보다 집단중심의 사고가 만연한다면 초월적 가치를 인식하기 어려워진다.

둘째, 개인주의는 결과적 차원에서 사회변혁으로 연결된다. 개인은 자신의 가치를 추구하게 되고 가치에 기초한 목표를 위해서 부단히 노력한다. 패로우(Perrow)는 '개인적 차원의 노력(individual striving)'을 '가치' 추구와 밀접한 관련이 있는 것으로 파악한다.[28] 그

---

27 Karel van Wolferen, *The Enigma of Japanese Power: People and Politics in a Stateless Nation,* Vintage Books, 1990.

28 Charles B. Perrow, *Complex Organizations: A Critical Essay,* McGraw-Hill Publishers, 1986.

리고 개인의 노력은 오히려 집단 차원의 노력보다 사회변혁을 위해 효과적으로 작동할 수 있다.[29] 사회적 또는 조직적 차원에서 형성되는 인식은 개인적 차원에서 형성되는 인식에 우선하는 경우가 허다하다. 일본의 경우 이러한 보편적 가치추구라기보다는 상황 중심적 사고의 결과라고 볼 수 있다. 결국 사회적으로 보다 많은 사람들이 자유주의적 입장을 취하게 되었을 때, 정부 또한 이를 반영할 기회가 많아지게 되고, 정부는 국가 이익을 넘어 보다 보편적 차원에서 과거사에 대한 정책을 수립할 수 있다.

4.3. '현재 속 과거'의 재현방법

자기반성적 행위는 이해를 바탕으로 한 이성에 의해 촉발될 수 있지만, 사건을 목격하고 경험하는 것 등의 지각과 인지는 행위에 중요한 영향을 미친다. 즉, 인지는 행위의 중요한 독립변수인 것이다. 전쟁 박물관이 필요한 이유는 과거사를 인지하기 위함이다. 앞서 보았듯이 현재 일본의 전쟁박물관, 평화기념관은 한계가 있다. 원폭 피해자라는 카테고리를 벗어나서 보다 보편적 시각에서 희생자를 기억하는 공간이 필요하다

---

29 가장 대표적인 예로, 미국 사회의 변혁은 실용주의의 산물이었으며, 실용주의 핵심은 사회변혁의 주 행위자로서 개인을 상정하고, 개인변화의 결과로서 사회변화를 상정한다. Yarion Ezrahi, *The Descent of Icarus: Science and the Transformation of Contemporary,* Harvard University Press, 1990.

희생자를 위한 공간에서 생각해보아야 할 것은 현재 속 과거의 문제이다. 일상에서 현재와 과거가 동일한 비율로 자리를 차지할 수 있는 것은 아니다. 현재 속에서 과거가 말살되어, 과거에 대한 기억이 없는 '망각'의 상태 또한 문제가 될 것이다. 그렇다고 해서, 현재에 있어서 과거가 '일상적으로 또는 항시적으로' 존재하는 것 또한 새로운 문제를 야기할 수가 있다. 결국 현재의 삶이 중요하다는 의미에서 현재의 삶은 동시대의 다양한 것으로 구성될 것이다. 하지만 그러한 다양한 현재 속에서도 과거가 망각되지 않으면서 일정정도의 비중을 차지하는 것이 중요하다.

4.4. 해결을 위한 새로운 시간표(timetable)의 필요성

시간이 가지는 요소는 매우 중요하다. 전후 독일은 폴란드, 이스라엘, 그리고 프랑스와의 과거사 문제를 청산하기 위해서 매우 긴 시간이 소요된다는 것을 전제로 과업 달성을 위해, 시간이 걸리더라도 오히려 지금보다 나은 관계, 지금보다 나은 문제해결을 위해 노력하였다.

시간의 문제에 있어서 몇 가지 중요한 사안들이 있다. 첫째, 문제를 단기간에 해결하려는 의지는 중요하지만, 문제가 정해진 시간 내에서 해결되지 않을 경우 이를 부정적으로 간주하게 되면서 관계가 악화될 가능성이 크다. 둘째, 문제를 단기간에 해결하고자

할 때, '사안의 연계'가 발생할 확률이 더 높아진다. 그 이유는 문제 해결을 위해서 정부가 활용할 수 있는 다양한 수단을 동원할 가능성이 커지면서, 이로 인해 새로운 문제가 발생할 여지가 많아지기 때문이다. 셋째, 문제를 장기간에 해결한다는 말은 문제를 포기 한다는 것, 또는 문제가 내포하고 있는 의미를 평가절하 하는 것이 아니다. 문제를 오랜 기간에 걸쳐 해결하려는 경우 문제가 '표류(drifting)'할 가능성, 즉 '차후에 해결하려는 경향(先送り)' 또는 '문제의 방치(棚上げ)' 등이 나타날 수 있다. 오랜 시간에 걸쳐 문제를 해결한다는 의미는 '다수지배(dominant majority)' 의견, 또는 '소수강경(radical minority)' 의견을 회피하면서 종국적으로 합리적 이성에 기초한 사회적 합의를 이루어 내는 것을 의미한다.

5. 결론

본 글은 왜 한국과 일본의 갈등이 첨예화되었는가, 그리고 왜 한일관계는 해결되지 못하는가라는 질문에서 시작하여, 그 해결 방법에 이르기까지에 대해 살펴보았다. 일본식민지의 특수성, 국제정치의 변화, 국내정치의 변화, 그리고 한일의 위상 변화 등의 요소들이 전부 양국 갈등의 심화에 기여하였다. 한편으로는, 한국과 일본 양국에서 제로섬 게임의 상황이 연출됨으로써 타협의 여지는 사라지게 되었다. 본 글은 한일관계에 있어 갈등을 조장하는 '가속화' 장치는 필요 이상으로 작동되고 있는 반면 정작 이를 제지하는 '제어장치'는 작동하지 않았다고 본다. 또한 한일관계의 본말(本末)에 있어서, 과거사에 대한 인식의 문제는 그야말로 '본질'에 해당하는 문제로 간주한다.

물론 많은 노력과 시간을 요하겠지만, 일본의 과거사에 대한 인식의 축적이 필요한 시점이라고 생각한다. 일본의 역사 문제에는 의도적인 전전과 전후의 단절, 그리고 단절 가운데 과거에 대한 침묵이 존재하였다. 전후의 독일 사회와는 다른 전개 양상을 보인 것이다.

그리고 본 글이 살펴본 바와 같이 전후의 집단적 기억은 소수의 두드러진 기억으로 제한되었다. 이러한 문제를 해결할 수 있는 한 방법 중 하나는 일본이 과거사에 대한 보다 충분한 인식을 가지는 것이라고 할 수 있다. 과거사에 대한 인식은 소위 '반성-사과-용서-화해' 등의 일련의 관계개선 과정에 영향을 미칠 수 있다.

충분한 인식에 있어서 고려해야할 부분은 이러한 인식이 초월적이고 보편적 가치체계를 전제로 해야 한다는 것이다. 일본에서는 사회적으로 보편적, 초월적 가치를 포용하는 데 한계를 보였으며 이는 과거사 문제에도 적용되고 있다. 이러한 초월적 가치를 위해서는 결국 자유주의적 개인주의가 확장될 필요가 있다. 다음으로 필요한 것은 과거에 대한 인식을 포함한 소위 '과거'가 현재에 어떻게 수용되어야하는가의 문제이다. 현재에서 완전한 망각도 문제지만, 과거로 인해 현재가 갈등의 소용돌이에 갇혀서도 안 될 것이다. 따라서 이러한 문제를 해결하려면 상당한 시간이 필요하다. 사실 한일 간의 문제에 있어서 갈등이 고조되었던 이유도 정치적 목표로 한일관계를 상정하고 기간 내에 이를 해결하고자 하는 노력들이 결국 조화와 타협을 이끌어내는 데 실패한 것에서 찾아볼 수 있다. 따라서 한일관계는 '느리지만 꾸준히(slow but steady)' 만들어 가는 과정이 필요하고, 그 결과로서 '안정되고 지속적'인 한일관계를 기대할 수 있을 것이다.

제2부

경제 · 안보 문제와
한일관계

한일관계 갈등을 넘어 화해로

제4장

한일 무역 갈등과 해결 방안[*]
국제무역규범을 중심으로

❙ **구민교**(서울대학교 행정대학원 교수)

1. 들어가는 말

한국과 일본은 서로에게 가깝고도 먼 나라다. 1965년 국교 정상화 이후 한일 양국의 경제적 상호의존성은 꾸준히 증가해 왔다. 2020년 현재 한국은 일본의 3대 교역국이고 일본은 한국의 5대 교역국(수입액 기준으로는 3위)이다. 같은 해 일본의 GDP 규모는 미국과 중국에 이어 3위이고 한국은 9위다[1]. 한일 양국 모두 명실상부한 글로벌 경제대국이다. 심화된 상호의존성에 따르는 부작용에 대

---

[*] 이 글은 필자가 『일본비평』 24호(2021년 2월)에 게재한 논문 「무역-안보 연계 관점에서 본 한일무역 갈등 - GATT 제21조 안보상의 예외를 중심으로」를 수정한 것이다.

[1] OECD, "Real GDP Long-term Forecast (indicator)," 2020, doi: 10.1787/d927bc18-en.

한 논란에도 불구하고 전후 한일 양국의 경제 관계는 상생의 관계였다.

하지만 양국은 1965년 국교 정상화 이후에도 여전히 전전의 식민지 수탈, 가해와 피해의 아프고 민감한 기억에서 완전히 벗어나지 못하고 있다. 영토 문제와 역사 문제를 안고 있는 양국은 언제라도 첨예하게 대립할 준비가 되어 있는 것으로 보인다. 특히 2011년 이후 정치적 · 외교적으로 양국은 견원지간(犬猿之間)이 따로 없다. 2008년 출범한 이명박 정부는 2009년에 들어선 일본의 민주당 정부와 원만한 관계를 유지했으나 양 정부는 임기 말에 들어 양국 간 관계를 전후 최악의 수준으로 후퇴시켰다.[2] 2012년 8월 임기가 얼마 남지 않은 시점에서 이명박 대통령은 일본에 대한 불편함을 천황 관련 발언과 독도 방문으로 풀었다. 정치 · 외교적으로 일본과의

---

2   간 나오토(Kan Naoto) 총리는 식민지배에 대해서 처음으로 강제성을 인정했고 조선왕실의궤를 포함해서 일본으로 가져갔던 책도 다수 돌려줬다. 하지만 2011년 3월 문부과학성이 독도가 한국정부에 의해 불법 점거되었다고 기술한 검인정 교과서 4종을 승인하면서 관계가 냉각되기 시작했다. 같은 해 여름 일본 외무성의 일본외교관 대한항공 탑승 금지 조치, 자민당 의원들의 독도 방문 시도, 대한민국 정부가 1965년 한일 기본협정에 따라 인정하고 있지 않던 일본군 위안부 피해자와 원폭 피해자의 대일청구권 사안에 대해 정부의 부작위가 위헌이라는 한국 헌법재판소의 판결 등으로 한일관계가 경색되는 상황에서 12월에 도쿄에서 열린 한일정상회담은 관계 개선 가능성에 종지부를 찍었다. 이명박 대통령은 민주당의 마지막 총리였던 노다 요시히코(Noda Yoshihiko)와의 정상회담 자리에서 일본군 위안부 문제에 대한 일본의 정치적 결단을 강력하게 촉구하며 돌아올 수 없는 강을 건넜다『동아일보』, 「이대통령, 일에 위안부 해결 요구 직접 결단한 것」, 2011.12.18, https://www.donga.com/news/Politics/article/all/20111218/42697758/1.

관계는 바닥으로 떨어졌다. 박근혜 정부 들어서도 정치·외교 분야에서는 여전히 갈등을 빚었다. 다만 경제 분야에서는 여전히 활발한 교류를 이어가는 '정랭경열(政冷經熱)'의 특징을 보였다.

최근 들어서는 경제관계마저 차가워지고 있다. 2018년 10월 대한민국 대법원의 강제징용 피해자 배상 및 미쓰비시 중공업 등 전범 기업의 한국 내 자산 압류 판결에 이어 2018년 12월부터 2019년 1월까지 총 4차례 걸친 일본 해상자위대 소속 초계기의 대한민국 해군 함정들에 대한 저공 위협 비행 사건이 일어났다. 2019년 8월 이후에는 일본의 한국 화이트리스트 배제 조치와 한국의 일본산 불매운동과 반일시위까지 더해져 양국 간 강 대 강 국면이 이어지고 있는 것이다.

특히 일본정부는 2019년 6월 말 오사카에서 열린 주요 20개국 (G20) 정상회의가 끝나기가 무섭게 한국으로의 수출관리 규정을 개정해 스마트폰 및 TV에 사용되는 반도체 등 그 제조과정에 필요한 3개 품목의 수출규제를 강화한다고 발표하였다. 일본은 동 조치가 2018년 한국 대법원 판결에 대한 보복이 아니라 "한일 양국 간 신뢰관계가 현저히 훼손됐기 때문"이라고 주장했다. 일본은 신뢰 훼손의 원인으로 한국이 일본의 전략물자를 제3국에 밀수출한 사례가 적발되었기 때문에 한국에 대한 수출규제 강화조치는 '안보' 문제이며, 따라서 세계무역기구(World Trade Organization: WTO) 규정에 위배되지 않는다는 입장을 견지하고 있다.

출처: 저자가 TV 화면 캡처. 이 만평에서 아베 총리는 안전보장상 필요에 따라
수출관리 조치를 취한 것인데 문재인 정부가 왜 그렇게 반발하는지 의아
하다는 제스처를, 문재인 대통령은(대법원 판결에 대한) 정치적 보복이라
며 대항조치를 취하겠다는 강경한 표정을, 반일 시위를 벌이고 있는 한국
시민들은 "모두 일본의 책임"이라고 주장을 하고 있다.

〈그림 1〉 일본의 수출규제 조치에 따른 한일관계의 경색을 다룬 일본 NHK 방송의 시사
논평 (2019.8.9.)

이에 대해 한국에서는 일반 국민들의 일본산 제품과 일본 관광
불매운동을 넘어 여당 정치인들을 중심으로 지난 2016년에 체결된
한일군사정보보호협정(GSOMIA)의 연장 여부를 재검토해야 한다는
목소리가 제기되었다. 2019년 8월 12일 아베 신조(Abe Shinzo) 정부가
한국을 화이트리스트에서 공식적으로 제외하기로 하자 동년 8월
22일 문재인 정부는 GSOMIA 종료를 선언했다.[3]

3 문재인 정부의 결정은 대내외적으로 많은 논란을 일으켰다. 특히 중국을
   견제하고 동아시아에서 우월적 지위를 유지하기 위해 한일 양국의 협조

한국 대법원의 강제징용 관련 판결이 한일 간 무역 이슈로, 한일 간 무역 이슈가 다시 한일 간 안보 이슈로 확대되면서 궁극적으로는 한미일 안보협력에 부정적인 영향을 미치는 등 그 파급효과가 2020년 말 현재에도 계속되고 있다. 이미 삼각 안보 협력 균열의 틈새를 중국과 러시아가 파고든 바 있다.[4] 이처럼 한일 간 무역 분쟁은 한일 양국의 문제 그 이상의 의미를 갖고 있다. 그 원만한 해결이 중요한 이유이다. 이 글은 다음과 같이 구성된다.

제2절은 일본이 제공한 경제협력자금을 중심으로 전후 한일 간 무역 관계의 형성 과정을 살펴본다. 경제협력자금은 한국 경제에 긍정적·부정적 영향을 동시에 미쳤다. 긍정적 측면은 무엇보다 대외지향적 수출주도산업화 정책을 펼칠 수 있는 계기가 되었다는 점이고 부정적 측면은 대일 의존도의 비대칭성이 심화되고 국내적으로 정경유착이 뿌리 내리는 계기가 되었다는 점이다. 제3절은

와 원만한 관계가 절실한 미국의 유무언의 압박 속에서 2019년 11월 한국정부는 언제든지 한일 GSOMIA의 효력을 종료시킬 수 있다는 전제 아래 2019년 8월 종료 통보의 효력을 정지시키기로 했다. 또한 한일 간 수출관리정책 대화가 정상적으로 진행되는 동안 일본 측의 3개 품목 수출규제에 대한 WTO 제소 절차를 정지시키기로 결정했다. 신정은, 「지소미아 종료 통보 효력 정치… WTO 제소 중단」, SBS News, 2019.11.22, https://news.sbs.co.kr/news/endPage.do?news_id=N1005534775&plink=ORI&cooper=NAVER.

4 2019년 7월 23일 중국 공군과 러시아 공군이 아태 지역에서 실시한 첫 합동 장거리 초계비행 훈련과정에서 한국방공식별구역(KADIZ) 무단진입 및 독도 인근 한국 영공을 침범하고도 오히려 한국정부의 대응을 비난하는 적반하장 주장을 폈다.

2019년 일본의 수출규제 조치를 이슈 연계 전략 차원에서 분석한다. 최근 무역 관련 이슈 연계 분야에서 가장 큰 특징은 무역과 안보 이슈의 연계이다. 미국 도널드 트럼프(Donald Trump) 행정부가 부활시킨 「1962년 무역확장법(Trade Expansion Act of 1962)」에서 거의 사문화되었던 제232조(Section 232)가 대표적이다. 일본정부의 조치도 그 연장선상에 있다. 제4절은 일본의 수출규제 조치를 국제규범, 특히 관세및무역에 관한일반협정(General Agreement on Tariffs and Trade: GATT) 제21조 안보상의 예외를 중심으로 분석한다. 국제 무역규범에서는 무역과 안보 관련 이슈에 관해 확립된 판례나 이론이 많지 않기 때문에 앞으로 한국과 일본이 WTO의 분쟁해결절차에서 제21조의 적용과 해석을 둘러싼 공방을 벌이는 과정에서 많은 논란이 예상된다. 제5절과 제6절은 한국정부의 핵심소재 국산화 정책과 한일 무역 갈등을 종합적으로 평가하고 양국관계의 정상화를 위한 제안을 도출한다.

2. 전후 한일 무역 관계의 형성 과정

한국전쟁 이후 한국은 미국 등 선진국과 세계은행으로부터 차관을 도입하여 경제성장의 발판을 마련하였다. 1950년대까지는 미국의 원조가 주를 이루었으나 1960년대 들어 점차 축소되다가 결국 중단되었다. 이에 박정희 정부는 격렬한 반대 여론에도 불구하고 한일관계의 개선을 통해 경제발전의 돌파구를 마련하고자 하였다. 비록 순탄한 과정은 아니었으나 한일 양국간 경제협력 차원에서 협의된 자금의 도입은 경공업 중심 초기 산업화의 초석을 다지는 데 기여하였다.[5]

1965년 6월에 체결된 한일기본조약에서 핵심 쟁점 가운데 하나가 무상원조 3억 달러, 정부차관 2억 달러, 상업차관 3억 달러로 타결된 경제협력자금 문제였다. 당시 한국의 총 외환보유고가 3억 달러 미만이었다는 사실을 고려하면 일본으로부터의 차관 도입액은 매우 큰 규모였다. 이와 함께 한일각료회담, 한일경제협의회, 한일협동위원회 등 정부와 민간차원의 경제협력기구들이 마련되었다. 국제통화기금(International Monetary Fund: IMF)나 대한국제경제협의체(International Economic Consultative Organization for Korea: IECOK) 등과 협력이 본격화된 것도 이 시기였다. 잘 알려진 바와 같이 이렇게 도입된 경제협력자금은 박정희 시대 경제개발정책 추진을 위한 주요 재원이 되었다. 그러나 한일회담 타결 이후에도 한일 양국은 자금의 사용 등과 관련된 논의를 순조롭게 진행시키지 못했다. 자금의 범위, 사용의 원칙과 조건 등에 대한 양국 간 이견이 컸기 때문이다.[6]

5 구민교, 「국제관계와 한국 행정의 과거, 현재 및 미래」, 문명재 외 19인, 『미래 사회와 정부의 역할』, 문우사, 2017, 211-229쪽.
6 이현진, 「국교 정상화 이후 한일경제협력 논의의 전개과정」, 『사림』, 제35권, 282-283쪽.

한일 양국의 경제협력 문제에 대한 접근방식에 큰 변화가 생긴 계기는 미국의 대외원조정책의 변화였다. 아시아 지역에서 미국이 부담해야 할 원조를 일본이 대신해 주기를 바란 미국은 1960년대부터 한일관계 개선을 위한 적극적인 중재자로 나섰다. 한일 간의 지속적 반목이 미국의 냉전정책에도 도움이 되지 않는다고 본 미국 존 F 케네디(John F. Kennedy) 대통령은 이케다(Ikeda) 일본 총리는 물론 박정희 대통령에게도 한일관계의 개선을 촉구했다. 이후에도 미국 정부는 청구권 문제의 처리에 정치적 타협을 권유하며 일본의 대한국 경제원조를 한국의 대일청구권 해결과 연결 짓는 경제협력 방식을 제안했다.[7]

박정희 정권은 미국과 일본의 냉전인식에 타협하고 내생적 성장(endogenous growth) 또는 수입대체 산업화(import substitution industrialization: ISI) 전략보다는 국제 분업체제에 적응하여 경제발전을 지향하는 수출지향 산업화(export-oriented industrialization: EOI) 전략을 선택하였다. 그 과정에서 자연스레 청구권 문제를 한일 간의 경제협력 방식으로 해소하는 길을 선택했던 것이다.[8]

그 결과 박정희 정부는 국제 신인도를 제고함으로써 국제 금융기구로부터 재정차관을 원활히 도입할 수 있게 되었다. 예컨대 1962-65

7　이현진, 「한일회담과 청구권 문제의 해결방식: 경제협력방식으로의 전환 과정과 미국의 역할을 중심으로」, 『동북아역사논총』, 제22권, 87-94쪽.
8　오오타 오사무, 『韓日 請求權交涉 硏究』, 고려대학교 대학원 사학과 박사학위논문, 2000, 182쪽.

년간 국제 금융기구로부터의 재정차관은 국제개발협회(International Development Association: IDA)에서 들어온 1,400만 달러가 전부였으나, 한일 청구권협정을 체결한 뒤 1968-72년 사이에는 세계은행(World Bank) 9,200만 달러, 아시아개발은행(Asian Development Bank) 3,200만 달러 등 재정차관이 무려 1억 5,200만 달러에 이를 정도로 크게 늘어났다.[9] 경제협력자금은 한국 산업의 고정자본 형성, 국민총생산, 부가가치 생산 등 여러 방면에 걸쳐 중요한 기폭제 역할을 하였다. 경제성장의 원동력은 산업화에 대한 박정희 정부의 의지와 한국국민의 근면성, 교육열 등 내생적 요인에 기인한 바 크지만, 그러한 성장 잠재력을 이끌어내는 데 경제협력자금이 초기 동력을 제공한 것은 부인할 수 없는 사실이다.[10]

그러나 경제협력자금이 한국 경제에 미친 부정적인 측면도 많

9 구현우, 『발전국가의 산업화정책 변동에 관한 제도론적 분석 - 역사적 제도주의를 중심으로』, 부산대학교 대학원 행정학과 박사학위논문, 2010, 66쪽.
10 일본이 제공한 경제협력자금이 한국 경제에 미친 긍정적인 측면은 네 가지로 요약할 수 있다. 첫째, 외자의 효율적 관리를 위한 경험과 지식을 쌓아 이후 외자 도입을 통한 경제개발 전략을 성공적으로 수행할 수 있는 밑거름이 되었다. 둘째, 동 자금은 제2차 경제개발 5개년 계획(1967년-1971년) 추진을 위한 중요한 마중물이 되었고 박정희 정권은 본격적인 산업화와 수출입국 정책을 추진할 수 있었다. 셋째, 추가 외자 도입의 기폭제가 되어 도입 외자 금액뿐만 아니라 차관 제공국이 확대되는 효과가 있었다. 넷째, 동 자금을 활용한 대외 지향적 경제개발정책의 추진은 전시효과(demonstration effect)를 창출하여 국교 정상화 후유증으로 분열되었던 국민 여론을 달래는 계기가 되었다. 조수종, 「대일청구권자금이 초기한국경제의 발전에 미친 영향: 특히 자금의 성격과 직접적인 효과를 중심으로」, 『한국동서경제연구』, 제7권, 1996, 84-86쪽.

앗다. 첫째, 경제협력자금으로 인해 기업 활동에 대한 정부의 지나친 간섭, 승자독식 체제 등 일본식 발전국가(developmental state)의 부정적 측면까지 그대로 답습하게 되었다. 둘째, 동 자금은 한국 경제가 일본 경제에 예속되는 결정적 계기가 되었다. 특히 고질적인 대일 무역적자가 구조화됨으로써 일본이 한국 경제에 직간접적인 영향력을 행사하는 빌미를 제공하게 되었다. 셋째, 자금의 효율적 관리와 정치 자금화를 방지하기 위한 제도적 장치 마련은 역설적으로 기업에 대한 정부규제와 간섭의 강화로 나타나 정경유착 또는 부정부패 현상이 발생하였다.[11]

이 중에서 대일 무역적자의 고착화는 지금까지도 한일 경제관계가 한 단계 진화하는 것을 가로막는 최대의 장애요인이 되고 있다. 대표적으로 한일 자유무역협정(free trade agreement: FTA) 협상의 무산을 들 수 있다. 1965년 국교 정상화 이래 양국관계에서 가장 중요한 선언으로 평가 받는 1998년 '김대중-오부치 공동선언', 즉 '21세기 새로운 한일 파트너십 선언'을 계기로 상호 협력 분위기가 무르익으면서 추진된 FTA 협상은 결국 상호 불신의 벽을 넘지 못하고 노무현 정부 시절이던 2004년 무기한 중단되었다. 일본은 한국산 농수산물의 수입 확대에 부정적이었던 반면, 한국은 가뜩이나 일본에 대한 의존이 심한 제조업 부문에서의 우려 때문에 협상을 접

---

11 조수종, 「대일청구권자금이 초기한국경제의 발전에 미친 영향: 특히 자금의 성격과 직접적인 효과를 중심으로」, 84-86쪽.

은 것으로 알려졌다.[12] 이후에도 양자 FTA 체결을 위한 시도가 계속되었으나 결국 2012년 이명박 정부 시절 한일관계가 경색되면서 더 이상의 논의는 중단되었다. 이후 양자 FTA 대신 2012년 11월부터 한중일 3자 FTA 협상이 추진되고 있으나 이 역시 2020년 현재까지 별다른 진전이 없다.

<표 3> 한일 FTA 협상 일지

기간	추진 경과
1998.12. - 2003.10.	- 민간 공동연구, 비즈니스포럼, 산관학 공동연구 등 추진 - 2003년 10월 한일 정상회담에서 "높은 수준의 포괄적" FTA 추진에 합의
2003.10. - 2004.11.	- 6차례 공식 협상을 진행 - 농수산물 시장개방 양허(일본), 소재 및 부품류 등 자본재 시장개방 양허(한국) 문제에 대한 이견을 좁히지 못해 2004년 11월 제6차 도쿄 협상을 끝으로 무기한 중단
2008.4. - 2012.6.	- 2008년 4월 이명박 대통령-후쿠다 야스오 총리 간 정상회담을 계기로 '한일 FTA 협상 재개 환경 조성'을 위한 실무 협의 개시 - 2010년 5월 이명박 대통령-하토야마 유키오 총리 간 정상회담을 계기로 실무협의를 고위급으로 격상하기로 합의
2012.11. - 2019.11.	- 한일 FTA 추진은 동력 상실 - 2012월 11월 캄보디아 프놈펜에서 열린 한중일 3국 통상장관 회의에서 3국 FTA 협상 개시 선언 - 2019년 11월 현재 16차 한중일 3국 FTA 협상 완료

출처: 도다 다카시, 『한일 FTA 협상 중단 요인 분석: Putnam의 양면게임이론을 중심으로』, 서울대학교 행정대학원 석사학위 논문, 2013과 산업통상자원부 「한중일 자유무역협정(FTA)」(https://www.fta.go.kr//cnjp/)을 재구성.

12　M. G. Koo, "From Multilateralism to Bilateralism? A Shift in South Korea's Trade Strategy," V. K. Aggarwal and S. Urata, eds., *Bilateral Trade Arrangements in the Asia-Pacific: Origins, Evolution, and Implications,* New York: Taylor & Francis, 2006, pp. 140-159.

1965년 이후 한국은 한 번도 대 일본 무역수지 적자에서 벗어난 적이 없다. 외환위기 이후 2000년대 들어서는 그 규모가 더 커졌다. 2000년부터 2019년까지의 기간 동안 산유국인 사우디아라비아를 제외하고 일본은 한국에게 부동의 최대 교역 적자국이었다.[13] 특히 2008년 세계 경제위기 이후에는 그 의존이 더 심화되었다. 2010년에는 역대 최대 무역수지 적자인 361억 달러에 달했다.[14] 최근 들어 대일 무역수지 적자 폭은 다소 완화되고 있으나 여전히 불균형은 유지되고 있다.

그렇다면 대일 무역수지 적자는 과연 바람직하지 않은가? 우선 경제적 관점, 특히 전체 무역수지 차원에서 보면 크게 문제가 되지 않는다. 양자 차원에서 적자가 나더라도 다자 차원에서 흑자가 나거나 수지균형을 이룬다면 얼마든지 지속가능하다. 특히 단순 소비재 때문에 발생하는 적자가 아닌, 부품과 소재와 같은 중간 자본재 수입 때문에 발생하는 적자는 최종적으로 다음 단계의 중간재나 완제품의 형태로 제3국에 수출되는 경우 글로벌 생산 네트워크(global production network: GPN)가 발달한 오늘날 흔히 볼 수 있는 유형이다. 소재나 부품 산업에 비교우위를 갖는 일본이나 중간재 생산에 비교우위를 갖는 한국 모두 무역을 통해 이득을 볼 수 있다. 앞서 언급한 2010년의 경우 중국, 홍콩, 미국 등과의 교역에서 막대한

---

13 2011년부터 2014년까지 사우디아라비아가 1위였고 일본이 2위였다.
14 관세청 수출입무역통계, https://unipass.customs.go.kr/ets/index.do.

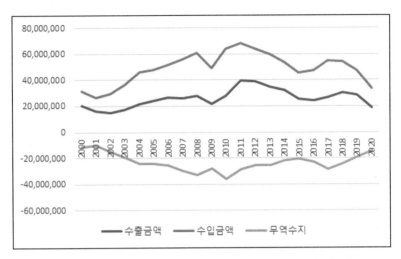

출처: 관세청 수출입무역통계, https://unipass.customs.go.kr/ets/index.do.

〈그림 2〉 한일 무역수지 (2000년-2020년) 현황 (단위: USD 1,000)

흑자를 본 덕분에 한국의 전체 무역수지 흑자 규모가 대 일본 적자 규모보다 큰 412억 달러에 달했다. 대표적으로 한국의 최대 흑자 품목인 메모리 반도체 산업은 일본산 부품과 소재를 수입해 완제품을 만들어 전 세계에 수출하는 방식, 즉 GPN 체제에 최적화 한 덕분에 빠르게 성장해 세계 초일류가 될 수 있었다.[15]

그러나 다음 절에서 다루는 바와 같이 무역 의존성과 그에 따

---

15 때문에 양자관계에서의 무역 흑자 또는 적자에 일희일비할 일이 아니다. 예를 들어 중국이 대 중국 교역에서 막대한 무역수지 흑자를 누리는 한국과의 관계가 지속가능하지 않다고 판단해 무역제한조치를 취한다면 결국 대 미국 교역에서 막대한 무역수지 흑자를 누리는 중국 자신의 이익을 해치는 것과 같은 이치이다.

른 상대적 이득의 배분은 국제정치학적으로 의도하지 않은 힘의 역학을 만든다. 교역 상대국 간에 정치·외교적 관계가 원만하지 않을 경우에는 덜 의존적인 국가가 더 의존적인 국가를 압박하는 수단으로 무역 관계를 악용할 수 있다. 일본의 수출규제 조치뿐만 아니라 한국이 주한미군의 고고도미사일방어체계(THAAD), 즉 사드 배치를 허용하자 중국이 한국에 관광객을 보내지 않는 등 무역 제재조치를 취한 것도 같은 맥락이다. 따라서 양자 간 무역수지의 적자폭 또는 흑자폭이 경제규모 대비 지나치지 않도록 적절히 관리하는 것이 중요하다.

3. 일본의 이슈 연계 전략 평가

일본은 반도체 핵심 소재 및 부품의 수출과 관련하여 '수출절차 간소화 국가군', 일명 '화이트리스트' 제도를 운영하고 있다. 2019년 8월 매우 모호한 이유로 일본정부가 이 리스트에서 한국을 제외한 것이다. 반도체 제조에 필요한 장비 수입의 상당 부분을 일본에 의존할 뿐만 아니라 반도체 수출이 전체 수출에서 차지하는 비중이 매우 높은 한국으로서는 매우 충격적인 조치였다. 이러한 조치는 단기적으로는 한국의 반도체 기업에 타격을 줄 것이 분명했다. 하지만 장기적으로는 일본 수출 기업에도 역풍으로 작용할 수 있는 조치였다.[16] 일본으로서는 최악의 경우 한국 반도체 기업이 자급자족을 달성하거나 거래처를 다변화할 경우 일본 소재 기업들은 삼성전자와 SK하이닉스와 같은 최대 고객을 잃을 수도 있기 때문이다. 그런데도 일본정부는 왜 이러한 무리수를 두었던 것일까?

물론 한일 간 무역분쟁이 처음은 아니다. 2000년대 초 하이닉스 반도체 상계관세 분쟁이 있었고 2010년대 들어서는 후쿠시마 수산물 분쟁도 있었다. 두 분쟁 모두 WTO 분쟁 해결절차에까지 가는 치열한 싸움이 있었지만, 한국이나 일본 내에서는 정치적으로 크게 문제가 되지 않았고 행정부 차원에서 비교적 차분하게 관리가 이루어졌다. 그러나 화이트리스트 무역분쟁은 한국뿐만 아니라 일본 국내적으로도 큰 논란이 되었다.[17] 무엇보다 이 사례가 중요한 이유는 안보와 역사 이슈 등이 전 방위적으로 연결되어 있기 때문이다.

이론적으로 이슈 연계는 크게 세 가지 방식이 있다.[18] 첫째, 전

---

16 일본의 규제조치가 포토레지스트(감광액), 고순도 불화수소 등 핵심 소재의 수출 자체를 막는 것은 아니었다. 하지만 수출절차 간소화로부터 한국을 제외함으로써 수출을 위한 절차와 기간이 길어진다면 실질적으로는 수출을 막는 것과 같은 효과가 예상되었다.

17 2019년 여름 한국정부는 일본의 대한국 수출규제에 대해 세계무역기구(WTO) 제소의 칼을 빼 들었다가 잠정 보류한 바 있다. 하지만 2020년 들어서 일본이 문제 해결 의지를 보이지 않자 동년 6월 한국정부는 제소 재개를 결정했다. 조재영, 「정부, 문제 해결 의지 없는 일본에 'WTO 제소 재개' 칼 꺼냈다」, 『연합뉴스』, 2020.6.2,
https://www.yna.co.kr/view/AKR20200602126451003?input=1195m.

18 구민교・최병선, 『국제무역의 정치경제와 법: 자유무역 이상과 중상주의 편향 사이에서』, 서울: 박영사, 2019, 192-193쪽.

술적 연계(tactical linkage)는 지식기반(knowledge base)이 취약한 상황에서 서로 다른 이슈를 연계할 때 발생한다. "연계시킬 수 없거나 엉뚱한 이슈와 연계를 시도하는" 경우를 말한다. 전술적 연계는 당사자가 그러한 연계를 원치 않음에도 불구하고 다른 당사자의 '강압'이나 '매수'에 의해 이루어지는 경우가 많다. 이처럼 '권력'에 의존한 전술적 연계는 실패하거나 매우 불안정한 균형을 초래한다. 둘째, 실질적 연계(substantive linkage)는 서로 다른 이슈들이 공동의 지식기반을 바탕으로 연계될 때 발생한다. 서로 공통의 이해를 바탕으로 연계에 참여하기 때문에 그 연계는 매우 안정적인 균형을 만들어 낸다. 셋째, 파편화된 연계(fragmented linkage)는 서로 다른 이슈를 둘러싼 이해와 관심이 비대칭적으로 분포되어 있을 때 발생한다. 한 당사자는 해당 이슈들이 연계되어 있다고 믿는 반면 다른 당사자는 그렇지 않다고 여기는 경우가 여기에 해당된다. 예를 들어 국가 간 무역협상에서 서로 다른 이슈를 연계시킬 수 없거나 엉뚱한 이슈와 연계를 시도하다 보면 결국 서로에게 좀 더 나은 합의에 이르지 못하는 경우를 흔히 볼 수 있다. 같은 맥락에서 강대국이 약소국에 이슈 연계를 강요하는 것은 호혜적 이득을 위한 것으로만 볼 수 없는 경우가 많다. 반면에 보복에 취약한 국가가 이슈 연계를 추구하면 오히려 역효과만 초래할 수도 있다.

　이러한 관점에서 보면 일본이 전술적 연계를 시도하고 있는 것을 알 수 있다. 무역이 국가 간 갈등의 단골 메뉴인 이유는 국제사회에서 무역의 중요성이 그만큼 크기 때문이다. 많은 국가의 무역 의존도가 점차 높아지고 있다. 한국의 경우가 대표적이다. 1980년 대까지만 해도 '무역입국(貿易立國)'이란 말이 흔히 회자되던 한국은 GDP 대비 무역(수출+수입) 의존도가 70%에 달하는, 명실상부한 통상 국가(trading state)로 발돋움하였다.[19] 일본이 수출규제를 시도한 것 도 한국의 무역의존도, 특히 부품 수입의 대일 의존도가 높다는 것 을 알고 있기 때문이다.

〈표 4〉 이슈 연계와 연계 기반

연계 유형	강대국의 연계 인식	약소국의 연계 인식	연계 기반	협상 결과
실질적 연계	연계	연계	지식	안정적
파편화된 연계	연계	비연계	배제의 두려움 또는 보상을 위한 경쟁	일시적 안정
	비연계	연계	위신비용	불안정적
전술적 연계	Unconnected	Unconnected	권력	잠재적 불안정

출처: V. K. Aggarwal, ed.,, *Institutional Designs for a Complex World: Bargaining, Linkages, and Nesting*, Ithaca: Cornell University Press, 1998를 재구성.

19 2017/18년 기준 미국은 21%, 일본은 28%, 중국은 34%의 무역의존도를 갖고 있다. 동아시아 국가 중 말레이시아(130%), 싱가포르(207%), 대만(96%), 태국(101%)이 한국보다 무역의존도가 높으나 GDP 규모가 상대적으로 작고 중개무역의 비중이 높아서 단순 비교는 어렵다. 한국의 경제 규모와 비슷하거나 그보다 큰 G20 국가 중에서 무역의존도가 한국보다 더 높은 국가는 멕시코(74%)와 독일(71%)뿐이다. 국가통계포털, http://kosis.kr/index/index.do.

국제무역이 국제정치 권력관계에 미치는 영향에 관한 가장 중요한 통찰력을 제공한 이는 저명한 경제학자이자 정치이론가인 앨버트 허쉬만(Albert Hirschman, 1915-2012)이다. 그는 무역에 참여하는 모든 국가는 무역이득(gains from trade)을 누린다는 신고전파 무역이론에서 한 걸음 더 나아가 무역이 어떻게 국력의 신장수단으로 사용되는지, 종속적인 무역관계를 통해 왜 영향력과 지배관계가 파생되는지를 규명하였다. 그는 무역이 두 가지 의도하지 않은 정치적·권력적 효과를 갖는다고 보았다.[20]

첫째, 간접공급 효과(indirect supply effect)이다. 다른 국가로부터의 수입은 긴요한 상품, 특히 원자재나 전쟁 수행에 필요한 물자의 공급을 풍부하게 하고 수입경쟁 산업에 투입될 자원을 잠재력 군사력을 증강시킬 수 있는 산업에 투입할 수 있게 해준다. 결과적으로 수입국은 수출국의 힘을 이용해 잠재적 군사력을 증강시킬 수 있다는 것이다.

둘째, 직접영향 효과(direct influence effect)이다. 무역은 국가 간에 경제적 상호의존 관계를 만드는 데 그치지 않는다. 수요독점의 경우에는 수입국이 수출국에 대해, 공급독점의 경우에는 수출국이 수입국에 대해 의도적으로 또는 비의도적으로 강제력을 행사할 수 있는 관계를 만들어내기도 한다. 결국 무역이 단절되었을 때 누가

---

20 구민교·최병선, 『국제무역의 정치경제와 법: 자유무역 이상과 중상주의 편향 사이에서』, 35쪽.

더 많은 피해를 입고(민감성, sensitivity) 또 그것을 감당할 수 있느냐(취약성, vulnerability)에 따라 권력 관계가 나누어진다. 다른 조건이 동일할 때 피해를 덜 입는 쪽이, 그리고 피해를 입더라도 좀 더 쉽게 새로운 공급원이나 수입원을 찾아 기존의 수입이나 수출을 대체할 수 있는 국가가 유리하다. 따라서 무역단절의 위협은 타격을 적게 받는 국가가 타격을 더 많이 받는 국가에 대하여 상대적으로 강한 영향력과 강제력을 행사할 수 있게 만든다.[21]

　　일본의 이슈 연계 전략은 무역의 안보적 속성을 잘 보여준다. 아마도 일본정부는 이번 조치를 취하면서 1996년 당시 김영삼 정부와 벌였던 독도 분쟁을 떠올렸을 것이다.[22] 역사는 반복된다. 이번 화이트리스트 분쟁의 경우도 한국 대법원의 판결에 불만을 품은 일본정부가 모든 것을 걸고서라도 한국을 길들이겠다는 의도를 가지고 시작한 것이라는 심증이 생기는 이유이다.[23]

21　Albert O. Hirschman, *National Power and the Structure of Foreign Trade*, Berkeley: The University of California Press, 1980[1945], pp. 13-40.

22　당시 UN해양법협약 체결 과정에서 독도 문제가 수면 위로 떠 올랐다. 역사 교과서 문제도 터졌다. 김영삼 대통령이 "일본의 버르장머리를 고치겠다"고 발언한 것도 이때다. 그러던 중 한국은 외환위기의 소용돌이에 휘말렸다. 1997년 여름 일본 시중 은행들은 일제히 단기외채를 회수하기 시작했고, 그 여파로 국내 은행의 자금 흐름이 역전되면서 외환위기가 가속화 되었다. 일본정부가 한국의 버르장머리를 고치려 한다는 소문이 현실이 된 것이다. 이돈섭, 「[비즈人워치] 한일갈등 결말은? "국내 경제 정상화 기회"」, 『비즈니스워치』, 2019.8.8, http://news.bizwatch.co.kr/article/market/2019/08/08/0017/naver.

23　사실 한국 대법원이 미쓰비시 중공업의 한국 내 자산 압류 판결을 내렸을 때 일본정부는 물론 많은 돈과 시간이 들더라도 투자자-국가 간 소송 제도(Investor-State Dispute System: ISDS)를 통해 문제 해결에 나설 수도 있었다.

하지만 일본의 연계 전략은 단기적으로는 의도한 효과를 볼 수도 있지만 중장기적으로는 무역규범을 해칠 개연성이 높다. 더 나아가 규제가 생기면 일본 기업도 수출에 장애를 겪는다. 따라서 후생 경제적 관점에서 보면 일본의 조치는 비합리적이다. 자국 기업의 희생을 감수하고서라도 외국 기업에 피해를 입히는 것은 경제적 피해를 상회하는 정치적 편익이 존재한다는 뜻이다. 미중 무역분쟁과 비슷한 맥락이다. 국제무역을 이러한 정치 논리로 다루면 그간 국가 간 합의에 의해 만들어진 국제규범이 흔들릴 수밖에 없고, 그렇다면 결국 모두가 피해자가 될 수밖에 없다.[24]

따라서 한국의 경우도 확실한 규범이나 지식에 기반을 둔 것이 아니라면 일본의 조치에 대해 섣부른 연계, 특히 무역-안보 연계 전략으로 맞서지 않는 것이 좋다. 물론 WTO가 정한 분쟁해결절차에 따라 적극적이고 정당한 문제제기를 하는 것은 일견 타당하다. 다만 다음 절에서 서술하는 바와 같이 무역과 안보의 연계는 현행 WTO 체제 아래서 아직 그 규범이 모호하고 느슨하기 때문에 일본과의 법률전(legal warfare 또는 lawfare)에서 이기기 위해서는 매우 정교한 사실 및 법리 입증이 요구된다.

그러는 것이 정부가 최전선에 나서서 한국정부와 전면전을 치르는 것보다 나을 수 있었다. 그러나 일본정부가 그러지 않았다는 사실은 국내정치적인 고려와 더불어 한국과의 기싸움 차원이 크게 작용했던 것으로 보인다. 「[비즈스워치] 한일갈등 결말은? "국내 경제 정상화 기회"」.
24 이돈섭, 「[비즈스워치] 한일갈등 결말은? "국내 경제 정상화 기회"」.

4. GATT 제21조의 의의와 한계

　　WTO에서 상품무역 관련 규범을 관할하는 GATT 제21조는 (a) 공개 시 자신의 필수적인 안보이익에 반한다고 체약당사자가 간주하는 정보를 제공하도록 체약당사자에게 요구할 수 없고, (b) 자신의 필수적인 안보이익의 보호를 위하여 필요하다고 체약당사자가 간주하는 (i) 핵분열성 물질 또는 그 원료가 되는 물질에 관련된 조치, (ii) 무기, 탄약 및 전쟁도구의 거래에 관한 조치와 군사시설에 공급하기 위하여 직접적 또는 간접적으로 행하여지는 그 밖의 재화 및 물질의 거래에 관련된 조치, (iii) 전시 또는 국제관계에서의 그 밖의 비상시에 취하는 조치를 체약당사자가 취하는 것을 방해할 수 없으며, (c) 국제 평화 및 안보의 유지를 위하여 국제연합헌장 하의 자신의 의무에 따라 체약당사자가 조치를 취하는 것을 방해하지 않을 것을 규정하고 있다. 일반적으로 이 조항은 국가의 안전보장을 이유로 무역제한적이거나 차별적인 조치를 취할 수 있는 것으로 해석된다.[25]

25　국가안보를 이유로 한 보호무역론은 앞으로 있을지 모르는 경제 · 군사적 분쟁에 대비해 주요 물자의 국내 생산능력을 갖추어야 하므로, 이들 물자의 수입을 제한할 필요가 있다는 주장이다. 이런 주장의 역사적 뿌리는 깊어, 16-18세기 중상주의 시대에 지배적인 무역정책 사조로 크게 유행한 바 있다. 근대 자유무역의 원조격인 영국도 전시를 대비해 평화 시에 조선업과 해운업을 육성하고 선원을 양성하는 것이 중요하다고 보고, 영국을 드나드는 모든 교역물자는 반드시 영국이나 수출국 국적 선박을 이용하도

일본이 제시한 논리 중 하나가 바로 이 조항에 따른 무역-안보 이슈의 연계이다. 일본은 수출규제 강화 대상인 필수 소재와 부품을 전략물자로 간주하고 이를 전쟁도구의 거래에 관한 조치이자 국제 평화 및 안보의 유지를 위해 취하는 정당한 조치로 주장하고 있다. 문제는 '국가안보'에 대한 판단이 대단히 자의적일 수밖에 없고 정치적으로 악용될 소지가 많다는 것이다. 이런 점에서 당시 아베 정부의 통상보복은 최근 트럼프 행정부의 통상정책과 닮은꼴이다. 다만 차이점이 있다면 아베 정부는 수출제한조치를, 트럼프 행정부는 수입제한 조치를 취했다는 점이다.

앞서 언급한 바와 같이 트럼프 행정부는 「1962년 무역확장법」에서 거의 사문화되었던 제232조를 부활시켜 "수입제품이 미국의 국가안보를 위협하는 경우" 일방적 수입제한조치를 취하고 있다. 국가안보에 대한 판단은 다음의 사항을 고려하여 상무부(Department of Commerce: DOC)가 내린다: ① 해당 상품의 미국 내 생산량, ② 미래에 필요한 생산능력, ③ 노동력, 원자재, 생산설비, 기타 국가안보에 필요할 것으로 예상되는 생산요소, ④ 투자, 탐사, 개발 등과 관련된 성장요건 등. 실제 DOC는 2018년 3월 철강과 알루미늄에 대한 추가관세 부과조치의 이유로 국가안보에 중요한 동 산업의 설비가

록 「항해법」을 제정 · 시행했다. 중상주의 무역정책을 맹렬히 비판했던 애덤 스미스조차 국방을 이유로 이 법을 지지했을 정도였다. 구민교 · 최병선, 『국제무역의 정치경제와 법: 자유무역 이상과 중상주의 편향 사이에서』, 34쪽.

동률, 고용률, 시장점유율 등이 수입품으로 인해 감소했다는 논리를 제시했다.[26]

2019년 9월 요청한 일본과의 협의가 실패하자 한국정부는 2020년 6월 WTO 분쟁해결기구에 패널 설치를 요청했고, 동 기구는 곧 패널을 설치했다. 한국정부가 의도적으로 제21조를 제소의 근거로 삼지는 않았지만 일본이 무역-안보 연계 입장을 고수하는 만큼, 앞으로 패널의 검토 과정에서 제21조의 적용과 해석을 둘러싼 공방이 거셀 것으로 예상된다. 핵심은 한국이 일본의 전략물자를 수입하여 제3국, 특히 북한이나 이란 등의 적성국에 밀수출한 사례가 성립하는지와 한일 양국 간의 신뢰 관계가 일본의 국가안보를 위협할 정도로 현저히 훼손되었는지의 여부를 입증하는 것이다. 아직 조심스러운 판단이기는 하지만, 위에서 언급한 미국의 사례와는 달리 일본이 취하려는 조치는 국내법적 기반이 취약하기 때문에 이를 잘 파고들면 한국정부에게 승산이 있을 것으로 보인다.

5. 핵심소재 국산화 정책의 의의와 한계

한국정부는 일본의 핵심소재 수출규제에 대응해 "핵심 부품·

---

26   구민교·최병선, 『국제무역의 정치경제와 법: 자유무역 이상과 중상주의 편향 사이에서』, 55쪽.

소재·장비 사업을 점검해 연내 추진 가능한 사업들은 추경 국회 심의에 반영되게 하겠다"며 2020년 예산안 편성과정에서 관련 사업을 적극 반영하고자 계획하였다. "해외 의존도가 높은 부품·소재·장비 등의 국산화를 위해 핵심 기술개발 및 사업화, 실증 등 관련 분야 사업을 적극적으로 추진해 일본에 대한 의존도를 낮추고, 핵심 부품 등에 대해 자립도를 높여 나갈 것"이라는 정부의 방침은 한편으로는 때늦은 감이 없지 않다.[27]

그러나 다른 한편으로 우려스러운 점은 정부의 이러한 갑작스럽고 인위적인 조치가 의도치 않은 사회적 비용을 야기할 수도 있다는 점이다. 무엇보다 일본에 비해 이들 산업분야에서 절대적 열위는 물론 비교열위에 놓여 있는 상황에서 이들 산업에 단기적으로 무리한 투자가 이루어지다 보면 국가 전체적으로는 자원배분의 효율성이 낮아질 수밖에 없다. 즉, 우리가 비교우위를 갖고 있는 기존 산업분야에 대한 투자가 제로섬(zero-sum)으로 줄어들 수밖에 없다는 말이다.

전시 또는 무역봉쇄와 같은 비상시를 대비해 국가안보와 직간접적으로 연관된 산업을 육성하거나 전략적으로 중요한 물자를 충분히 확보하는 것이 중요한 것은 사실이다. 그러나 국가안보를 위해 수입이 제한되는 물자의 국내 생산을 국가가 나서서 증가시켜

---

27 구민교, 「최근 한일갈등의 안보적 함의」, 『월간KIMA』, Vol. 18, August 2019.

야 한다는 주장의 이론적 근거는 취약하다. 우선 전시에 사용될 주요 물자를 평화 시에 비축하는 것은 기회비용이 따른다. 만일 주요 물자가 비축될 수 있는 성질의 것이라면, 가장 효율적인 비축방법은 평화 시에 자국에서 생산하기보다는 외국으로부터 가장 싼 값에 사들여 비축하면 그만이다. 다시 말하면 자국은 비교우위 품목의 생산에 특화해 외화를 벌어들이고, 이 돈으로 해당 물자를 사두는 것이 훨씬 경제적이다. 일본으로부터의 도입이 불가능하다는 것이 다른 국가로부터의 수입을 포기하고 자급자족을 해야 한다는 것을 의미하지는 않는다. 비교우위가 없음에도 국방력 강화 차원에서 무리하게 관련 산업을 육성하는 것은 어떤 상황에서도 바람직하지 않다. 희소자원의 낭비만 초래할 뿐이다.

한편, 아주 오랜 역사를 갖고 있는 경제제재, 좁게는 무역제재의 성공률은 상당히 낮은 것으로 평가된다. 무역제재의 성공률이 낮은 이유로 ① 제재 수준의 미흡성, ② 제재 대상국의 국내적 단결, ③ 오히려 적절한 대처방안 마련을 촉진하는 제재의 역설, ④ 제재 대상인 국가의 동맹국의 지원, ⑤ 제재국 내에서 제재에 불만을 가진 수출 이익집단의 로비활동 등을 들 수 있다.

끝으로 국가안보를 이유로 한 수입대체 산업화 논리를 어느 정도 받아들인다 할지라도 그 논리들은 고무줄처럼 탄력적이어서 남용의 가능성이 매우 크다. 물론 국가안보에 긴요한 품목이 있을 수 있지만, 과연 누가 어떤 품목이 긴요하고 어떤 품목이 그렇지 않다고 단언할 수 있겠는가? 특히 오늘날과 같이 전쟁의 양상이 재래전에서 전면전, 더 나아가 사이버전으로 변화한 시대에 유사시 전쟁과 무관한 산업이란 존재할 수 없게 되었다. 국가안보에 중요한 것은 총체적인 국가의 경제능력이지, 소위 방위산업이나 전략산업으로 일컬어지는 특정 산업만의 성장이 아니다. 국가안보를 이유로 한 국산화 논리는 언뜻 보면 강력하지만, 경제적으로는 허점 투성이고 정치적으로는 남용의 가능성이 매우 높다.[28]

2021년 현재 한국 내에서는 정부의 국산화 노력이 성공적이었다는 자화자찬이 주를 이룬다. 한국 기업들에게는 타격이 적었던 반면, 오히려 일본 기업들이 큰 피해를 입었다는 것이다. 물론 한국 정부의 신속한 100대 핵심전략품목 지정과 그에 따른 '소부장(소재 · 부품 · 장비)' R&D 투자, 세제 지원 대책 등이 전혀 성과가 없지는 않았다. 국내 첨단 산업계의 장기적 생태계 흐름을 다잡는 계기가 되었다는 평가도 나온다. 국내 소재기업이 불화수소 국산화 등을 이루면서 실체가 있는 성과도 낸 바 있다.[29]

하지만 국내 언론에서는 그 기회비용, 즉 같은 자원이 사회 · 경제적으로 다른 분야에 쓰일 수 있는 기회를 포기한 데에 따르는

---

28 구민교 · 최병선, 『국제무역의 정치경제와 법: 자유무역 이상과 중상주의 편향 사이에서』, 55-56쪽.
29 박근태 · 윤신영, 「소부장 대책 성공적… 日규제 넘어 탄탄한 산업 생태계 구축해야」, 『동아일보』, 2020.7.20, https://www.donga.com/news/article/all/20200719/102061069/1.

비용에 대해서는 함구한다. 지난 1년 동안 적게는 1조 원에서 많게는 4조 원 가까이 투입된 예산을 고려할 때 과연 비용 대비 효과가 확실했던 것일까? 정부의 예산과 기업의 시간 및 노력이 무한하지 않기 때문에 부품의 국산화 비율을 높이기 위한 경쟁은 앞 절에서 언급한 이유로 정치적으로는 합리적일지 몰라도 최소한 경제적으로는 지속 가능하지 않다. 소재 기술 국산화에는 항상 불확실성이 따르기 때문이다. 이 분야에서는 성과가 나더라도 자원의 '전환효과(diversion effect)' 때문에 오히려 다른 분야에서는 장기 경쟁력에 손실이 발생했을 수도 있다. 국제 분업의 원리에 따라 한국과 일본이 메모리 반도체 GPN에서 서로 이득을 보던 2019년 여름 이전에 비해 총후생 수준이 증가했다고 볼 증거는 없다.

동시에 소재 국산화가 정치·경제적 진공상태에서 일어나는 것은 아니라는 점을 인식해야 한다. 국내적으로 반드시 기회비용이 따른다. 전략 물자는 귀에 걸면 귀걸이 코에 걸면 코걸이가 되는 경우가 많다. 정부의 재정을 투입해서 특정 소재의 국산화에 나서면 다른 소재 분야도 정부의 지원을 요청하게 될 공산이 크다. 정부가 시장실패가 일어나는 분야에서 해야 할 일을 안 하는 것도 문제지만 하지 않아도 될 일에 나서서 정부가 실패를 일으키는 것도 경계해야 한다.

6. 맺는말

　한국과 일본은 역사 문제 '때문에' 서로에게 등을 돌릴 것이 아니라 역사 문제에도 '불구하고' 상호 협력해야 한다. 한국은 물론 일본도 과거만을 소비해서는 안 된다. 위안부와 징용노동자 이슈가 중요하지 않다는 뜻은 아니다. 당연히 과거를 잊으면 안 된다. 하지만 잊지 않는다는 것이 과거로 먹고사는 것을 합리화시켜주지는 않는다. "자신이 가진 연장이 망치뿐인 사람에게는 세상 모든 것이 못으로 보인다(If all a man has is a hammer, then every problem looks like a nail)"는 영어 속담처럼 과거사가 유일한 수단인 이들에게는 모든 것이 적폐로 보일 수밖에 없다. 북아일랜드 벨파스트의 어느 선술집에 걸려 있다는 글귀도 같은 맥락이다. "한쪽 눈으로 과거를 직시하는 국가는 현명하다. 하지만 양쪽 눈 모두로 과거만 바라보는 국가는 눈이 멀었다(A nation that keeps one eye on the past is wise; a nation that keeps both eyes on the past is blind)."

　한일 무역 갈등은 한일 양국 누구에게도 도움이 되지 않는다. 일본의 수출규제가 한국 대법원의 일제 강제징용 배상 판결에 대한 사실상의 보복 조치였던 만큼, 양국 간 외교적으로 풀어야 했다. 하지만 한일 양국 모두 국내의 정치적인 이유로 가지 말았어야 할 가시밭길을 택한 셈이다. 기왕에 엎질러진 물이고 무역 갈등 이전으로 쉽게 돌아갈 수도 없으니 이 분쟁 사례를 계기로 한일 양국 모

두 몇 가지 교훈을 도출해야 한다.[30]

첫째, 한국은 이를 왜곡된 경제 구조를 개혁하는 기회로 삼아야 한다. 반도체에 지나치게 의존하는 무역 구조를 다변화하지 않으면 또 다른 부품소재 파동을 겪을 수 있다. 소재 산업을 담당하는 중소기업이 발달하지 못한 것도 대기업 중심의 경제 구조가 자리 잡았기 때문이다. 반도체 수출 중심의 경제가 아니었다면 이번 일본정부의 조치도 나오지 않았을 것이다. 일본 스스로도 유혹을 느끼지 않게 한국 경제와 산업의 체질을 단계적으로 바꾸어 나갈 수 있는 계획을 세워야 한다.

둘째, 이번 사례가 다시금 일깨워준 바와 같이 눈에는 눈, 이에는 이 식으로 대응하는 것을 지양해야 한다. 국제 분업 체제 시각에서 일본정부의 행보는 납득할 수 없는 측면이 많기 때문에 한국정부가 똑같이 대응하면 얽힌 실타래를 더욱 꼬이게 할 뿐이다. 다행히 한국에 가시적 피해가 발생하지 않았기 때문에 한국정부가 먼저 일본정부에 손을 내밀 수 있는 여지가 생겼다. WTO 분쟁 해결절차도 끝까지 고집할 이유가 없다. 일본정부는 안보적 조치라는 주장을 하고 있지만 그 법적 근거는 매우 약하다. 핵물질이나 미사일 등 국제사회 차원에서 금기시되는 중대한 사항에 해당하는 경우에야 GATT 예외조항에 해당한다.

---

30 이돈섭, 「[비즈人워치] 한일갈등 결말은? "국내 경제 정상화 기회"」.

셋째, 한일 양국이 아무리 서로가 싫고 눈에 가시 같아도 지각변동이 일어나지 않는 한 두 나라는 계속 이웃사촌으로 살아가야한다. 당장 혐한이나 반일 감정을 없애기 위해 괜한 노력을 할 필요는 없다. 서로를 좋아할 필요는 없지만 이해는 해야 한다. 상대 국가에 대한 존중은 국제사회의 기본적인 요소다. 가치공동체(value community)로서 한일 양국은 스스로의 문제를 직접 해결해야 하고또 그럴 수 있다.

끝으로 한국은 무역입국의 신화를 써내려 오면서 몇몇 국가, 특히 미국과 중국, 일본 등 세 국가와 주로 교류해왔다. 최근 신남방정책을 통해 동남아시아 지역으로 진출한다고는 하지만 이 지역교역 상대국 중 베트남이 차지하는 비중이 절반 가까이나 된다. 특정국에의 쏠림현상이 심하다는 것은 경제적으로는 편리할지 몰라도 정치적으로는 부메랑이 될 수 있다. 한일 무역 갈등을 해결하는차원에서라도 교역 상대국 다변화가 필요하다. 제2의 부품소재 파동, 제2의 사드 사태를 막기 위해서는 지금이라도 분산화, 다변화작업을 시작해야 할 것이다.

제5장

한일갈등의 복합적 불안정화와 한일안보협력[*]

┃ **박철희**(서울대학교 국제대학원 교수)

1. 들어가며: 안보협력도 흔들어버린 한일갈등

　　문재인 정부 들어 한일갈등의 파고는 낮아질 줄 모르고 출렁거리고 있다. 정부 출범 초기 문재인 대통령이 공언한 이른바 '투트랙 접근법'은 추동력을 상실한 채 강제징용 피해자 문제를 위시한 과거사 이슈를 둘러싼 갈등이 가라앉지 않고 있다. 한일 양국 정부는 현안이 되고 있는 강제 징용 문제에 대해 상이한 시각을 갖고 있으며 여전히 평행선상에 있다.

　　문재인 정부에 들어 나타난 갈등이 지난 정부시기에 비해 특

---

[*]　이 논문은 필자가 『한국국가전략』 4권 2호 (2019. 7)에 게재한 논문, 「한일갈등의 심화와 한일안보협력의 미래」를 가필 수정한 것임을 밝혀둔다.

별히 다르지 않다는 시각도 있다. 과거사를 둘러싼 한일 양국의 견해차 및 이를 둘러싼 이해의 조정은 국교 정상화 이후 일상화된 측면도 있다. 그러나 2018년 말 이후 전개되고 있는 한일갈등의 양상은 이제까지의 한일갈등과는 다른 측면이 강하다. 우선, 양국 정상을 위시한 한일의 정부 관계자들이 같은 현안에 대해 너무나도 다른 목소리를 내고 있고 이를 조정하려는 적극적인 노력이 거의 나타나고 있지 않다.[1] 한일 간의 이견은 늘 존재해 왔으나, 양국 정부는 공식적, 비공식적인 채널을 통해 양국의 견해차를 좁히려는 노력을 지속해 온 것이 한일관계의 역사였다. 둘째, 문재인 정부 이전에는 한일갈등이 가시화될 경우, 대부분 양국의 정계 실력자들을 중심으로 서로의 오해와 부조화를 줄이기 위해 한일의원연맹 및 여러 한일관계 관련 단체들이 분주하게 움직여 타협점을 찾기 위한 노력을 기울였다. 그러나 문재인 정부에 들어서서는 양국 정치인들이 앞장서서 갈등을 증폭하거나 이를 국내정치적 아젠다로 삼아 상대를 비난하는 목소리들이 더 눈에 띈다. 정치적 채널이 갈등

---

1 2019년 5월 20일 일본정부가 발표한 입장은 이러한 인식을 잘 보여준다. 강제징용자 문제를 중재에 부탁한다는 취지의 성명문에서 일본정부는, "일본정부는 한국정부에 대해 국제법 위반의 상태를 시정하는 것을 포함하여 적절한 조치를 취할 것은 강하게 요구해왔다. 하지만 현재 상태로 보면 구체적인 조치가 취해질 전망이 없다. 1월 9일에 협정에 기반 하여 협의를 요청했지만...한국은 협의에 응하지 않았다.... 협정에 기반을 둔 협의에 의해서는 본 건을 해결할 수 없다고 판단하여 중재 부탁을 한국 측에 통보한다." 『조선일보』, 2019.5.21.

의 해소점이 아닌 갈등의 증폭자 역할을 하고 있는 점이 예전의 갈등과 다른 점이다.[2] 또한, 양국의 언론과 미디어들도 상대방의 입장을 여과 없이 소개하기보다는 상대방에 대한 무시나 방관을 조장하는 듯한 인상을 주는 뉴스들을 양산하고 있다.[3] 또한 부정적 '확증편향'에 기반을 둔 상대방 비난 기사나 상대방 끌어내리기에 몰두하는 측면도 숨길 수 없다.

무엇보다도 우려되는 차이점은 한일 간 과거사 갈등이 군사 분야의 협력에까지 번지고 있다는 점이다. 2018년 가을 무렵 가시화된 국제관함식 당시의 욱일기 게양 논란과 이에 따른 일본 자위대함의 관함식 불참 선언, 그리고 이어 12월에 불거진 한국 광개토함의 일본 초계기에 대한 레이더 조사 문제, 2019년 일본의 수출규제조치가 있자 대항카드로 내세웠던 지소미아 연장 거부 파동 등이 한일 군사 당국 간의 대화와 협상을 어렵게 하고 내용을 어긋나게 하는 사태에 이른 점은 예전에는 찾아볼 수 없던 풍경이다. 한일 군사 당국 간의 대화와 소통의 채널이 마비되고 군사적 충돌이라는 인상을 주는 양국의 대치 국면은 한일 간 군사안보 분야의 협력

2 한일의원연맹 회장을 역임한 문희상은 2019년 2월 7일 미국 블룸버그 통신과의 인터뷰에서 "일왕은 전쟁 범죄 주범의 아들이 아니냐"며 "고령의 위안부들의 손을 잡고 진심으로 미안하다는 한마디면 (위안부) 문제가 완전히 해결될 것"이라고 말해서 물의를 일으켰다. 『서울신문』, 2019.2.11.
3 일본 산케이신문은 2018년 10월 30일 한국 대법원 판결 직후의 기사에서 "한국은 무시하고 그냥 두면 된다"라고 언급하면서 '전략적 방치'라는 말을 일본 외무성 간부가 사용했다고 인용했다. 『산케이신문』, 2018.10.30.

에까지 과거사 갈등의 여파가 미치고 있음을 보여준다. 한일 협력의 경색된 국면이 한일, 한미일 안보협력에까지 미쳐 황색 경보 신호가 들어온 상황까지 이르렀다.

이 글에서는 문재인 정부가 들어선 이후 한일관계가 어떻게 복합적으로 불안정화 되었는지 분석한 후, 이 바탕위에서 한일관계 악화의 근인과 원인을 진단하고자 한다. 또한 한일안보협력의 기본체계가 어떻게 구성되어 있고, 한국 내에서는 한일안보협력에 대해 어떠한 이념적 스펙트럼이 존재하는지 살펴보고자 한다. 특히, 한일, 한미일 안보협력체계가 한국 안보에서 차지하는 중요성을 다시 확인하고, 한국의 견실한 안보태세 유지를 위해 한일, 한미일 안보협력이 어떻게 발전해 나가야 하는지 방향을 제시해 보고자 한다.

2. 한일관계의 복합적 불안정화

문재인 정부 들어 한일관계는 복합적으로 불안정화하고 있다. 문재인 대통령은 대통령선거 후보자 시절부터 한일관계를 투트랙 접근법에 의해 안정시키겠다고 확인한 바 있다.[4] 역사는 역사 문제

4 문재인 대통령은 위안부 합의 2주년이 되는 날 발표한 입장문에서도, "역사는 역사대로 진실과 원칙을 훼손하지 않고 다뤄갈 것"이라며 "동시에 저는 역사 문제 해결과는 별도로 한일 간의 미래지향적인 협력을 위해 정상적인 외교관계를 회복해 나갈 것"이라고 강조했다. 연합뉴스, 2017.12.28. 또한

대로 한일 간에 현안을 풀어가면서, 경제나 안보 영역에서는 협력적 관계를 구축하여 수레의 양 바퀴가 굴러가도록 하겠다는 것이었다. 위안부 문제를 둘러싸고 한일 양국이 갈등하면서 경색된 관계가 3년간 지속된 박근혜 정권의 실패를 다시 반복하지 않을 것이며, 그러지 않는 것이 양국관계에 좋다는 입장에서였다. 그러나 문재인 정부의 이러한 방침에도 불구하고 한일 간에는 갈등이 표면화된 일들이 지속적으로 이어지고 있다. 아래 표는 중요한 한일 간 갈등을 정리한 표이다.

2017.07.17.	외교부 장관 직속 "한·일 일본군 위안부 피해자문제 합의 검토 태스크포스" 출범.
2017.12.21.	한·일 일본군 위안부 피해자문제 합의 검토 태스크포스 보고서 발표.
2018.05.01.	부산영사관 앞 강제노동자상 설치 시도 및 실패.
2018.05.25.	사법행정권 남용의혹 관련 특별조사단의 최종 조사보고서 발표.
2018.08.31.	해군 관함식기획단이 일본 등 국제관함식 참가국 전체에 해상 사열 시 자국 국기를 중앙 마스트에 게양할 것을 요청.
2018.10.01.	바른미래당 신용현 의원의 "군국주의 상징물 금지법(욱일기 금지법)" 발의.
2018.10.05.	일본 해상자위대의 제주 국제관함식 불참 최종 통보.
2018.10.30.	대법원의 신일철주금 강제동원 배상 판결.
2018.11.21.	화해치유재단 해산 공식 발표.
2018.11.29.	대법원의 미쓰비시 강제동원 배상 판결.

2018년 5월 8일 요미우리 신문과의 인터뷰에서도 문재인 대통령은,"저는 양국이 과거사 문제를 지혜롭게 극복하기 위한 노력을 기울여 나가는 한편, 역사 문제와 분리해 양국 간 미래지향적 협력을 추진해 나가자는 입장을 일관되게 밝혀 왔습니다"라고 확인하고 있다. 『매일경제신문』, 2019.5.8.

2018.12.20.	광개토대왕함에 의한 일본 초계기 레이더 조사 주장 및 일본의 항의와 한국의 해명.
2018.12.28.	일본 측의 레이더 영상 공개 및 한국의 반박.
2018.12.31.	강제징용피해자 변호인단, 신일철주금 한국 자산 강제집행 신청.
2019.01.21.	여성가족부의 화해치유재단의 재단 허가 취소.
2019.03.01.	건립특위의 부산시 강제징용 노동자상 재설치.
2019.03.07.	강제징용 피해자, 대전지법에 미쓰비시 중공업 국내 자산 압류 신청.
2019.03.15.	울산지법, 후지코시 소유 국내 자산 압류 신청 승인.
2019.03.22.	대전지법, 미쓰비시 중공업 한국 내 자산 압류신청 승인.
2019.04.04.	강제징용피해자 변호인단, 서울중앙지법에 추가 손해배상 청구 소송.
2019.04.12.	부산시의 강제징용 노동자상에 대한 행정대집행 및 강제철거.
2019.05.01.	강제징용 피해자들의 신일본주철 및 후지코시 국내자산 매각 신청.
2019.07.01.	일본정부 대한 수출규제조치 발표.
2019.07.04.	일본 제품 불매 및 관광거부 운동 돌입.
2019.08.02.	일본정부 한국을 화이트리스트에서 배제하기로 각의 결정.
2019.08.22.	한일군사정보보호협정(지소미아) 연장거부 결정.
2019.11.22.	한일군사정보보호협정 종료 통보 효력 정지.

　　문재인 정부는 미래지향적 협력 아젠다를 전면에 내세우기 보다는 출범 첫해인 2017년 8월 〈위안부 합의 검토 Task Force〉를 구성하여 2015년 12월 28일에 이루어진 아베-박근혜 위안부 합의를 비판적으로 검토하는 작업에 착수하였다. 이른바 전 정부의 과업에 대한 '적폐청산'과 피해자 중심주의에 철저하지 못한 양국 외교부의 정치적 타결을 비판적으로 검토하면서 한일관계가 과거사 현안을 다루는 방식의 차이로 인해 뒤틀릴 수 있다는 우려를 자아냈다.

2017년 12월 발표된 〈위안부 합의 검토 Task Force〉의 결론은 이러한 우려를 가시화시켰다.[5] 이 보고서는 위안부 합의가 소녀상 등을 둘러싼 이면합의 또는 적어도 비공개 합의가 존재하는 것으로 결론지었다. 또한 피해자들의 의견을 충분히 수렴하지 않은 채 외교당국에 의해 자의적으로 합의를 도출한 정치적 타협의 산물이라는 것이었다. 하지만 동 보고서는 위안부 합의를 전면 부정하거나 합의의 파기 또는 재협상까지는 요구하지 않았다. 아베 총리가 고노담화의 비판적 검토를 통해 위안부 피해자들을 '강제동원'했다는 사실을 집중적으로 비판했던 것과 유사하게, 위안부 합의가 '피해자 중심주의'라는 원칙에 충실하지 못했다는 점에 초점을 맞추어 비판했다.

위안부 합의 보고서 공개는 두 가지 점에서 주목할 만 했다. 하나는 문재인 정부가 전 정부의 잘못된 합의를 비판하면서 이를 있는 그대로 이행할 의사가 없음을 밝힌 점이다. 위안부 합의를 전 정부의 과오로 보고 이를 지킬 의사가 없음을 밝힘으로써 위안부 문제에 대한 합의를 사실상 형해화한 것이다. 다른 하나는 문재인 정부가 과거사 현안에 대한 새로운 접근법을 통해 피해자 중심주의에 서서 현안들을 새롭게 다루어나가겠다는 정치적 의사를 분명히 한 점이다. 이를 계기로 사실상 문재인 정부의 투트랙(two track) 접

5 2017년 12월 21일 발표 위안부 태스크포스 보고서.

근법은 과거사 중심의 원트랙(one track)으로 전환하기 시작했다 해도 과언이 아니다.

2018년 평창올림픽을 계기로 문재인 정부의 대외정책이 북한 문제에 우월적 중점을 두면서 일본 문제가 뒤로 밀리는 듯 했다. 하지만, 2018년 7-8월을 즈음한 사법농단 수사 개시는 일본과의 과거사 문제를 새롭게 다루겠다는 의사를 드러내는 움직임이었다. 2012년 김능환 대법관에 의한 강제징용 피해자에 대한 원고 승소 판결을 두고 대법원장과 법원행정처장을 중심으로 행정부 입장의 일관성 유지와 국격의 수호라는 관점에서 대법원 판결을 연기시키려던 노력을 법원의 이해 수호를 위한 행정부와의 거래 내지 월권적 관여로 본 것이다.[6] 양승태 대법원장에 대한 본격적인 수사와 이어진 구속은 강제징용에 관한 대법원 판결에 사법부 중추부가 부적절하게 관여해서는 안 된다는 점을 분명히 한 것이었다.

이러한 배경 하에 2018년 10월 30일에 있었던 대법원 전원 합의부에 의한 강제징용 판결에서 대법관들은 신일본제철이 강제징용 피해자들인 4명의 원고에게 각각 1억 원씩의 보상금을 지불하라는 판결을 내렸다. 이 판결은 몇 가지 점에서 주목된다. 첫째, 이제까지 외교부가 견지해온 입장과 달리, 대법원은 강제징용 관련

---

6 2019년 5월 13일 검찰이 공개한 김규현 전 외교 안보수석의 업무일지에 의하면 박근혜 대통령이 지난 행정부의 입장을 수호하고 국격이 손상되지 않는 방향에서 강제징용 판결을 처리하라고 지시하였음을 밝히고 있다. 『KBS 뉴스』, 2019.5.13.

피해자 개인의 청구권이 1965년 청구권조약에 의해 소멸되지 않았다고 한 점이다. 국제인권법에 따라 국가 간 외교 협상과는 별도로 피해자 개인의 피해에 대한 보상청구권은 살아 있다는 판결이었다. 둘째, 판결의 근거로 식민지 지배 당시 불법 행위에 대한 손해배상임을 준거로 하였다는 점에서 식민지 지배의 성격을 '불법-부당'으로 규정함으로써 추가 소송 제기의 길을 열어놓았다는 점이다. 일본정부는 이에 대해 수차례에 걸쳐 '강제징용 문제는 1965년 한일기본조약에 의해 완전히 그리고 최종적으로 종결된 사안이다' 그리고 '강제징용 문제에 대한 피해보상 청구는 1965년 기본조약의 정신에 반하며, 이는 국교 정상화의 근본적 토대를 흔드는 것이다'라는 입장을 내놓았다.[7]

대법원 판결이 있은 직후, 이낙연 국무총리는 세 가지 내용을 핵심으로 하는 기본 입장을 밝힌 바 있다. 첫째, 정부는 강제징용 피해자에 관한 사법부의 판단을 존중한다. 둘째, 피해자들의 상처가 조속히 그리고 최대한 치유될 수 있도록 노력하겠다. 셋째, 정부는 한일 양국관계를 미래지향적으로 발전시켜 나가기를 희망한다.[8] 이를 위해 총리 직속으로 '민관합동위원회'를 구성하여 대응방안

---

7 고노 일본 외상은 이수훈 대사를 불러 "오늘 판결은 청구권 문제를 완전하고 최종적으로 마무리 지은 한일 청구권협정에 분명히 위반될 뿐만 아니라 일본 기업에 부당한 불이익을 입혀 1965년 국교 정상화 이후 형성된 양국 우호협력관계의 법적 기반을 근본부터 뒤엎는 것"이라고 밝혔다. 『경향신문』, 2019.10.30.
8 이낙연 총리 기자회견. 『연합뉴스』, 2018.10.30.

을 마련해 나가겠다고 선언하였으나, 6개월이 지나도록 이 위원회
는 구성되지 않았다. 정부를 중심으로 여러 가지 수습책을 고민하
여 청와대에 진언하였으나 문 대통령이 '징용 피해자에 대한 배상은
일본 기업의 문제이지 우리정부가 앞장서면 안 된다'는 입장을 개진
한 것으로 알려져 있다.[9]

　　한일갈등의 파고는 단지 과거사 현안을 둘러싼 이견의 극대화
에 머물지 않고 있다. 이제까지 크게 논란이 되지 않았던 한일 군사
당국 간 협력관계에까지 갈등의 불길이 튀어 양국 안보협력의 기
반이 되는 신뢰에 상당한 손상을 가하는 사태가 벌어졌다. 하나는
2018년 10월 불거진 국제관함식에 일본 해상자위대 호위함의 한국
입항 문제였다.[10] 국방부는 1998년, 2008년 국제관함식 당시 일본의
해상자위대가 제국주의 시절의 해군기인 '욱일기(旭日旗)'를 달고 한
국에 입항했었음에도 불구하고, 2018년 10월 11일 열린 국제관함
식에 일본 해상자위대가 함정에 욱일기를 달고 입항할 수 없다는
점을 통보하였다. 한국 해군은 제국주의시대의 유산인 욱일기를
달고 한국의 영해에 들어오는 것은 국민 정서상 용납하기 어렵다
는 점을 내세워 난색을 표하였다. 상당 기간에 걸친 논란 끝에 이 문
제는 일본 해상자위대가 한국이 주최하는 국제관함식에 참석하지

9　임민혁, "대통령까지 일본에 분노만 할 텐가?"『조선일보』, 2019.1.24.
10　안규백 국회 국방위원장은 10월 1일 "일본 해상자위대가 제주 국제관함식
　　에서 욱일승천기 게양을 받아들이기 어려운 국방위원이 있다는 의사를
　　해군본부에 전달했다"고 밝혔다.『연합뉴스』, 2019.10.1.

않는 방식으로 논란을 종결시켰다. 하지만, 이 논란은 몇 가지 면에서 화종을 남겼다. 먼저, 한일 군사 당국 간에 욱일기라는 새로운 이슈를 제기함으로써 기존에 쌓아왔던 신뢰구축조치에 손상을 주는 결과를 가져왔다. 둘째, 일본과 전쟁을 한 미국이나 중국이 욱일기에 대해 특별히 문제를 제기하지 않는 상태에서 한국이 먼저 욱일기 문제를 지적함으로 인해 군사 문제에 국민감정을 개입하는 선례를 남겼다. 2019년에 중국 주최로 개최된 국제관함식에서 중국은 역으로 이 문제를 제기하지 않음으로써 한국이 멀쑥한 입장에 처하게 되었다.[11] 셋째, 양국 해군 당국 간의 신뢰 저하가 다른 문제들로 번져가고 있다. 2019년 4-5월 개최되는 아세안 확대 연합 해상훈련에 일본의 해상 자위대가 한국 해군과의 공동 훈련 부분을 기피하는 결과를 가져온 것은 그 하나의 예이다.[12]

군사당국 간 협력 문제에 손상을 가게 하는 사태가 다시 촉발되었다. 2018년 12월 20일 일본 방위성이 '한국 광개토대왕함이 우

---

11 중국이 해군 창설 70주년을 맞아 2019년 4월 23일 개최하는 국제관함식에 참석할 일본 해상자위대 호위함 '스즈쓰키'(すずつき)호가 21일 산둥(山東)성 칭다오(靑島)항에 입항했다. 중국 측은 일본 함정의 욱일기 게양을 사실상 문제 삼지 않았다. 『연합뉴스』, 2019.4.21.

12 아세안 확대 국방장관회의(ADMM-Plus) 산하 해양안보분과위원회 회원국들은 4월 29일부터 5월 13일까지 부산과 싱가포르 근해에서 연합해상훈련을 한다고 발표했다. 한국과 미국, 일본, 중국을 포함해 12개국 함정들이 참가하는 대규모 연합해상훈련이 부산과 싱가포르 근해에서 실시된다. 그러나 일본 자위대 함정은 한국군이 주관하는 1부 훈련에 불참, 부산항에 입항하지 않고 곧바로 싱가포르로 향하기로 했다. 『뉴스1』, 2019.4.28.

리 초계기에 화기관제 레이더를 조사했다'고 주장하며 초계기 레이더 조사 문제가 불거졌다. 동해 연안에서 활동하고 있던 북한 선박에 대해 한국의 광개토함과 해경 순시선이 접근하여 구조 활동으로 보이는 활동을 전개할 때 일본의 초계기가 감시 활동에 나서 2회에 걸친 초근접 비행을 하였고, 이 당시 한국 함정이 일본 해상자위대 초계기를 향해 적대적인 행위인 공격용 레이더를 조사했다는 것이 논란의 내용이다. 한국은 북한 선박에 대한 인도적 행위를 두고 일본 자위대가 지나치게 근접 비행을 하며 비우호적 정찰활동을 수행한 점에 의구심을 가지고, 일본은 정상적인 초계활동인 데 한국 해군이 공격용 레이더를 조사하여 적대적 행위를 했다는 주장이었다. 이 문제는 군사당국자 간 실무적 소통과 대화를 통해 충분히 해결 가능하고 사후 방지도 가능한 사안이었음에도 불구하고, 한국의 배일 태도에 대해 불만을 가진 아베 총리가 12월 27일 초계기에 대한 레이더 조사 동영상 자료 공개를 결정하면서 외교적 공방으로 전환되었다.[13] 한일 국방 당국자 간 대화, 실무진에 의한 협의, 그리고 전직 방위 전문가들에 의한 설명회 등을 통해 초계기 레이더 조사 사건은 일단락되었지만, 양국 군사 당국자들 사이에 알력이 표면화되고 정치적 갈등으로 비화된 것은 새로운 양상의 쟁점화였다.

13 『연합뉴스』, 2019.12.29.

레이더 조사 사건은 몇 가지 점에서 주목해야 하는 사태의 발전이었다. 우선, 한일 양국의 군사 당국이 서로를 마치 적대적인 상대로 인식할 수도 있다는 인상을 주었다는 점이다. 한일 양국은 미국과의 동맹을 매개로 하여 서로 군사적으로 우호적인 입장에 서서 양국 간 안보 협력을 기본 방침으로 가져왔으나, 경우에 따라서는 양국의 군사 당국이 적대적인 행위를 할 수도 있다는 선례를 남겼다. 둘째, 만약 이러한 양국 군 실무부대 간의 물리적 위협이 적절하게 관리되지 않을 경우, 한일 양국이 군사적 충돌에 이를 수 있는 가능성을 배제하기 어렵게 되었다는 점도 특기할 만하다. 셋째, 한일 군사 당국 간의 갈등 문제를 비공식적인 대화와 협의를 통해 해결하기 보다는 정치적 쟁점화하여 국민감정의 소모 도구로 안보 이슈를 활용할 여지를 열어 놓은 점은 아쉬운 대목이다.

2019년에 접어들어서는 한일 간의 갈등관계가 경제와 안보협력의 영역으로 더욱 확장되는 양상을 보여주었다. 일본의 거듭된 외교 협의 요구에도 불구하고 한국이 미지근한 반응을 보이자, 일본정부는 2019년 7월 1일 반도체 생산에 필요한 중요한 소재 3품목에 대한 수출규제 조치를 발표하였다. 한국과의 외교관계 정체에 대한 사실상의 경제적 보복조치 도입이었다. 이는 7월 4일로 예정된 일본의 참의원 선거 직전이었던 관계로 일본의 국내정치에 한국문제를 활용하려는 것이 아니냐는 비판을 받았던 것도 사실이다. 한국의 시민사회는 이에 대해 일본 상품 구매 거부 및 일본에 대한 관광 거부 운동을 전개하면서 대항에 나섰다. 한국정부도 한국 산업계의 소재, 부품, 장비 국산화 장려에 나서는 등 적극적 지원조치를 구상하였다. 그럼에도 불구하고 일본정부가 8월 2일 다시 한국에 대한 전략물자 수출에 대한 포괄적 승인을 거부하는 화이트리스트 조치를 동원하자, 한국은 이에 대한 대항조치로 2016년 체결된 한일군사정보보호협정(GSOMIA) 연장을 유예할 수 있다는 점을 시사하였다. 일본 측의 반응이 없자 한국정부는 8월 22일 지소미아의 연장을 거부하겠다는 의사를 밝혔다. 이에 대해, 미국 국방부 및 국무부 관계자들의 거듭된 우려 표명 및 결정 번복 요구등도 있어 11월 22일 조건부로 종료 통보 효력을 정지하는 극적인 결정을 내렸지만 한일 간 갈등이 안보 분야로까지 확대된 점을 대내외에 알린 데는 변함이 없었다.

이와 같이 한일 간의 갈등은 단지 역사인식의 문제에 그치지 않고, 법률적 쟁송에 이어지고, 나아가 외교 마찰이 상호의존의 무기화라는 상호보복 조치의 동원으로 연결되는가 하면, 양국 협력의 사실상 금기영역이었던 안보협력의 분야까지 번지는 한일갈등의 '복합적 불안정화'가 현실화되었다.

3. 한일갈등의 근인(近因)과 원인(遠因)

한국과 일본이 갈등을 빚고 있는 최대 현안이 과거사와 관련
된 이슈들임은 두말할 필요도 없다. 한국과 일본은 1965년 한일기
본조약에 의해 많은 사안들을 처리하였음에도 불구하고, 1965년
조약이 완전하거나 무결점의 조약이 아니었던 관계로 그 이후에도
사안별 대응을 통해 협의, 조정하면서 1965년 체제를 수정 보완해
왔다.[14] 1991년 김학순 할머니의 충격적 고백으로 세상에 알려진 위
안부 문제는 1993년 고노담화에서 시작하여 양국 간 현안이 된 이
래 2015년 위안부 합의를 다시 시도하는 등 우여곡절을 거치면서
사과-반성-보상의 길을 열어 놓았다. 1965년 조약에서 제대로 다루
어지지 않았던 문제들을 다루면서 양국 정부는 험난한 협상을 거
치기도 했다. 2005년 한일기본조약 문서 전면 공개에 앞서 구성된
'민관합동위원회'에서 도출된 결론은, 1965년 조약에서 위안부 문
제, 사할린 강제이주자 문제, 원폭 피해자 문제 등 세 가지 현안을
제외하고는 기본조약에서 문제가 해결되었다는 입장이었다. 이러
한 입장 정리에 따라 한국정부는 일본정부에 위안부 문제에 대한
보다 전향적인 대응을 촉구하는 한편, 이미 해결되었다고 천명한
강제징용 피해자들에 대해서는 2007년 '일제강점기 강제동원 피해

---

14 정재정, 『한일의 역사 갈등과 역사대화』, 대한민국역사박물관, 2014.

자 특별 보상에 관한 법률'을 제정하여 72,631명에 대해 6,184억의 국가예산을 투입하여 한국정부가 보상한 바 있다.[15] 그럼에도 불구하고 일본정부나 기업의 보상을 요구하는 피해자들이 신일본제철, 미쓰비시중공업, 후지코시 등 일본 기업들에 대해 개별적인 개인 피해 보상 청구권이 존재한다고 소송을 제기하면서 다시 제기된 것이 강제징용 관련 과거사 현안이다.

이와 같은 피해 생존자들의 구체적인 사과와 피해 보상 요구가 살아 있는 과거사 현안이라면, 식민지 시대와 전쟁에 대한 역사인식의 문제가 또 다른 한일갈등 현안을 구성한다. 한일 간에 제기되고 있는 교과서 기술 문제, 야스쿠니 신사 참배 문제, 독도 등 영토 문제 등은 기본적으로 역사인식의 차이에서 귀결되는 과거사 현안들이다. 이들 현안들은 근대사를 해석하는 이념과 인식의 틀의 차이에서 유래하는 것들이 많다.

아베 정권 이후 과거사 현안을 둘러싼 현안들이 더욱 첨예화하고 있는 것은 아베 총리와 그를 지지하는 우파 정치인 및 시민사회의 인식이 한국의 시민사회의 인식과 갭이 커지고 있기 때문이다. 아베 총리는 2012년 다시 총리로 복귀하면서 일본을 '새로운, 아름다운 나라'로 만드는 것을 내세우면서,[16] '강한 일본,' '대국 일본'

---

15 堀山明子, 「韓国徴用工判決原告勝訴後の課題と葛藤」, 『世界』, 2019. 5, 191-198쪽.
16 安倍晋三, 『美しい国へ』, 東京文春親書, 2007.

의 부활을 모토로 내세웠다.[17] 중국의 부상을 염두에 두면서 일본이 강한 나라로 다시 서지 않으면 일본의 미래가 없다고 판단하고, 자랑스러운 나라 만들기에 역점을 두기로 한 것이다. 이러한 연장선상에서 일본의 불행한 과거에 대한 사과와 반성을 더 이상 반복하지 않겠다는 입장을 천명하는 반면,[18] 일본의 주변국들과의 영토분쟁에 있어서 자국의 주권을 수호할 의지를 강하게 나타냄으로써 갈등이 첨예화되고 있는 것이 현실이다. 한국의 박근혜정부와 2015년 위안부 합의를 맺는 과정에서 내각총리대신으로서 사과와 반성을 하겠다는 입장을 서면으로 표명하는 대신 구두로 사과하기를 거부했으며, 위안부 합의가 최종적이고 불가역적인 문제의 해결을 강조한 점은 아베 식 과거사 종결 방식을 재천명한 것이었다.

반면, 한국의 입장에서는 1990년대 이래 과거사 문제에 대해 일본에 대한 기본 관점에서 그다지 변하지 않은 점들이 있다. 첫째, 일본은 식민지시대 한국 국민들에게 다대한 피해를 입힌 가해자로서 만행에 대해 철저하고 진정성있게 지속적으로 사과와 반성을 계속해야 한다는 입장이다. 전전의 일본과 전후 일본의 일체성과 연속성을 전제로, 한일관계는 기본적으로 가해자와 피해자, 강자와 약자의 틀에서 수직적 국가관계로 국제관계를 바라보는 시각이

---

17 아베의 정치적 지향성과 국가전략에 관해서는, 박철희 외 지음, 『아베 시대 일본의 국가전략』, 서울대출판문화원, 2018.
18 2015년 아베 전후 50주년 담화. 『동아일보』, 2015.8.15.

지속되고 있다고 볼 수 있다. 둘째, 국제인권이라는 보편적 정의의 관점에 서서 정의의 회복을 목표로 일본에 대해 피해자에 대한 보상을 요구하고 있다는 점이다. 피해자인 한국 국민에 대해 가해자인 일본을 정의로서 징벌하겠다는 논리가 담겨 있다. 피해자 중심주의와 이들에 대한 보상요구가 지속되는 이유이다. 이러한 관점에서 보면, 피해자가 충분히 납득할 때까지 일본은 사과와 반성, 보상을 지속해야 한다는 논리로 귀결된다. 아베 총리가 천명하고 있는 입장과 근본적으로 충돌하는 이유이다.

일본에서 진보적인 입장을 내세우는 정권이 들어설 때는 비교적 타협에 의한 갈등 무마가 쉬운 편이었다. 미야자와 정권, 호소카와 정권, 무라야마 정권, 오부치 정권, 그리고 일본 민주당이 집권했던 하토야마, 간 나오토 정권에서 한일 간 대화와 타협을 통해 여러 담화가 발표된 것은 우연한 일이 아니다. 이런 관점에서 보면, 진보적 성격을 가진 문재인 정권과 우파적 성향이 강한 아베 정권 사이에 과거사 현안에 대한 봉합적 타결이 이루어질 것을 기대하는 것은 지난한 과제가 아닐 수 없다.

과거사 현안을 둘러싼 각종 현안들이 한일관계의 갈등을 유발하는 가장 직접적이고 가까운 원인들이긴 하지만, 냉전이 종식된 이후 특히 북한의 핵과 미사일 도발이 강화되고 중국의 공세적 부상이 논의되기 시작하면서 국제관계를 바라보는 시각의 차이가 양국 간의 간극을 벌려놓고 있는 점도 부정할 수 없는 사실이다. 대외

전략의 상이한 정체성이 갈등을 무마할 인센티브를 줄이고 있다는 것이다.[19]

　냉전이 종식된 이후 한국정부는 보수와 진보 정권과 무관하게 한반도에서의 냉전종식 및 북한 정권의 변화유도를 끊임없이 시도해 왔다. 간단히 말하자면, 보수적인 정권은 북한에 대한 압력과 제재를 통해 북한의 변화를 유도하려고 한 반면, 진보적인 한국 정권들은 북한에 대한 관여와 대화를 통해 북한의 긍정적 변화를 유도하고자 노력해 왔다. 북한의 현상유지와 분단의 고착화에 대해서는 정권의 성격과 무관하게 이를 받아들이지 않고 부단하게 변화를 유도하기 위한 노력을 해 온 것이 한국의 대북정책의 역사였다. 예를 들어 이명박 정권은 비핵-개방-3000이라는 수식어를 내세우며 북한이 핵을 버리면 대규모 경제지원을 하겠다는 정책을 내세웠으나 북한이 이를 거부하고 핵·미사일 실험에 박차를 가하자 북한에 대한 제재와 압력에 박차를 가했다. 박근혜 정권은 북한문제 해결의 궁극적이고 근본적인 첩경은 통일 한국의 달성이라는 점을 내세워 북한에 영향력을 가진 중국을 한국의 통일정책에 우호적인 국가로 끌어들이려고 공을 들이는 한편, 북한 자체에 대해서는 압력과 제재를 가하고 개성공단 폐쇄 등 독자적인 제재를 강화한 바 있다.

19　Park, Cheol Hee, "National Identities and Korea-Japan Relations," in Gilbert Rozman. ed. *National Identities and Bilateral Relations*, Stanford University Press, 2013, pp. 45-64.

북한이 2016년 이후 핵실험을 강화하고 ICBM 등 장거리 미사일 개발에 힘을 쏟자, 문재인 정권은 대화와 협상을 통한 북한의 '완전한 비핵화'를 내세우며 김정은과의 정상회담에 적극 임하는 한편, 미북 간에 중재와 조정에 나서 미북 정상회담을 통한 핵 문제의 타결을 시도하고 있다. 이 과정에서 남북한 간의 군사적 신뢰구축과 독자적 경제지원의 중요성을 강조하고, 나아가 북한에 대한 제재완화라는 수단을 통해 북한과 신뢰를 구축하여 비핵화를 달성한다는 전략을 지속하고 있다. 이와 같은 문재인 정권의 대북 정책은 일본의 아베 정권과 정책 처방의 괴리를 노정하고 있다. 우선, 북한이 완전한 비핵화에 이를 때까지 강력한 제재와 압박이 계속되어야 한다는 아베의 정책노선은 제재완화도 고려할 수 있다는 문재인 정권의 노선과 다르다. 둘째, 북한의 단계적인 비핵화를 받아들여 순차적인 비핵화를 이루자는 문재인 정권의 전략과 포괄적인 비핵화를 통해 완전한 비핵화가 선행되어야 한다는 아베 정권의 입장은 대비된다. 셋째, 미사일 문제에 있어서도 미국이 걱정하는 장거리 탄도미사일뿐만 아니라 중단거리 미사일이 협상대상에 반드시 포함되어야 한다는 일본의 입장은 중단거리 미사일 문제에 대해 애매한 한국의 입장과 상치되는 측면이 있다. 넷째, 일본의 아베 정권이 지속적으로 정치적 아젠다인 납치 문제를 북한에 제기하는 것은 북한을 비핵화 하는 데 큰 도움이 되지 않는다는 한국정부의 생각과 거리가 있다. 전체적으로 보면, 북한에 대해 강경노선을 취하는 일본의 아베 정권과 유화적이고 대화 위주, 대북 지원을 중시하는 문재인 정권 사이에는 전략적 괴리가 존재하는 게 사실이다. 여기서 파생하는 전략적 의구심이 한일 간의 친밀한 소통과 긴밀한 협력을 약화하는 요인이 되고 있다.

중국을 바라보는 눈의 차이도 전략적 간극을 넓히고 있다. 단적으로 말하자면 일본은 한국이 중국에 지나치게 경도되어 있다고 믿고 있다. 한국의 대중 무역 규모는 미국과 일본과의 무역을 합친 것보다 클 만큼 대중 무역 의존도가 높을 뿐만 아니라, 경제규모에 비해 한국의 대중 투자는 일본 등 다른 선진국을 월등 능가할 정도로 크다. 중국을 경제적 기회의 땅으로 여긴다는 증표이다. 이에 반해 일본은 중국에 대한 투자를 지속하면서도 '달걀을 한 바구니에 놓지 않는다'는 원칙을 고수하면서 중국 경제의 하락 가능성도 고려한 신중한 투자 패턴을 보이고 있다. 일본은 한국이 분단국가로서 북한을 움직이기 위해서 중국이 가지고 있는 레버리지를 최대한 활용해야 하겠다는 '중국 활용론'을 잘 이해하지 못한다. 그래서 북한을 움직이기 위해 중국을 자극하지 않으려는 한국의 자세를 '대중 경사론'으로 해석하는 경향이 강하다.[20] 한국은 북한의 직접적이고 현재적인 위협에 초점을 맞추고 있어 중국의 공세적인 해양 전략에 신경을 쓰지 못하는 게 현실이다. 하지만 일본으로

---

20 黒田勝弘, 『韓国反日感情の正体』, 角川新書, 2013; 澤田克己, 『韓国反日の真相』, 文春新書, 2015; 室谷克実, 『悪韓論』, 新潮新書, 2013.

서는 2010년 센카쿠열도 분쟁이후 중국이 동중국해와 남중국해에서 공세적인 해양 군사 활동을 벌이고 있는 점에 주목하면서 중국의 서태평양 및 인도양 진출을 봉쇄하는 전초기지 역할 수행에 적극적이다. 아베 총리가 2007년 이미 제시한 미국-일본-호주-인도의 '다이아몬드 안보 링크(Diamond Security Link)'나 2016년에 적극적으로 제시한 '인도태평양 전략(Indo-Pacific Strategy)' 등은 중국의 공세적인 세력 확장을 염두에 둔 것이라는 점에 이의가 없다. 일본은 경제적인 면에서는 중국과의 우호적인 관계정립에 노력하면서도 군사적인 면에서는 미국과 함께 중국의 팽창을 억제하고 봉쇄하는 역할 수행에 거리낌이 없다. 이런 관점에서 보면, '자유롭고 열린 인도 태평양' 전략에 참가를 거리끼고 주저하고 있는 한국은 일본의 관점에서 한반도에 갇혀 있는 파트너에 불과하다.[21] 북한에 전략의 우선적인 중점이 놓여 있는 한국과 중국에 전략의 우선적 방점이 놓여 있는 일본 사이에는 상당한 전략적 괴리가 존재한다. 이같은 대외전략의 상이성과 간극이 한일 간의 전략적 정합성의 복원을 늦추고 있는 원인으로 작용하고 있다. 한일 양국의 전략적 우선순위에서 상대국이 자국 전략에 정합하는 '공동 행동(joint action)'

---

21 한국의 인도태평양전략에 대한 입장에 대해서는, Park, Cheol Hee, "South Korea Is a Hesitant but Friendly Ally in the Indo-Pacific," *Atlantic Council Issue Brief,* January 2019. 우파적인 성향이 강한 일본의 지식인들이 한국은 결국 중국에 넘어갈 것이라는 전제하에 '잃어버린 한국(Lost Korea)' 시나리오를 거론하고 있는 것은 이러한 맥락에서이다.

의 가능성이 상대적으로 낮은 국가로 전락하고 있는 것이 현실
이다.[22]

4. 한일안보협력을 둘러싼 논란과 공방

한일 간 과거사 현안을 둘러싼 갈등과 전략적 우선순위를 둘
러싼 상대국 가치의 평가절하는 한일 간 안보협력의 근간을 위협
하고 있다. 문제는 한국과 일본 간의 군사협력의 기본체계에 대해
양국 국민들이 안이한 인식을 가지고 있고 양국 미디어들에 의해
부정적 인식만이 부각되어 협력의 중요성에 대한 자각이 점점 희
미해지고 있는 점이다.

4.1. 한일안보협력의 기본체계

일본과 한국은 서태평양지역과 동북아 전반에 있어서 서로를
받치고 있는 지역 안보의 기둥이다. 남기정은 이에 대해 일본은 '기
지국가'이고 한국은 '전선국가'라는 개념으로 간단히 설명하고 있

---

22 아산 플레넘에 참석한 켄트 칼더(Kent Calder)는 '한미일이 자유민주주의
    적 가치와 민주주의 시장경제라는 공통점을 가지면서도 한중관계가 아주
    상호의존적으로 변해가고 있다면서 중국 요소가 한일 간을 갈라놓고 있다'
    고 분석하였다. Asan Plenum 2019.4.23, 그랜드 하얏트호텔 그랜드볼룸.

다. 한국은 가치관과 체제가 다른 대륙의 국가들에 직접 맞서 있는 최전선국가이다.[23] 만약 한국의 방위가 흔들리면 일본의 안전도 직접 위협받을 수 있고, 한국의 안위가 위태로워지면 최소한 일본은 방위 부담을 더욱 늘려가야 한다. 한국전쟁 당시 '부산적기론'이 등장하면서 일본의 한국전쟁에 대한 지원체제를 강화하고 일본 방위정책의 근본적인 수정이 가해진 것은 잘 알려진 사실이다.[24] 1969년 미국이 오키나와 섬을 일본에 반환하면서 제기한 것이 이른바 '한국조항'이다. 한국 방어를 위한 오키나와의 역할에 대해 일정 부분 양해를 가하고자 한 것이었다.[25] 1983년 나카소네 총리 당시 일본은 한국이 일본 방위를 위해 수행하는 역할을 긍정적으로 평가하면서 40억 불에 달하는 '경제협력자금'을 제공한 바 있다. 한국이 일본 안보를 위해 필수적인 역할을 수행하고 있다는 인식의 바탕 위에서 이루어진 일이었다. 현 국면에서도 만약 한반도가 북한이 주도하는 형태의 통일이 이루어지거나 중국의 영향력을 직접적으로 받는 국가가 될 경우, 일본의 방위체제는 근본적인 재편이 불가피할 것이다.

한국에게 있어 일본은 한국 방어의 안전판이자 린치핀이다. 일본은 한국 안보에 있어 적어도 네 가지의 중요한 역할을 수행하고

23 남기정, 『기지국가의 탄생: 일본이 치른 한국전쟁』, 서울대출판문화원, 2016.
24 佐道明広, 『自衛隊史 : 防衛政策の70年』, 筑摩書房, 2015.
25 윤덕민, 「日米沖縄返還交渉と韓国外交」, 일본 게이오대 박사학위 논문, 1991.

있다. 하나는, 일본이 기지를 제공하고 있는 주일미군과 주한미군의 연계를 통해서다. 한국에 주둔하는 28,500명의 주한미군은 주로 육군 중심으로 편성되어 있고, 전투 병력보다 행정 지원 병력이 많은 것이 특징이다. 이에 반해, 일본에 주둔하고 있는 주일미군은 주로 해군, 공군, 해병대로 구성되어 있다. 따라서 한반도 유사 상황 시 주한미군과 주일미군이 결합하지 않으면 총체적인 전쟁수행능력을 발휘할 수 없다. 이는 유엔사령부를 통한 지휘 통제와 지원 시스템에 의해 이루어진다. 둘째, 일본에 있는 7개의 유엔사령부 후방기지의 역할이다.[26] 한국전쟁이 종료된 이후 한국은 정전체제를 유지하고 있으나 정전관리와 또 다른 전쟁의 발발 시 대응 태세는 유엔사령부에 의해 이루어진다. 일본에 있는 7개의 유엔사 기지는 주일미군의 기지이기도 하지만 유사시 한반도 방어에 직접 동원되는 유엔사령부의 후방기지이기도 하다. 한반도 유사시 병력, 장비, 탄약, 식량, 물의 보급을 후방기지에 의존할 수밖에 없는 이유이다.[27] 유엔사령관의 지휘 하에 유엔사 후방기지에 축적된 군사지원 태세를 적절하고 적시에 동원하지 않는 한 한반도에서의 원활하고 지속적인 전쟁수행은 불가능하다. 그런 점에서 유엔사령부의 후방

---

26 일본에는 유엔사령부 산하에 7개의 후방기지가 있다. 일본 본토에 있는 주일 5공군 기지인 요코다 공군기지, 캠프 자마 주일 미 육군 1전단 사령부, 7함대 모항인 요코스카 해군기지, 함대지원단이 위치한 사세보 기지 등 4곳과 오키나와에 소재한 가데나 공군기지, 후텐마 해병항공기지, 화이트비치 함대지원단 기지 등 3곳이다.

27 홍규덕, 「한일비전포럼 발표문」, 『중앙일보』 2019.5.15.

기지는 전초기지와 필연적으로 유기적으로 결합되어야 하는 숙명에 있다. 셋째, 미국 본토에서의 대규모 지원 병력이 한반도에 전개될 때도 일본을 통해 들어와야 한다. 이 경우, 도로, 항만, 공항 등 시설의 이용은 물론 식량, 보급품, 탄약, 유류의 보충 등 다양한 활동이 일본에서 이루어져야 한다. 일본정부의 적극적인 지원과 양해가 필요한 사항들이 아닐 수 없다. 넷째, 일본 자위대의 후방지원 또한 중요한 역할을 수행한다. 일본 자위대가 한반도 영토 내에서 작전을 전개할 가능성은 아주 낮지만, 미일동맹의 틀 안에서 미군을 후방 및 측면 지원하는 활동들은 전개될 공산이 크다. 예를 들어 일본이 소유한 세계 최첨단의 기뢰제거 능력을 갖춘 소해정의 파견이나, 잠수함의 추적을 위한 공해상에서의 초계기 활동 등 다양한 후방 지원활동이 이루어질 수 있다.

한일 간의 안보협력은 이러한 네 가지 차원에서의 다층적 활동이 원활히 수행될 수 있도록 하는 중층적 협력 태세가 갖추어져야 한다. 주한미군과 주일미군 등 미군과 한국군, 그리고 일본 자위대에 의한 공동 훈련체제가 정비되어 있는 이유가 그것이다. 평상시에 한미일 3국이 안보 대비태세를 견실하게 유지함으로써 한반도 및 일본의 안위에 결정적 영향을 미칠 수 있는 사태에 대비하고자 함이다. 이를 원활히 수행하기 위한 인력의 공동 양성과 인적 교류가 필요한 점을 인식한 바탕 위에서 1994년부터 본격적으로 사관후보생들을 중심으로 인적 교류가 이루어지고 있다. 1992-4년에 걸친 제1차 북핵 위기와 한반도 위기설을 배경으로 한일 간의 군사적 인적 교류 및 방위 당국자 간 대화가 활성화된 것은 결코 우연이 아니다. 2012년에 한 번 실패를 경험하였지만 한일 간의 군사정보의 교환을 위해 '한일군사정보보호협정(GSOMIA)'이 체결된 것도 양국 간 방위협력을 일층 업그레이드 시키려는 노력의 일환이었다. 이는 한일 양국이 교환한 군사정보를 제3자에게 발설하지 않는다는 '일반적 보안서약(general security)'에 가까운 것이다. 한일은 더 나아가 군수물자에 대한 상호교환 및 지원을 원활하게 하기 위해 'ACSA'의 체결이 불가피하지만 정치적 상황과 여론이 이를 가로막고 있는 형편이다. 예를 들어 사세보에 보관하고 있는 유류와 탄창을 유사시 끌어다 쓰기위해서는 평상시 군수물자의 보급과 지원에 관한 협정이 있어야 한다. 그러나 양국 군사당국은 ACSA의 필요성을 인정하고 있음에도 불구하고 협상을 진전시키지 못하고 있는 상태이다. 이러한 협력 단계에 서 더 나아간다면, 한국과 일본이 특정 영역에서 공동 작전을 전개하는 단계로까지 발전할 수 있을 지도 모른다.

4.2. 한일안보협력에 대한 한국 내 찬반 여론

한국 방어를 위한 한일안보협력의 중요성에도 불구하고, 한국 내에서는 과거사 논쟁의 연장선상에서 일본과의 군사협력에 대한 비판적인 견해 제시가 강하게 드러나고 있다.

2012년과 2016년에 한일 간 군사정보보호협정(GSOMIA, general security of military information agreement) 체결을 진행하면서 논란이 되었던 점을 상기하면 공방의 내용을 잘 들여다볼 수 있다. GSOMIA를 지지하는 측에서는 일본의 정보본부 등이 가진 장비와 시설 등을 통해 우월하고 한국이 접근하기 어려운 중요한 정보 자산을 수집하고 있는 관계로 북한에 대한 정보를 공유하는 것이 한국 안보에 유리하다고 본다. 또한 북한의 핵·미사일 등 양국이 직면한 직접적이고 현재적인 군사위협을 고려할 때, 한일 양국이 이들 북한의 위협적 군사행동에 대한 정보를 공유하는 것은 양국의 안보 대비 태세를 강화시켜준다고 본다. 나아가 북한과의 전쟁이 발생했을 경우의 즉각적이고 정확한 정보 교환을 통한 후방지원 태세를 강화할 수 있다는 논리도 전개한다. 또한 한미일 연합 공조 체제를 활성화시켜 3국 간 연계된 작전의 전개를 가능하게 하는 동시에, 중국에 대한 잠재적 견제에도 도움이 된다고 주장한다. 반면, 한일군사정보보호협정의 반대론자들은 한국의 대북 정보가 더 많은 관계로 비대칭적인 정보 교환이 이루어질 공산이 크며, 일본에 대한 부정적 정서가 강한 상태에서 결국 일본의 재무장과 자위대 강화의 명분을 한국이 제공할 수 있다는 점에 대해 비판적인 견해도 피력한다. 나아가, 중국에 대한 봉쇄 연합에 참가하는 형태가 될 수 있는 관계로 한국의 외교 활동 반경을 확대하기보다 축소시킬 가능성이 높고, 동아시아 국가들 간의 긴장을 확산시킨다는 이유를 들어 이에 반대한다. 한미일 3국과 중국의 안보딜레마(security dilemma)를 더욱 심화시켜 지역 안보를 더욱 불안정하게 한다는 취지이다. 일본이 협정 체결을 계기로 북한의 급변사태 등 한반도에 대한 적극적이고 명백한 개입의 명분을 줄 수 있다는 우려를 표명하는 이들도 있다.[28]

하지만, 이러한 논란 속에서도 한국이 일본과 군사정보보호협정을 추진한 배경에는 몇 가지 이유가 존재한다. 첫째, 일본이 위성 등을 통한 사진 및 음성 감청 자료에 아주 강하고, 조총련 등을 통한 정보수입 루트가 있어 한국이 입수할 수 없는 정보를 한국에게 유용하게 제공할 수 있다는 점이다. 둘째, 한일 간의 역사 갈등 등으로 불편한 관계가 있기는 하지만, 한국이 이미 북한과 가까운 러시아를 포함하여 24개국과 군사정보보호협정을 체결한 경위가 있어 굳이 일본과의 협정 체결을 마다할 필요가 없게 되었다. 이 협정의 성격은 서로 주고받은 군사정보에 대해 제3자 및 제3국에 발설하지 않겠다는 비밀수호 서약에 준하는 것일 뿐,[29] 서로가 제3국을 타깃으로 한 군사비밀을 제공하는 것은 아니라는 점이다. 교환하는 정보의 수준이 2급 비밀 정도에까지 밖에 이르지 않는 점도 이를 증빙한다. 셋째, 한일군사정보보호협정에 의해 한미일 안

---

28 김종대, 「김용현 인터뷰」, 『영남일보』, 2016.11.24.
29 박철희, 「한일비전포럼 발언」, 『중앙일보』, 2019.5.15. 'general security'라는 영어 표현의 번역에 있어 '일반적인 보호'라고 하는 표현보다는 '전반적인 발설 금지'라고 하는 편이 이해하기 용이할 것이다.

보협력의 가능성을 향상시키는 이점이 있는 것도 부정할 수 없다. 다만, 협정이 있다고 해서 군사정보의 무조건적, 무제한적, 무기한의 정보 제공을 의무화하고 있는 것은 아니라는 점에 유의할 필요가 있다. 정보 교환의 가능성을 열어놓은 것일 뿐 정기적이고 의무적인 정보 교환을 강제하는 것이 아니라는 점의 이해가 중요하다.

2014-15년 일본의 안보법제 추진 및 집단적 자위권 행사 용인을 둘러싼 한국 내에서의 공방은 일본 인식을 더욱 극명하게 보여주는 사례이다.[30] 집단적 자위권의 도입에 대해서도 한국 내에서는 찬성보다는 반대 의견이 우세이다. 우선, 일본의 집단적 자위권 도입은 과거사를 제대로 청산하지도 않은 일본에게 군사대국화의 고삐를 풀어주어 일본을 전쟁이 가능한 보통국가화의 길을 재촉하는 것이며 군사적 재무장으로 전후 질서의 변화를 가져올 수 있다고 비판한다.[31] 또한, 안보법제의 도입과 집단적 자위권의 도입은 궁극적으로 일본이 전후 지켜온 전수방위와 비핵3원칙 원칙을 무력화시켜 일본이 평화헌법의 족쇄에서 벗어난 위험한 국가로 전환될 소지가 있다는 논지도 전개한다.[32] 집단적 자위권 도입을 과거사와 연결시키는 이는 '일본이 과거에 도양주의와 아시아주의를 거쳐

30 집단적 자위권과 관련된 한국의 이해와 논란에 대해서는 박철희 외, 『일본의 집단적 자위권 도입과 한반도』, 서울대출판문화원, 2016.
31 송민순, 『서울신문』, 2014.1.7.
32 『문화일보』, 2015.8.12.

대동아공영권이라는 논리로 대륙 침략과 식민지 지배를 정당화했듯이, 미중 간의 패권 싸움 속에서 결국 일본이 과거의 역사적 상처를 치유하기보다는 계속 해서 분칠만 시도할 가능성이 높다'며 반대의 목소리를 높이기도 했다.[33] 반면, 일본의 집단적 자위권 도입을 신중하게 해석하는 목소리도 있다. 일본의 안보법제와 집단적 자위권의 도입은 중국이 급격하게 부상하는 동북아 국제정세 속에서 위축되고 있는 미국을 도와 미군의 주둔(American presence)를 유지하는 지원자 역할을 충실하게 수행함으로써 미일동맹을 쌍무적 동맹으로 전환시키고 동맹국 네트워크를 실제화하려는 시도라는 해석이다. 또한, 집단적 자위권의 도입이 전수방위의 원칙에서 벗어나는 조짐도 있으나, 한국의 입장에서 보자면 한반도 유사시 일본의 후방지원의 역할을 적극적으로 수행하려는 의지의 표명이라는 점에서 한국에게는 양날의 칼이기도 하다는 것이다. 그리고 일본이 안보법제를 직접 공격사태, 존립위기상태, 중요영향사태 등으로 구체화한 것은 자위대의 자의적인 활동과 역할 확대를 오히려 견제하는 측면도 있다고 볼 수 있다.

한국국민들이 한일 간 방위협력에 대해 부정적인 의견을 가진 것은 어제 오늘의 일이 아니다. 한국일보와 요미우리신문이 공동 조사한 결과에 의하면, 한국인의 절반 이상인 51.9%의 응답자가 한

---

33 조성환, 경기대 정치전문대학원 교수. 『문화일보』, 2015.4.3.

일방위협력 강화가 필요 없다고 응답했다. 북한 정세를 근거로 일본이 방위력을 강화하는 것이 타당하냐는 질문에도 한국인의 68.2%가 '타당하지 않다'고 답했다. 강력한 반북 정서를 가진 한국의 보수성향 응답자는 54.2%가 일본과 방위협력을 강화해야 한다고 응답했지만, 이들조차 절반 이상인 55.7%가 일본의 방위력 강화에 반대했다.[34] 한국 갤럽이 조사한 조사 결과도 크게 다르지 않다. 한일군사정보보호협정 등 한일안보협력 추진에 대해 동의하는지 물은 결과 한국국민 31%는 '안보에 일본의 정보력이 도움이 될 것이므로 협정을 체결해야 한다'고 봤으나, 59%는 '과거사 반성 없는 일본과 군사적으로 협력을 강화해선 안 된다'는 입장을 피력했다.[35]

4.3. 북한의 자국 방어 논리와 대항 논리로서의 한일안보협력

한일안보협력의 발전을 막으려는 반일의 논리는 북한에게는 도움이 되지만 한국안보에는 이롭지 않다.[36] 북한으로 봐서는 자국에 대한 안보 위협의 구성은 크게 세 가지로 나누어 볼 수 있다. 하나는, 경제적으로 성장하고 군사적 능력이 향상된 한국군이다. 둘

---

34 『한국일보』, 2017.6.12.
35 한국갤럽, 「한일안보협력 관련 한국갤럽 여론조사」, 『데일리 오피니언』, 제236호, 2016. 11, 3쪽.
36 박철희, 「반일은 북한에게만 이롭고 한국에게 이롭지 않다」, 『중앙일보』, 〈한반도 평화워치〉, 2019.5.10.

째는 한국과 일본에 주둔하는 미군이다. 셋째는 미국으로부터의 대규모 증원군의 파견 가능성이다. 이들에 대해 복합적인 대응전략을 마련하는 것이 북한의 안보전략의 핵심을 구성한다고 볼 수 있다.

북한은 군사분계선 북쪽에 집중적으로 배치한 장사포와 단거리 순항, 탄도 미사일, 그리고 10만에 달하는 특수부대와 생화학 무기 등 비대칭적인 무기체계 개발에 이어 핵을 개발함으로써 남북한 간의 군사균형을 역전시키고 있다. 한국군의 능력에 대해서는 이를 압도하는 능력을 보유하려 한 것이다. 한미연합사는 이 같은 북한의 능력에 대응하여 북한의 공격능력을 상쇄할 수 있는 능력의 보유를 넘어 북한을 치명적으로 타격할 수 있는 능력 보유에 초점을 맞추고 있다. 박근혜 정부에서 추진하던 이른바 '3축 체계'는 이 같은 내용을 핵심 내용으로 하고 있다.[37]

북한은 다른 한편으로 주한미군과 주일미군의 연계 체계를 차단할 수 있는 다양한 방법을 구상하고 있는 것으로 보여진다. 유엔사령부를 통한 주한미군과 주일미군의 연계 체계를 능력 면에서, 그리고 제도 면에서 단절시키려는 시도를 멈추지 않고 있다. 능력 면에서는 1998년 대포동 미사일 발사 이후 일본 열도 전역은 물론 하와이와 괌 등에 산재한 미군 기지들을 타깃으로 할 수 있는 중장

37　북한의 군사적 위협에 대응하기 위한 '킬체인, 한국형미사일방어체제, 대량응징보복'을 한국형 3축 체계라고 한다.

거리 미사일을 집중적으로 개발한 바 있다. 일본과 하와이, 괌 등에 흩어져 있는 미군 기지들을 집중 공략 대상으로 하여 이들의 한반도 전개에 제한을 가하게 함은 물론, 함정과 전투기 등에 의한 북한 공격을 차단할 수 있는 수단의 개발에 집중한 연유이다. 이와 동시에 일본은 기회 있을 때마다 정전협정을 평화협정으로 전환할 것을 주장하고 있다. 정전협정을 무효화하면 정전협정 체제 유지를 근간으로 한 유엔사령부 체제가 해체될 수 있음을 겨냥한 것이라고 볼 수 있다. 나아가 한일 간 군사정보보호협정도 북한에 대한 정찰 감시 정보는 물론 미사일과 핵시설에 대한 정보 교환을 가능하게 하기 때문에 이를 극력 반대하는 것은 북한의 안보를 극대화하기 위한 노력의 일환이라고 보여진다.

나아가 북한은 한국과 일본을 넘어서 미국 본토로부터의 대규모 지원 병력의 전개 및 확장억제에 타격을 가할 수 있는 능력의 개발에 주력하고 있다. 김정일 시대에 접어들어 특히 2016년 이후 핵을 탑재할 수 있는 ICBM 및 SLBM의 개발에 전력을 기울인 이유는 다름 아닌 미국의 본토를 겨냥할 수 있는 핵능력을 손에 넣음으로써 미국으로 하여금 한국 방어를 위한 지원을 주저하게 함은 물론, 실제 미국이 한국에 대한 지원을 실행할 경우에는 이를 도중에 타격할 수 있는 능력을 배양하는 데 목적이 있다고 보여진다. 다른 한편으로는 북한이 비핵화할 수 있다는 선언적 행위를 통해 한반도에 평화체제를 구축한다는 논리로 한미동맹을 이간하고 이를 약화시킬 수 있는 제도적 장치를 합법적으로 추진하려 하는 것으로 보여진다. 하노이회담에서 영변 핵시설의 포기까지를 마지노선으로 책정하고 이를 넘어서는 군사적 문제에 대해서는 아직 이야기를 꺼내지도 않았다는 북한의 논리는 향후 비핵화 협상이 전개될 경우, 한미동맹과 주한미군 및 미국의 한반도 핵 확장억지를 포함한 군사적 논리를 동원할 가능성을 예고한 것이라고 볼 수 있다.[38]

만약 북한의 자국 안보 논리가 이러한 구성 원칙에 입각해 있다면, 한국의 안보를 위해서는 한미동맹을 굳건하게 유지하고, 한일 간의 안보협력을 충실화하는 동시에 한국 자력에 의한 북한 타격 능력을 갖출 때에만 '힘에 기반을 둔 평화'를 달성할 수 있다.

5. 한일, 한미일 안보협력의 발전방안

한국 안보를 위해서 한일안보협력을 증진한다는 것은 한국의 국익에 해당한다. 한일안보협력과 한미동맹에 손상을 주는 일은 한국의 안보를 취약하게 하거나 장래의 불안을 증대시키는 행위이다. 북한의 군사적 위협의 총체적 성격이 변환되거나 남북한 간에

---

38 박철희, 「대북 제재 해제는 비핵화 진전 속도에 맞춰야」, 『중앙일보』, 〈한반도 평화워치〉, 2019.3.8.

균형감 있고 상호주의에 걸맞은 군축과 상호신뢰가 정착할 때까지 안보의 기본체계에 대한 손상을 가해서는 안 된다. 한일안보협력을 유지하고 발전시키기 위해서는 다음과 같은 노력들이 배가되어야 한다.

5.1. 한일 간 신뢰 회복을 위한 상호 유화조치의 도입

한일 양국의 전반적인 협력을 저해하고, 특히 군사협력을 방해하는 최대의 요인은 과거사와 관련된 현안들이다. 그러나 한일이 과거사로부터 완전하고 최종적으로 해방되는 순간은 쉽게 오지 않을 것이다. 과거사를 다룸에 있어 보다 장기적인 복안을 가질 필요가 있다.

한일 양국은 신뢰의 강화를 위해 과거사 논란을 잠재울 수 있는 방안들을 인내심 있게 찾아나갈 필요가 있다. 일본은 무엇보다도 과거사 문제에 대해 겸허하고 진지한 자세로 사과와 반성을 지속하는 태도를 가져야 한다. 한일 간 불행한 역사에 대해 있는 그대로의 진실을 직시하면서 통일성 있고 일관된 사과와 반성의 메시지를 발신해야 한다. 또한, 일본은 한반도 평화와 미래 남북한의 통합에 대해 자국이 긍정적으로 기여하고 공헌할 수 있는 방안을 적극적으로 모색하고 이를 실행하는 의지를 가질 필요가 있다. 일본이 분단국가 한국을 선호하는 게 아니라 통일된 한국을 지지하며,

이를 자유 민주 체제하에 통합하고 평화적으로 달성함에 있어 일본이 기여할 수 있는 부분을 전향적으로 발굴해내고 한국과 협력하는 외교적 자세를 보여야 할 것이다. 과거사와 남북한 통합에 대한 전향적 자세는 장기적으로 한국의 대일 비판 자세를 누그러뜨릴 수 있는 기반을 마련하는 데 도움이 될 것이다.

한국정부와 시민사회도 일본에 대한 과거사 문제 제기에 한정하지 않고 한일관계 전반을 동시다발적으로 발전시킬 수 있는 토대를 마련해야 한다. 정부가 말하듯 단지 '투트랙'에 한정하지 말고 '멀티 트랙외교'를 통해 한 분야의 갈등이 다른 분야의 갈등으로 번지지 않도록 하는 '방화벽 외교'를 실천하는 자세를 가져야 한다. 과거사 일변도 외교로는 한일 간의 신뢰를 구축하기 어렵다. 일본이 아파하는 곳만 골라서 비판하는 게 아니라, 한일 공동으로 추진해 나갈 수 있는 대형 프로젝트(Mega Project)들을 합심해서 추진해 나가고, 미래 사회의 안정성을 향한 글로벌 스탠다드의 공동 실현에 적극 나설 수 있는 의지를 표명해야 한다.

5.2. 안보협력의 탈정치화 선언 필요

한일 간 갈등사안이 존재하고 앞으로도 지속될 것으로 사료되지만, 군사 문제 만은 정치적 활용을 하지 않겠다는 '모라토리움 선언'이 있어야 한다. 안보협력이야말로 양국 협력의 근본적 토대이

자 마지노선이다.

안보협력의 탈정치화가 가능하기 위해서는 몇 개의 사전조치
들이 제도화되는 것이 바람직하다. 우선, 외교부와 국방부 출입기
자들에게 현안이 될 수 있는 사안들에 대한 사전 설명과 숙지 활동
이 지속적이고 유효적으로 실행되어야 한다. 사안을 숙지하지 못
하거나 정보의 부족으로 인한 오해와 편견의 확산이 이루어지지
않도록 충분히 출입기자들에게 설명하는 배가되어야 한다.

또한, 국방부와 청와대 국가안보실 사이의 연락, 보고, 사전 조
정 메카니즘들이 유효하게 작동할 수 있도록 해야 한다. 적어도 차
관급 레벨에서 청와대와 국방부를 잊는 소통의 링크를 강화하고
정례화 하는 노력이 있어야 한다.

5.3. 공공외교를 통한 한일안보협력 기본체계에 대한 이해 심화 노력 배가

한일안보협력에 대한 반대와 비판의 상당 부분은 협력의 필요
성과 중요성에 대한 몰이해와 대중적 편견에서 기인하는 경우가
많다. 이를 교정하기 위해서는 한일 양국의 국민은 물론 자국 국민
들을 대상으로 한 적극적인 공공 외교(Proactive public diplomacy)가 추
진되어야 한다.

한일은 서로 인접해 살고 있으면서도, 아니면 오히려 인접한

국가인 관계로, 서로에 대한 이해가 일천하고 척박하다. 서로에 대한 오해와 편견, 인식의 불일치와 정확하지 않은 지식의 편향적 대중화가 종종 이루어진다.

이를 교정하기 위해서 우선 한국국민들을 대상으로 한 대중적 이해를 고양할 수 있는 지적 축적의 시간을 가질 필요가 있다. 오피니언 리더들과 사회지도층을 대상으로 한 '주변국 심층 이해 프로그램'의 개발이 필요하다. 국방부나 국방부 산하 연구원 등을 통한 최고위 과정 형식의 교육 훈련 프로그램의 강화나 대학 등 고등교육기관 등을 통한 심화 학습 토론 프로그램이 보다 활성화될 필요가 있다. 또한 국회의원 및 보좌관, 전문 위원들에 대한 '주간 안보 정례 브리핑'도 안정적 제도화가 필요하다. 사회적 여론의 형성에 영향을 끼치는 언론인, 교수, 시민사회 리더들을 대상으로 한 '일본 유엔사 후방기지 방문 프로그램'을 전향적으로 확대하는 방안도 적극 고려해볼 만하다. 현재는 미군과의 협력 하에 미군의 예산과 장비를 지원받는 형태로 실시되고 있지만, 한국 국방부가 예산 지원을 통해 유엔사 후방기지 프로그램을 늘려 가면 한일, 한미일 군사협력의 기본체계에 대한 중요성을 습득할 수 있는 좋은 토대가 될 것이다.

한일의 협력이 서로에게 도움을 줄 수 있고 미래를 함께 열어갈 수 있는 잠재력이 많은 국가군이라는 인식이 양국 국민들 사이에 정착하지 않고서는 한일안보협력이 순조롭게 추진될 수 없다.

가능하다면, 양국의 언론을 공동 후원자로 하는 토론회 개최나 상호 인터뷰의 게재 등도 실현 가능한 방법이다.

5.4. 미국과의 동맹을 활용한 신뢰구축 및 정보 공유의 강화

한일 양자 간의 신뢰구축보다 용이하고 유효적인 것은 양국의 동맹 파트너인 미국을 적극적으로 활용하는 방식이다. 한일 양자 간의 안보협력은 민감하거나 국민감정을 소모하는 요소들을 내포하고 있다. 이를 우회하여 한미일 안보협력의 틀 내에서 협력하는 것이 용이하다.

한일 해군 간에 시행되어 왔던 '수색 및 구조 훈련' 및 '한미일 수색구조훈련'을 정치상황과 무관하게 정례화 하는 것에 합의할 필요가 있다. 이는 인도적인 조치의 일환일 뿐 아니라 초보적인 안보협력의 방식이다.

일본에서 미일안보협력 가이드라인 설정 전에 이루어지던 '한미일 3자 안보전문가 협의회'를 통한 역할 조정 및 의견 수렴 방식도 부활하는 것이 바람직하다. 미일안보협력과 한미 간 안보협력을 한일 간 협력의 지침으로 활용하는 것은 바람직할 뿐 아니라 필요하다. 한일 상공의 비행통제 및 해상에서의 경계수역문제 등에 있어서도 미국을 매개로 한 조정과 협력 유도가 용이할 경우가 많다.

한일 양국 간에 체결되어 운용되고 있는 '군사정보보호협정'
을 토대로 하여 향후에는 '군수물자상호지원협정(ACSA)'으로 연계
시키는 것도 한반도 유사시 대응체계의 확립을 위해 중요하다. 이
는 한일 양자 간의 협정 방식을 통하지만 주일미군과 주한미군을
제도적으로 연계시켜 한국 안보를 위한 미군 활동을 원활하게 하
는 측면을 강하게 내포하고 있다.

5.5. 전문가, 민간인을 포함한 한일안보협력 및 전략 대화 개최

국방전문가들 사이에 갇혀 있는 협력의 논의는 더 이상 통용
되기 어렵다. 군사지식은 군인들과 국방 전문가들에 특화되어 있
다는 인식을 과감히 버리고 '국민들과 함께 하는 국방과 안보'라는
틀로의 전환을 시도하여야 한다. 다수의 대중들이 전문화된 지식
을 다량으로 소비하고 유포시키고 있는 현대의 정보 상황을 고려
할 때, 전문가와 관료 중심의 내부적 논의만으로 실현할 수 있는 협
력체는 만들어지기 어렵다. 일반 대중들 사이에 논의되고 있는 비
판적 논의들을 충분히 수렴하고 흡수한 상태에서 편향된 논리를
교정하고 전략적 공통분모를 확장해 나갈 수 있는 전략 대화가 이
루어져야 한다.

이를 위해서는 국방전문가는 물론 언론주도층과 민간인 대
표들도 망라한 '전략 대화'가 보다 활성화될 필요가 있다. 한일 양

국이 동북아 지역은 물론 아시아 태평양을 넘어 인도 태평양 그리고 미국 중심적 질서의 변환에 대한 전반적 종합 전략에 대한 논의를 공유하는 게 바람직하다. 특히 한반도에 국한되지 않는 평화의 담론과 안보협력을 넘어서서, 지역적 범위와 사이버, 우주, 해양 등 군사적 영역의 확대를 포함하는 전략의 개발과 공유가 필요하다.

한반도의 미래지향적 평화 체제 구축은 물론 한반도 위기상황에 대한 공동 대처에 대해서도 시나리오를 상정하고 자유 진행식 토론을 심화하는 'TTX 방식의 훈련과 세미나'도 복수 시행해 볼 필요가 있다. 한반도 유사 상황 발생 시 한일이 얼마나 협력해야 하는지, 어떤 부분이 협력이 안 되는지, 무엇이 협력의 장애물인지는 모의실험을 통해 잘 알 수 있다.

5.6. 자주국방 능력의 축적과 배양

한일안보협력이나 한미일협력이 필요한 이유는 한국의 자주국방 능력이 아직도 부족한 데서 기인한다. 인력, 장비. 예산, 훈련 등 다방면에서 한국군의 능력을 향상시키기 위한 배가의 노력이 필요하다. 한국은 미국과의 동맹을 유지하고 일본과의 협력은 물론 중국, 러시아 등과의 교류도 활성화해야 하지만, 궁극적으로는 '자국의 힘을 통한 평화와 안보', 즉 '자주국방'이라는 기본 개념을 재정립할 때 비로소 동맹 및 우호국에 대한 의존도를 줄일 수 있다. 한국군이 한국 방어의 주축이 되고 미일은 보조적 역할을 수행하는 '한국 방위의 한국화(Koreanization of Korean Defense)'는 한국이 지속적으로 추구해 나가야 할 장기적이고 궁극적인 목표이다.

한일관계 갈등을 넘어 화해로

제3부

한일 화해를 위한 제언

한일관계 갈등을 넘어 화해로

제6장

독일과 일본의 화해 정책 비교
배상법과 전후 보상소송을 중심으로

천자현(연세대학교 국제관계학과 교수)

1. 들어가며

　동아시아 국가들 사이에서 과거사 문제, 전후 문제, 식민지배의 기억 등은 여전히 민감한 문제로 남아있다. 가해국과 피해국, 가해자와 피해자 간 갈등이 완전히 해결되어야 과거의 문을 닫고 미래의 문을 열 수 있다. 그러나 현재 동아시아 지역은 전후피해자 보상에 대해 그때그때의 미봉책으로 점철되어 있기에 근본적이고 장기적인 해결이 이루어지지 못하고 있는 것이다. 이의 가장 큰 원인은 전쟁범죄 또는 식민지배에 의한 부당함을 처벌하는 특별법과 같은 입법이 가해국 내에서 이루어지지 못했기 때문이다. 이를 위해서는 사회 내부의 지배적인 합의와 지지가 수반되어야 하는데, 아직 일본사회에서 전쟁범죄의 처벌에 대한 법적 장치는 요원해 보인다.

독일처럼 연방배상법이나 특별재단이 존재하지 않는 상황에서 피해자들이 배상을 받기 위해 일본에 대해 할 수 있는 것은 전후 보상소송의 형태이다. 소송은 법에 대한 해석을 토대로 이루어지는데, 법의 해석이 개별 피해자의 이익 보호 관점뿐만 아니라 법이 추구하는 다양한 목적을 고려하여 이루어지기도 한다는 점에 주목할 필요가 있다. 법은 정의를 실현하는 도구이지만, 현실적 기능이라는 관점에서는 한편으로는 사회를 운영하는 도구로 해석되기도 한다. 이런 이유로 특별법의 제정 없이 개별적인 전후 보상소송으로는 법이 피해자 구제의 도구로 이용되기에는 한계에 봉착하게 되는 것이다.[1] 일본의 법정과 피해국가들의 법정에서 피해자들의 전후 보상소송이 진행되었음에도 불구하고 괄목할만한 성과는 나타나지 않았다.

이 글은 위와 같은 문제의식을 바탕으로 독일의 전후 보상 형태와 일본의 전후 보상 형태를 비교해보려고 한다. 독일은 보상의 법제화라는 큰 틀 속에서 연방배상법(BEG), '독일 - 폴란드 화해재단', '기억 · 책임 · 미래재단'을 설립하여 피해국과 개별 피해자들에게 배상을 진행해왔다. 한편, 일본은 배상과 관련한 특별법 제정이 없어, 개인 피해자들이 일본 사법부에 전후 보상소송을 제기하였고,

---

1   오누마 야스아키, 『일본은 사죄하고 싶다』, 서울: 전략과 문화, 2008, 173-175쪽.

이것이 별다른 성과를 내지 못하자 피해국 내에서 전후 보상소송을 제기하기 시작하였다. 따라서 두 국가의 전후 피해자 배상 정책을 비교하고, 각 정책에 따른 관계 개선과 화해의 현 상황을 되짚어 보며, 앞으로 동아시아 지역에서의 전후 문제 해결을 위한 제안으로 글을 마무리 할 것이다.

2. 보상의 법제화–독일의 사례[2]

2.1. 독일 연방배상법(BEG)

독일에서 전후 보상은 독일어로 "Wiedergutmachung" 라고 표현한다. 이는 사전적 의미로 '보상하는 일, 회복' 이라는 뜻의 보통 명사였지만, 독일 전후사의 경과에서 특별한 의미를 갖는 단어로서 사용되게 되었다. 보상을 의미하는 "Wiedergutmachung" 단어가 '나치즘 박해의 희생자에 대한 보상'이라는 의미를 함축하고 있기 때문이다.[3] 나치즘 박해 희생자에 대한 보상은 독일 전후 보상의 가장 큰 특징이다. 독일의 최초의 전후 보상은 연합군에 의해 이루어졌다.

2   이 챕터는 천자현의 학위논문의 일부를 수정 및 보완하였음. 천자현, 「화해의 국제정치: 국가 간 화해의 유형과 가해국 정책 결정 요인 연구」, 서울: 연세대학교 출판부, 2012.
3   히로와타리 세이고 외, 『기억과 망각』, 삼인, 2000, 182쪽.

1945년, 2차 대전의 종결과 더불어 나치 정권이 종식된 직후 연합군은 이미 나치즘으로 인해 초래된 피해의 인정 및 보상의 필요성에 대하여 합의하였다. 미국, 영국, 프랑스는 1946년과 1949년에 상환 및 보상에 관한 규정(Rückerstattungs-und Entschädigungsregelungen)을 제정하였고 1949년 독일연방공화국이 이 규정을 받아들이면서 법적으로 정착되었다.

가장 중요한 것은 독일 연방배상법(Bundesentschädigungsgesetz: BEG)으로, 아데나워 총리는 독일에 의한 범죄에 대해 도덕적·물질적 보상의 의무가 있다며 1953년에 연방배상법을 제정해 나치스 범죄의 희생자 개인에 대해 보상할 것을 밝혔다. 1953년에 제정된 연방차원의 보상법은 113개조로 구성되었으며, 보상대상자, 보상청구권, 담당기관 그리고 그 절차를 규정하고 있다. 이어 3년 후에 다시 제정된 1956년의 연방보상법은 그 대상범위를 법인과 예술가 및 학자, 그리고 희생된 피해자의 가족, 그리고 피해자를 도운 사람이나 잘못 오인되어 피해 받은 사람들에까지 확대했다.[4] 이로 인해 나치 희생자에 대한 적극적인 배상이 가능해졌는데 이 법에 따르면, 나치의 불법적인 행위로 인해 신체적 혹은 물질적 피해를 입은 사람은 모두 배상을

4 　연방보상법으로 구제되지 않는 외국에 거주하는 외국인에 대해서는 개별적으로 협정을 맺어 보상을 하였다. 1952년, 이스라엘정부와 협정을 맺고 34억 5,000만 마르크의 보상금을 지불하였고, 서방의 12개국과 개별적으로도 포괄협정을 맺어 28억 마르크에 달하는 보상을 하였다. 여기서의 서방 12개국은 룩셈부르크, 노르웨이, 덴마크, 그리스, 네덜란드, 프랑스, 벨기에, 오스트리아, 이탈리아, 스위스, 영국, 스웨덴이다.

요구할 수 있었다.[5]

　독일연방재무부 보고서에 따르면 1953년 연방배상법의 발표 이후 2003년까지 나치시대 희생자들에게 총 614억 유로(79조 8200억 원)에 이르는 배상금을 지불했다. 독일은 희생자가 생존해있는 한 배상한다는 원칙에 따라 앞으로도 최소한 100억 유로 이상의 배상을 추가로 할 예정으로 알려져 있다. 한편, 독일의 11개 주에서도 독자적으로 보상을 행하고 있는데 2030년까지 총 35억 마르크가 지불될 예정이다. 놀트라인 베스트팔렌주가 9억 200만 마르크를 보상하는 등 1990년까지 21억 8,500만 마르크가 지불되었다. 주로 SPD나 녹색당이 정권을 잡고 있는 지역에서 연방정부의 보상을 보충하는 형태로 기금을 모으는 형태로 이루어지고 있다. 또한 나치 피해의 경우에 특히 문제가 되었던 것은 재산몰수에 대한 회복이었는데, 이에 대해 1957년 발효된 연방상환법(Bundesrückerstattungsgesetz)은 모든 종류의 재산에 대한 복구 및 보상을 내용으로 하고 있다. 지금까지 연방상환법은 나치 정권에 의해 몰수된 물건의 반환과 배상을 위해 39억 3천 3백 마르크를 제공하였다.[6]

　독일은 1945년 8월 2일 체결된 포츠담협정을 통해 소련이 소련 점령 지역, 즉 동독으로부터 배상금을 수령할 것이며 폴란드에 대

5　김숭배, 「1945년 이후 동아시아의 전후 보상문제: 한일관계를 중심으로」, 석사 학위논문, 서울: 연세대 대학원, 2007.
6　국무총리실 한일수교회담문서공개 대책기획단, 2006.

한 배상은 소련의 수령분에서 지불할 것으로 약정했다. 폴란드 정부는 8월 16일에 이를 승인했다. 이후 1953년 8월 소련과 동독 간 배상면제 결정이 체결되자, 소련은 동독을 최종적으로 배상 의무로부터 해방시켰는데, 이는 전 독일이 배상 의무로부터 해방되었음을 의미한다. 한편, 폴란드도 뒤이어 독일에 대한 배상 청구를 포기한다는 성명을 발표하였고, 이후 바르샤바 조약 교섭 과정에서 다시 1953년의 '포기' 성명은 동독만이 아니라 서독에도 적용된다는 것을 확인했다.[7]

폴란드의 배상 청구 포기가 있었지만 서독은 과거 불법을 보상한다는 태도를 나타내기 위해 의학적 실험에 의한 피해라는 명목으로 나치 불법에 희생된 피해자들에게 보상을 시작하였다. '생체실험 보상에 대한 독·폴 협정'[8]이 그것으로 1951년부터 1972년까지 1,319명의 폴란드인에게 총 1억 300만 마르크를 보상하였다. 구체적으로 독일연방공화국은 1951년 7월 26일 결의안에 의거하여, 히틀러 강제수용소에서 강제불임·단종·인체실험 등 생체실험을 당한 희생자들에게 보상금을 지불하였다. 보상금 지불은 당시 폴란드와 외교관계가 수립되기 이전이었기 때문에 국제적십자위원회를 통해 양국의 적십자 기관들에 의해 이루어졌다.[9] 또한 1975년에는 경제차관이라는 명목으로 폴란드에 10억 마르크를 제공하였고, 폴란드

---

7   히로와타리 세이고 외, 『기억과 망각』, 삼인, 2000, 185쪽.
8   AMSZ. D. IV 48/77. w. 11.
9   정인섭, 「일본의 과거사 책임 이행상의 문제점」, 『국제법학회논총』, 제40권 1호, 1995, 363쪽; 국무총리실 2006, 35쪽.

출신 강제노동자들의 연금 청구를 상쇄하는 대가로 13억 마르크를 제공하기로 합의하였다. 1975년 10월 9일 '폴란드민주공화국과 독일 연방공화국 간 퇴직연금보상에 관한 협정'은 폴란드의 과부와 철도 종업원들의 연금 시스템을 포함한 직원들의 연금 보상과 사고 보상 금으로 13억 마르크를 지급할 것을 합의한 것이었다.[10]

2.2. 화해재단의 설립

'독일 - 폴란드 화해재단'은 독일 통일 후인 1992년 4월 28일 독일이 양국 선린우호조약을 보충하는 형태로 5억 마르크의 기금을 출자하면서 설립되었다. 지불된 기금은 초당파 기관에서 교회나 각 계층의 대표자 등으로 구성되는 재단에 전달되어 재단이 희생자에 대해 공정한 배분임무를 맡게 되었다. 이것은 종전의 보상신청과 수취에 대한 제도적 결함을 개선하기 위해 고안된 것이었다.[11] 재단은 재단법을 참고로 한 폴란드의 법규범을 근거로 업무를 처리하도록 되어있는데, 재단의 법률 감독이자 창설자를 폴란드 정부를 대변하는 장관으로 지정하였다는 점이 눈에 띤다. 또한 재단

---

10 국무총리실 2006, 53-59쪽; 송충기, 「독일의 뒤늦은 과거청산: 나치 하 외국인 강제노역자에 대한 보상을 중심으로」, 『역사비평』 2005년.11, 279쪽.
11 다만, 강제노동자를 실제로 사용한 독일 기업의 출자가 실현되지 않았다는 점과 100만 명으로 알려져 있는 다수의 희생자에 비해 보상액이 적다는 등이 문제점으로 지적되었다.

의 기본 목적은 대체로 나치 희생자들을 위한 금전적 보조와 기타 보조를 하는 것인데, 14년간의 활동과 함께 그 목적이 다음과 같이 보충되었다. 재단은 독일과 폴란드의 화해와 이해를 증진시킬 의무가 있으며, 나아가 2차 세계대전의 역사적 진실을 밝히고 알리기 위한 교육·정보·연구활동을 해야 한다고 명기하였다. 또한 나치에 희생된 폴란드 국민들의 피해에 대한 자료들을 수집하여 그것을 공개해야 한다고 밝히고 있으며, 재단은 직접적인 금전 보조만 할 것이 아니라 나치 피해에 대한 인도적·사회적·의학적·법률적 보조를 해야 한다고 보충하였다. 바로 이 사안들이 물질적 보상을 넘어 앞으로 재단활동의 중심이 되는 것들이다. 최근 독일-폴란드 화해재단은 교육활동과 청소년 교류프로그램에 더 강화된 활동을 보이고 있다.[12]

2.3. 기억·책임·미래 재단

독일정부는 나치의 박해에 의한 피해자들에게 전술한 바와 같이 연방배상법과 독일-폴란드 화해재단 등을 통해 상당한 액수를 보상하였다. 그러나 외국인 강제노동자[13]들에 대한 보상은 여전히 미미

---

12 국무총리실 2006, 65-73쪽; 히로와타리 세이고, 『기억과 망각』, 삼인, 2000, 194쪽; 김승배, 「1945년 이후 동아시아의 전후 보상 문제: 한일관계를 중심으로」, 석사학위논문, 서울: 연세대 대학원, 2007; 정인섭, 「일본의 과거사 책임 이행상의 문제점」, 『국제법학회논총』, 제40권 1호, 1995, 363쪽; 『한겨레신문』, 1991.10.17.; 독일-폴란드 화해재단 홈페이지 www.fpnp.pl/indexd.htm.
13 1939년부터 1945년까지 동원된 민간 외국인 노동자로, 일반적으로 '외국

한 상황이었고 이에 대해서 독일 내부에서도 적지 않은 반발이 있었다. 폴란드인 강제노동자에 대한 배상이 전혀 이루어지지 않은 것은 아니지만, 이들에 대한 보상은 독일이 실시해 온 '나치의 불법에 대한' 보상의 틀 안에서만 가능하다는 설명을 고집했기 때문이다. 독일정부, 법원 그리고 이들을 강제 고용했던 기업들은 강제노동에 종사한 외국인 노동자들이 요구하는 체불임금과 강제징용에 대한 공식적인 보상을 위의 이유로 계속 거부해왔다. 이러한 독일정부의 태도를 비판하며 야당인 녹색당은 1989년 6월에 '나치의 강제노동에 대한 보상을 위한 연방 재단'을 설치하는 법률안을 제출하였고, 폴란드와의 사이에 '나치 지배 하에서의 폴란드인 강제노동자에게 개인적 보상을 실시하기 위한 포괄 협정'을 체결해야 한다고 제안했다. 또한 같은 해 9월에는 사회민주당도 같은 취지의 법안을 제출하였다.[14]

결국 강제노동자 보상 문제는 몇 년 동안 법적 공방과 정치적 줄다리기를 거쳐, 2000년 독일정부와 기업[15]이 공동으로 100억 마

인 노동자'(Fremdarbeiter)라고 칭한다. 이 강제노동에 종사한 전체 외국인의 수는 1944년 당시 대략 800만 명이었던 것으로 추산되는데, 이 중 대부분이 폴란드인이었다.

14 폴란드와의 협정 체결에 대한 제안은 서방 제국과의 2국 간 협정과 동일한 의의가 부여되었다. 이는 '나치의 불법에 대한 보상'으로써 강제노동자에 대한 보상을 실시해야 하며, 원래 런던 채무 협정의 서명국이 아니었던 폴란드에 협정의 효력을 주장하는 그동안의 정부 해석은 잘못된 것이라는 점을 지적한 것이다. 히로와타리 세이고, 『기억과 망각』, 삼인, 2000, 194쪽; 송충기, 「사법적 청산에서 역사적 성찰로」, 안병직 외, 『세계의 과거사 청산: 역사와 기억』, 푸른역사, 2005, 72-73쪽.
15 1999년 2월 독일 굴지의 보험회사, 은행 및 대기업들(도이치방크, 드레스

르크의 방대한 기금을 출연하여 '기억, 책임 그리고 미래'(Erinnerung, Verantwortung und Zukunft) 재단을 설치하여 해결하였다. 이에 앞서 독일정부 및 기업과 피해자 변호인들 간의 장기간 협상 끝에 지난 1999년 12월에 '강제노동에 동원되었던 피해자들에 대한 보상금 협정'이 체결되었다. 그리고 2000년 7월 관련 7개국이 국제보상협정에 서명함에 따라 재단 설립의 법적 토대가 마련되었다.[16]

'기억, 책임 그리고 미래' 재단의 주요 과제는 첫째, 범세계적 보상프로그램의 범위에서 독일 민족사회주의(나치즘)에 의해 불법적인 대우를 받은 희생자들에 대한 재정적인 보상이다. 둘째는 자신의 조국에서 추방되고, 열악한 환경 하에서 강제노동에 의해 착취 받은 노동자들에 대한 보상이 중심이며, 나치에 의한 희생자들 역시 포함된다. 세 번째로는 개인적 피해보상, 예를 들면 의학적 실험 대상이었거나 또는 강제노동자 자녀들을 어린이수용소(Heim)로 보낸 사람들에 대한 보상도 포함하며, 재산상의 피해 역시 보상에 포함된다. 끝으로 재단의 재정을 모두 지불한 다음까지 계속적으

드너방크, 알리안츠, 다이믈러크라이스-벤츠, 지멘스, 바이어, BMW, 폴크스바겐, 티센-크룹, 베르텔스만, BASF 등)은 강제노역자들에 대한 보상에 참여하기로 결정하고 재단 건립을 위한 발기회의를 개최하였다. 목표액이 모두 출연된 2001년 6월 기준, 참여기업의 수는 6000여개에 달한다. 송충기, 「독일의 뒤늦은 과거청산: 나치 하 외국인 강제노역자에 대한 보상을 중심으로」, 『역사비평』, 2005. 11, 286쪽.

16 송충기, 「사법적 청산에서 역사적 성찰로」, 안병직 외, 『세계의 과거사 청산: 역사와 기억』, 푸른역사, 2005, 73쪽; 박재영·김영란, 「독일의 과거극복 어디까지 왔나?」, 『동학연구』, 제26집, 2009, 121-122쪽.

로 유지되는 특별한 기관으로 '기억과 미래 기금'을 설치하여 지속할 것을 그 주요 과제로 삼고 있다.

"재단법"에 의해 강제노동과 그 밖의 개인상의 피해와 관련한 보상 신청업무는 동 재단의 7개의 협력단체들을 통하여 하도록 하고 있으며, 보상금의 자금 역시 협력단체들을 통하여 수혜자에게 전달되었다.[17] 현재까지 재단의 공동발기인인 독일정부와 기업들은 국제적 협력단체들의 조력에 힘입어 100여 개국, 약 166만 명의 강제노동 희생자들에게 44억 유로로 달하는 피해보상을 하였으며,[18] 동시에 2008년까지 지속적으로 협력단체들과 연계하여 휴머니즘에 입각한 프로그램들을 추진해나갔다. 이것으로 지금까지 독일의 나치 피해자에 대한 배상 총액은 약 651억 1천만 유로(약 100조 원)에 달하는 것으로 집계되고 있다.[19]

'기억, 책임 그리고 미래' 재단은 단지 물질적인 보상을 위한 것

17 '기억, 책임 그리고 미래' 재단의 협력단체가 지정한 7개의 협력단체들과 보상금 분배에 참여한 국제적인 기관들로는 독일·폴란드 화해재단, 이해와 화해를 위한 백러시아재단, 이해와 화해를 위한 러시아재단, 이해와 화해를 위한 우크라이나 국립재단, 독일-체코 미래기금, IOM, JCC, ICHEIC, 에스토니아 적십자, 라크비아 국가사회보험사, 라투아니아 민족의 학살과 저항을 위한 연구센터 등이 있다.

18 2007년 6월 11일 베를린에서 있었던 21번째 재단 사무국 회의에서 나치시대의 강제노동자들과 나치에 의한 희생자에 대한 공식적인 보상의 종결이 결정되었다. 그리고 다음날, 독일연방공화국 총리 메르켈(Angela Merkel)의 배석 하에 연방대통령 쾰러(Horst Kohler)는 위와 같은 강제노동자에 대한 "기억 책임 미래 재단"의 구체적 피해보상 내역을 공포하였다.

19 진실화해위원회 2009, 143쪽; 박재영·김영란, 「독일의 과거극복 어디까지 왔나?」, 『동학연구』, 제26집, 2009, 138쪽.

이 아닌, 국가·사회·기업의 정치적·도덕적 책임을 상기시킨다는 취지에서 전술한 바 있는 '기억과 미래(Erinnerung und Zukunft)'라는 기금을 따로 마련하여 네 가지 주요 사업을 시행하고 있다.[20] 이 기금의 사업 내용은 주로 강제노동자 및 나치 피해자들에게 의료지원을 제공하고, 일반인들이 이들을 만나서 증언을 듣게 하는 행사를 마련하기도 하고, 피해국과 가해국 사이의 상호 이해를 높이기 위한 역사교육 프로그램을 만들어 희생자와 유가족 및 제2세대의 교육을 증진시키는 것 등이다. 특히 '역사와 인권' 관련 지원 사업은 청소년들의 국제적인 정치교육·역사교육을 지원함으로써 전체주의적 폭력에 대한 토론 및 인간의 권리에 대한 교육을 지원하고 있다. 이 사업은 2005년에 처음으로 폴란드에 있는 헤르티재단과 함께 진행하기도 하였다. 또한 '국제 휴머니즘 공동협력' 사업은 동유럽과 이스라엘의 노인들을 돌보는 단체를 중점적으로 지원하고 있으며, '레오-백 프로그램(Leo Baeck Programm)'과 장학 프로그램을 통해 강제노동자의 후손들을 위한 프로젝트를 실시하고 있다. 이 기금은 현재까지 770만 유로의 기금을 투자하여 300개의 국제 프로젝트를 지원하였다.[21]

20 재단의 기금 가운데 6억에서 7억 마르크 정도의 재원으로 설립된 이 기금은 오로지 출연금의 이자소득으로만 운영된다.
21 박재영·김영란, 「독일의 과거극복 어디까지 왔나?」, 『동학연구』, 제26집, 2009, 135-137쪽; 송충기, 「독일의 뒤늦은 과거청산: 나치 하 외국인 강제노역자에 대한 보상을 중심으로」, 『역사비평』 2005. 11, 288쪽; Fonds Erinnerung und Zunkunft der Stiftung Erinnerung, Verantwortung und

3. 중국인 피해자들의 대(對)일본전후 보상소송[22]

전쟁의 책임, 특히 개인 피해자들에 대한 책임과 보상이 선행
되지 않고서는 다음 단계로 나아갈 수 없다. 그러나 일본은 국가와
국가 간 국교 정상화 과정에서 배상 문제가 해결되었다고 인식하
고 있어 개인 피해자에 대한 법의 제정과 같은 법적 조치는 이루어
지지 못하고 있는 상태이다. 일본의 이러한 현실에 부딪힌 개인 피
해자들은 일본에 대해 전후 보상소송을 제기하는 것으로 국가 혹
은 기업 차원의 배상을 촉구하고 있다. 전후 보상소송, 여기서는 대
일전후 보상소송이란, 제2차 세계대전을 전후하여 일본정부, 군대,
민간 기업과의 관계에서 다양한 형태의 피해를 입고 차별을 당한
사람들 또는 정당한 권리 행사가 불가능했던 사람들이 제기하는
청구를 총칭하는 용어이다.[23] 또한 전후 보상소송은 일본정부나 군
대 또는 기업으로부터 정신적, 신체적 또는 물질적으로 입은 피해
에 대해 국내법, 국제법에 기반을 둔 보상을 추구하는 모든 소송과
재판을 의미한다고 정의할 수 있다.[24]

Zukunft ed., 2006.
22 이 챕터는 천자현, 「이행기정의와 중일 간 전후 보상 문제: 중국인 강제노
    동 피해자들의 소송을 중심으로」, 『담론201』, 제21권 3호, 2018, 63-85쪽의
    일부분을 수정 및 보완하였음.
23 박배근, 「대일전후 보상소송과 국제인도법」, 『동북아역사논총』, 제25권,
    2009, 152쪽.
24 矢野久, 「賠償と補償」, 『20世紀の中の亞細亞太平洋戰爭』, 岩波書店, 2006.

1937년부터 1945년까지 8년간의 중일전쟁 기간 동안 중국이 입은 물적 피해는 최소 500억 달러로 추정된다.[25] 한편, 생명을 수치로 환산하여 1인당 1만 달러로 한다면, 인적 손해에 대해서 35조 엔, 여기에 물적 손해 17조 엔을 더하면 합계 52조 엔이다. 만약, 이를 20년 상환으로 지불한다면 매년 2조 6,000억 엔으로 당시 일본국의 국가 예산 9조 4,000억 엔의 약 3분의 1에 해당하는 금액을 20년간 지불해야 한다는 계산이 나온다.[26] 또한 강제노동자의 현황과 관련해서는 현재 중국 내에 생존해있는 강제징용 피해자는 약 3만 9천명에 달하며, 일본의 35개 기업이 관여했다고 알려져 있다.

이들 강제노동 피해자들은 그동안 일본 법원에 대해 전후 보상소송을 제기해왔다. 그러나 일본 재판부의 판결이 부당하다는 인식이 확산되고, 이에 따르는 불만이 제기되자 강제노동 피해자들의 전후 보상소송 양상이 변화하고 있다. 최근 들어 이들은 중국 재판부에 전후 보상소송을 제기하면서 자신들의 권리를 주장하고 있다. 그리고 이러한 움직임은 중국정부와 재판부의 암묵적인 지지를 받으며 더욱 확대되고 있으며, 그 영향력 역시 강화되어 가고 있다. 따라서 3장에서는 기존 전후 보상소송이 일본 법원에 제기

---

25 朱建栄, 「中国はなぜ賠償を放棄したか」, 『外交フォーラム』, 제10号, 都市出版, 1992.

26 최은봉·오승희, 「중국의 대 일본 배상청구 포기의 양면성: '타이완 문제'의 타결과 중일 경제협력의 확장」, 『담론201』, 제13권 2호, 2010, 153쪽; 朱建栄, 「中国はなぜ賠償を放棄したか」, 『外交フォーラム』, 제10号, 都市出版, 1992, 28쪽.

되어 왔던 것에 비해, 2014년을 시작으로 중국 재판부에서 전후 보상소송을 받아들이기 시작하면서 감지되고 있는 움직임을 분석할 것이다.

3.1. 일본 법원에서의 전후 보상소송

1990년대 들어 전쟁 피해자들의 전후 보상소송이 급증하였다. '중국전쟁 피해자 소송 지지회' 등과 같이 일본 내에서도 전쟁 피해자의 소송을 지원하는 시민 단체가 설립되었으며, 변호사들로 구성된 변호단이 만들어지기도 하였다. 또한 중국과 일본의 학자들과 법률가, 시민들은 역사의 진상을 밝히기 위하여 광범위한 조사와 연구를 행함으로써 전쟁 피해자들이 소송을 하는 데 필요한 자료를 제공하였다. 한 예로, 2001년 헤이그에서 열린 민간 법정은 전쟁 중 일본군 성노예 제도에 대해 일본의 국가 책임을 인정하는 판결을 내렸다. 그러나 대다수의 민간 배상 소송의 원고들은 지금도 여전히 만족스러운 판결 결과를 얻지 못하였으며, 겨우 몇몇 소송에서만 '화해'를 권고 받았다. 무엇보다 지방 법원에서는 승소하더라고 일본 대법원에서 전쟁 피해자의 보상 요구를 여전히 인정하지 않고 있다.[27]

---

27 천자현, 「전후 보상의 측면에서 본 중일 화해」, 『한국동북아논총』, 제19권 1호, 2014, 11쪽.

2001년 류롄런의 소송이 대표적인 사례인데, 류롄런은 1944년 9월, 산둥 지방에서 홋카이도의 한 광산으로 끌려간 강제노동자였다. 비인간적인 노동 조건을 견디지 못한 류롄런은 결국 1945년 7월 다른 네 명의 동료와 함께 광산을 탈출하였고, 1946년 6월에는 깊은 산 속에 혼자 남겨지게 되었다. 일본이 패전했다는 사실을 몰랐던 그는 1958년 발견될 때까지, 13년 동안 산 속에 홀로 숨어 지냈다.

　　1990년대에 들어 류롄런은 시민단체들의 도움을 받아 일본을 방문하여 일본의 만행을 고발하였고, 1996년에 일본정부를 정식으로 법원에 고소하였다. 5년 후, 도쿄 지법은 류롄런의 피해를 인정하고 보상 요청을 승인하였다. 일본정부가 류롄런에게 2,000만 엔을 배상할 책임이 있다는 판결을 내린 것이다.[28] 이것은 일본 사법부가 보상의 책임을 전적으로 인정한 최초의 소송으로 기록되고 있다. 그러나 문제는 일본정부가 도쿄 고등법원에 항소하였고, 이러한 이유로 아직 소송의 절차가 완전히 끝나지 않았다는 점에 있다. 성노예 문제와 유사하게 피해자들이 고령이기 때문에 책임의 인정과 보상의 지급은 시간을 다투는 긴급한 문제이다. 이를 고려했을 때, 일본 정부와 사법부의 일관성 없는 태도는 중국인 피해자들의 새로운 원망만 낳을 뿐이다. 지방 법원에서 승소하여도 고등 법원에서 패소하는 사례는 니시마츠 건설에 대한 소송, 난징 대학살에 대한 소송

28　한중일3국공동역사편찬위원회, 『미래를 여는 역사』, 한겨레신문사, 2006.

그리고 731 세균전 프로그램에 대한 소송에서도 반복되어 왔다. 대법원은 5명의 중국인 강제노동 피해자가 제기한 니시마츠 건설에 대한 보상 소송을 기각하였다. 이들은 수력발전소 건설 현장에 강제 징집되었고, 니시마츠 건설에 2,700만 엔의 보상금을 청구하였다. 2007년 4월 27일 일본 최고법원은 "열악한 조건에서 과중한 신체노동에 종사했다", "이번 사안 피해자들이 정신적·육체적으로 엄청난 고통을 겪었다는 것을 인정할 수 있다"며 일본 기업의 가해 사실을 확인했다.[29] 하지만 정작 보상과 관련해서는 중일국교 정상화 당시 모두 해결되었으며, 개인은 소송을 제기할 권리가 없다는 판결을 내렸다. 이러한 대법원의 판결로 인해 전후 보상과 관련된 20개가 넘는 소송이 모두 패소로 결론지어졌다.[30]

대법원에서의 결과에 대해 중국 외무부 대변인 류진차오는 "대법원이 근거로 제시하고 있는 '중·일 공동성명'은 양국 국민의 공존을 위한 정치적 결정이었다. 중국정부는 일본의 일방적인 해석과 이를 바탕으로 한 판결에 대해 강력하게 우려의 목소리를 보내는 바이다. '중·일 공동성명'에 대한 일본 대법원의 해석은 무효하며 불법적인 것"이라는 성명을 내고 일본정부의 행동을 강력히 비판하였다.[31]

한편, 일본 사법부는 중일전쟁 중 있었던 가장 잔인한 사건인 난

29　『人民罔』, 2014.2.28.
30　『朝日新聞』, 2007.4.27.
31　J. Chun, "The Role of Compensation in Sino-Japan Relations" in *Handbook of Memory and Reconciliation,* New York: Routledge, 2015.

징 대학살에 대해서도 보상을 거절하였다. 도쿄 고등법원은 정부 대 정부의 보상이 종료되었으며, 개인에 대해 보상할 책임은 없다고 판 결하였다. 마사히토 몽구치 판사는 "국제법에 의해, 개인 전쟁 피해 자는 직접 보상을 청구할 자격과 권리가 없다. 또한 국내법에 의해서 도 국가는 책임 질 이유가 없다"고 판결문을 읽었다.[32] 세균전으로 악명 높은 731부대에 대한 소송 결과도 이와 유사하다. 180명의 중국 인 피해자들은 당시 입은 피해에 대해 사과와 함께 1인당 900만 엔의 보상금을 일본정부에 요청하는 소송을 제기하였으나, 고등법원은 이를 기각하였다.

2002년, 일본 지방법원은 당시 일본이 생화학 무기를 사용했 음을 인정하였다. 그러나 법원은 외국인이 개인의 자격으로 일본 정부에 보상을 요청할 수 없다는 국제법에 근거하여 보상금 지급 에 대해서는 거절하였다. 또한 일본은 전쟁과 관련한 모든 배상과 보상은 이미 끝마쳤다는 종전의 입장을 되풀이하였다.

현재까지 나타나는 일본 재판부의 논리는 '국가 무답책', '시효 및 제척기간', 그리고 '청구권 포기'의 논리이다. '국가 무답책'은 국 가 배상이 현행 일본국 헌법에 의해 나중에 형성된 제도이기 때문 에 과거 제국헌법하에서 발생한 국가의 불법 행위에 대해 배상책 임을 지지 않는다는 논리이다. '시효 및 제척기간'은 불법 행위의 경

32   *AFP*, 2014.3.20.

우 시효는 3년, 원용이 필요 없는 제척 기간이 20년, 채무불이행이라고 해도 시효 10년이 정해져있다는 판결이론으로, 전후 46년이 지난 문제에 대해 보상의 의무가 없다는 논리이다. 끝으로 '청구권 포기' 주장은 1972년 '중ㆍ일 공동성명'의 제5조에 기반하고 있다. '중ㆍ일 공동성명' 제5조는 "중화인민공화국정부는 중일 양국 국민의 우호를 위해, 일본에 대한 전쟁배상의 청구를 포기하는 것을 선언한다"라는 내용이다. 당시에는 대만 문제, 경제협력 문제 등의 이유로 '정치적으로' 해결된 것으로 보였던 전후처리 문제가 1990년부터 시작되어 2000년 이후 본격적으로 개인들의 불만이 표면화되며 드러나고 있는 것이다. 그러나 일본정부는 여전히 1972년의 정치적 타협의 산물을 판결 근거로 제시하고 있어서 고령의 피해자들만 시간과의 싸움을 하고 있는 것이다.

한 가지 더 상황을 악화시키는 것은 기소당한 일본 기업의 논리와 재판부에 대한 영향력 행사이다. 미쓰비시측 법률팀은 재판 당시, 중국 공격이 적대적인 침략 행위라기보다는 자위행위였다는 견해를 제시하였다. 또한 미쓰비시측은 "평가는 미래 세대에 맡겨야 한다. 논쟁은 계속되고 있다. 그러나 이 법정은 그 전쟁이 침략 전쟁이었는지 여부를 심판하는 자리가 아니다....법정이 이 같은 이른바 전후 보상 문제의 본질을 간과하면, 판결의 효과는 우리 국민의 미래 세대에게 '잘못된 마음의 짐'을 지게 해 50년 또는 100년 이상 갈 것이다"라고 주장하며, 재판부가 전쟁 기간의 사건을 언급하지 말 것을 촉구하였다.

3.2. 중국 법원에서의 전후 보상소송

일본 내에서 진행되어 온 일련의 전후 보상소송들이 원하는 성과를 얻지 못하며 교착상태에 이르렀을 무렵, 중국의 학자들이 창의서를 체결함으로써 국내적으로 새로운 돌파구를 찾게 되었다.[33] 이들은 당시의 피해자들이 이미 고령이며 시간의 지연에 따라 생존자가 점차 줄어들고 있다는 점을 지적하며, 중국 법원이 법에 따른 피해자들의 권익을 보호해야 하고 따라서 사법적 보호책임을 조속히 이행해야 한다고 주장하였다.[34] 이를 기점으로 중국인 피해자들은 중국내에서 일본정부를 상대로 소송을 시작하게 된 것이다. 2014년 2월, 베이징 법원은 2차 세계대전 당시 강제 징집되었던 중국인 노동자들의 보상 소송을 이례적으로 접수하였다. 과거 징용 노동자들이 제기한 비슷한 소송을 각하해오던 중국 법원이 입장을 변경한 것이다.

40명의 강제노동 피해자들이 미쓰비시(三菱)금속과 일본 코크스공업(전 미쓰이광산)을 대상으로 사과와 함께 보상을 요청하는 소

---

33 중국정법대학, 베이징대학, 칭화대학, 중앙재경대학, 베이징사범대학, 항공항천대학 및 중국사회과학원 학자 32명이 뜻을 모아 제출하였다.
34 『人民罔』, 2014.2.28.

송을 제기하였다. 변호사와 정부의 지원을 받고 있는 북경 대학교의 학자들의 지지에 힘입어 이들은 베이징 제1중급인민 법원에 소를 제기할 수 있었다.[35] 이 소송은 소의 성립 이전에 이미 중국과 일본은 물론 국제 사회의 관심을 받고 있었고, 결국 베이징 법원은 처음으로 이들의 청원을 수락하여 재판에 회부할 것에 동의하였다. 원고 측 변호인은 소장에 기재된 원고는 40명이지만, 소송에 참여할 뜻을 밝힌 피해자 및 유족은 1,000명에 육박한다고 밝혔으며, 최종적으로는 3,000명 정도까지 늘어날 수도 있다고 말했다.[36]

더욱 주목할 만한 것은, 강제징용 피해자와 유족 대표들이 일본 기업을 상대로 베이징 법원에 첫 소송을 제기한 이후, 지역별로 관련 소송이 잇따르고 있다는 점이다. 2014년 3월 26일에는 중국 노동자와 유족 등 19명이 일본정부와 미쓰비시, 일본코크스공업을 상대로 배상과 사죄를 요구하는 소송을 허베이(河北)성 탕산(唐山)시 중급인민법원에 제기하였다. 또 한 가지 특기할만한 것은, 한국과 공조하여 소송을 제기하는 경우도 있다는 점이다. 2014년 4월에는 한국과 중국의 피해자가 연합, 151명의 원고단을 구성하여 허베이 고급인민법원에 미쓰비시사를 상대로 한화 약 394억 원의 손해배상 청구소송을 제기하였다.[37]

35　*The Japan Times*, 2014.2.26.; *AFP*, 2014.3.20.
36　『朝日新聞』, 2014.3.23.
37　『세계일보』, 2014.4.2.

이러한 중국내에서의 노력이 작지만 하나의 성과로 나타나기 시작했다. 2014년 미쓰비시를 대상으로 한 소송 결과 미쓰비시 머터리얼(당시 미쓰비시 광업)이 공식 사과하고 사죄금을 지급하기로 베이징에서 2016년에 합의한 것이다. 미쓰비시측은 중국인 노동자의 인권이 침해된 역사적 사실을 성실하게 인정하고 피해자와 유족에 대한 "통절한 반성"과 "심심한 사죄"를 표명하며 피해자 1인당 10만 위안(약 1,800만 원)을 기금의 형식으로 지급하기로 결정하였다.[38] 특히, 눈에 띄는 점은 보상금 외에 기념비 건립비 1억 엔(약 10억 8,000만 원), 실종 피해자 조사비 2억 엔(약 21억 6,000만 원)을 지급하기로 한 점이다.[39] 이는 과거에 자행된 불의를 도의적으로나마 반성한다는 의미를 포함하고 있기 때문이다. 결과적으로 사죄금의 총 규모는 약 70억 엔으로 예상되는데, 이는 제2차 세계대전 이후 일본 기업이 실시한 보상 규모로는 최대 금액이 될 것으로 보인다.

니시마츠 건설 역시 유사한 사례로 보인다. 처음 피해자들이 민사소송을 제기했을 때 강제동원 사실을 전면 부인하거나, 국가에 그 책임을 회피하였고, 이 논리에 따라 일본 최고재판소의 소송에서 승소하였다. 그러나 이후 최고재판소의 '화해 권고'를 뒤늦게나마 받아들였고, 당초 5명의 원고뿐만이 아닌 히로시마 야스노 발전소 피해자 360명 전원에 대해서도 배상을 결정했다. 이러한 과정

38 『每日新聞』, 2016.6.1.
39 『朝日新聞』, 2016.6.1.

에는 중국정부와 언론이 강력한 역할을 했다고 분석되는데, 우선 중국 외교부는 일본 측에 타당하게 사건을 해결해야 한다고 공개적으로 지적하였다. 또한 관영 CCTV는 이 소송 건을 일본 법원에서 심리할 때부터 보도하며 많은 관심을 기울였다. 이러한 관심과 여론 형성은 일본 기업의 이미지에 상당한 부담이 되었음은 물론이며, 향후 중국에서의 기업 활동에도 장기적으로 영향을 줄 수 있는 요인으로 분석되었을 것이다. 즉, 여론과 사회 분위기가 해당 기업이 '실리적'인 판단을 하도록 만들었다고 볼 수 있다.

한편, 중국에서의 일련의 소송들은 일부 단체가 주도하고 있는데, 이의 구성에 주목할 필요가 있다. 강제노동 피해자와 그들의 변호사는 물론이며 사회과학원과 북경대학의 학자들이 참여하고 있기 때문이다. 이들은 보상금뿐만 아니라 진정한 사과와 함께 강제노동자 기림비 설립을 촉구하고 있다.[40] 또한 베이징에서 조성된 소송 기금이 국가가 운영하는 국영 개발은행의 지원을 받았다는 사실 역시 주목할 만한데, 이 기금은 인민대표회의 측 소송 대리인이나 중국정부 소속 검사로부터도 후원받고 있는 것으로 알려져 있다.[41]

과거 중국정부는 1972년 국교 정상화 당시 국가 배상 청구를 포기하였고, '중일공동성명' 제5조를 통해 이를 선언하였다.[42] 이러

40　『共同通信社』, 2014.2.26.
41　*The Japan Times*, 2014.2.27.
42　최은봉 · 오승희, 「중국의 대 일본 배상청구 포기의 양면성-'타이완 문제'의 타결과 중일 경제협력의 확장」, 『담론201』, 제13권 2호, 2010, 153쪽.

한 이유로 2014년 이전까지는 중국 내에서의 개별 전후 보상소송은 사실상 금지되어 있었다. 그러나 2014년부터 중국 사법부는 개별 강제징용 피해자들의 소송을 허가하기 시작하였고 특히 정부의 지원을 받는 학자들이 일부 포함되어 있다는 것이 일본을 우려하게 만들고 있는 것이다. 중국이 여전히 공산당 중심의 정책 결정이 이루어지고 있다는 점을 고려했을 때, 베이징 법원의 이례적인 행보는 결국 중국정부의 영향을 받은 것이 아니냐는 추측이 가능해진다. 이와 유사하게, 외교적 갈등의 회피를 위해 직접적인 개입은 자제하고 있지만, 소송을 허용하는 등 간접적인 형태로 중국인 강제노동 피해자들과 뜻을 같이 하고 있다고 볼 수 있는 것이다. 이것은 지금까지 일본정부에서 기각된 전후 보상소송들에 대한 불만의 표출로 이해할 수도 있을 것이다.

중국 사법부가 일본 기업을 상대로 한 자국민의 소송을 받아들이기로 결정한 것에 대해 일본정부는 무척 당황하며, 염려의 입장을 나타내고 있다. 일본 외무성은 "개인청구권을 포함한 배상, 소유권, 청구권 관련 문제들이 법적으로 해결되었다"는 공식 입장을 밝히고 있다.[43] 국가적 차원에서 국교 정상화를 통해 과거사 청산이 이루어졌기 때문에 일본의 역사적 책임에 대한 공식적이고 직접적인 방식으로의 보상은 거부하고 있는 것이다.[44] 그리고 여전히 '중-일 공동성

---

43 최은봉 · 오승희, 「중국의 대 일본 배상청구 포기의 양면성-'타이완 문제'의 타결과 중일 경제협력의 확장」, 『담론201』, 제13권 2호, 2010, 173쪽

명' 제5조에 기반을 두어 소송의 부당성을 입증하려고 애쓰는 모습을 보이고 있다. 일본의 요시히데 스가 관방장관은 강제노동자들에 대해 후회를 나타내면서도, 1972년의 공동성명으로 인해 중국인들의 전쟁 관련 보상 권리가 모두 무효화되었음을 다시 한 번 확인하였다. 그는 강제 징집과 관련하여 당시의 일부 중국인들이 불행한 상황에 처했었다는 것을 부정하지는 않는다고 이야기함으로써 강제노동 자체에 대해서는 인정하였다. 그러나 그것은 어디까지나 개인과 기업 간의 문제라고 제한함으로써 일본정부와는 거리를 두는 모습을 보였다. 그럼에도 불구하고 스가 관방장관은 이번 소송으로 인해 야기될 결과와 앞으로 중국에서 발생하게 될 유사한 사례들이 향후 일본과 중국의 경제 관계에 줄 영향에 대해 심각하게 걱정하지 않을 수 없다고 밝힘으로써, 이 재판 결과가 양국 무역 교류에 부정적인 영향을 미칠 수 있음을 시사하고 있는 것이다.[45]

4. 마치며

지금까지 전후배상의 관점에서 법의 제정이 뒷받침되어 있는

---

44 최은봉·이민주, 「동아시아 기억의 정치와 탈냉전기 기억의 민주화: 제주, 오키나와, 난징의 기억은 경합하는가?」, 『담론201』, 제20권 3호, 2017, 53쪽.
45 *Global Post,* 2014.2.2.; AFP, 2014.3.20.

독일과 특별법 제정이 없어 개별 전후 보상소송으로 진행되어 온 일본의 사례를 비교·검토하였다. 이를 통해 과거 가해국가의 전후배상법 제정이 과거의 부당 행위에 대한 성찰의 정도를 잘 보여주는 하나의 잣대임을 알게 되었다. 법은 한 사회의 지배적 담론을 반영하는 것이고, 그렇지 않으면 그 정당성을 상실하여 법적 가치를 잃게 되기 때문이다. 즉, 가해국 내부의 사회적 합의와 지지가 존재하여야만 법의 제정과 그에 따른 처벌, 보상이 가능할 수 있는 것이다.

중일관계에서 특히 눈여겨보아야 할 점은 중국 법원에서 전후 보상소송을 인정하기 시작하였다는 점이다. 그동안 1972년 체제라는 중일관계 하에서 허용되지 않았던 강제노동자들의 개별 소송이 2014년부터 중국 재판부에서 허용되기 시작했기 때문이다. 이에 대해 중국의 정치적 고려가 계산된 일본 압박용 움직임으로 해석하기도 하고, 중국인 피해자들의 목소리를 수용해주는 방향으로 중국정부가 변화하고 있다는 관점도 존재한다. 이유와 무관하게 중국정부의 경향은 지속되어 현재의 중국정부와 중국인 강제노동 피해자들의 입장을 강화시켜나갈 것으로 예측되며, 장기적인 방향성으로 인식해야 할 필요가 있어 보인다. 특히, 2019년 이후, 강제징용 피해자들에 대한 한국 대법원 판결까지 맞물려 일본 기업과 사법부, 넓게는 일본정부까지 근본적인 대책 수립이 요구되는 상황이다. 대안을 모색함에 있어 피해자중심 접근이라는 철학적 성찰과 장기적인 관점에서 동북아시아의 안정적 지역질서 구축이라는 비전을 고려해야 할 것이다. 정해진 모범답안은 없겠지만, 독일의 연방법 제정과 배상을 위한 일련의 과정들을 통해 교훈을 얻을 수 있기를 기대한다.

한일관계 갈등을 넘어 화해로

제7장

프랑스-독일의 화해와
공동 역사교과서의 탄생

┃ **이용재**(전북대학교 사학과 교수)

1. 프랑스와 독일, 역사의 파노라마

유럽 대륙의 한가운데서 본래 형제 나라로 출발해서 수백여 년 동안 앙숙으로 지내다가 약 반세기 전부터 동반자 관계를 지향해온 독일과 프랑스 사이에 펼쳐진 역사의 파노라마는 인접국들 사이에 펼쳐질 수 있는 영토 분쟁과 역사주권 다툼의 우여곡절을 보여주는 대표적인 사례이다.

오늘날 프랑스 지역과 독일 지역은 9세기 초에 유럽 전역을 석권한 샤를마뉴 제국에서 갈라져 나온 것이다. 11세기 무렵 옛 제국의 방대한 영토 서쪽 편에서 카페 왕조가 정착하고, 동쪽 편에 작센 왕조의 오토(Otto) 대제가 신성로마제국의 황제로 즉위하면서, 이

때부터 라인 강을 사이에 두고 이웃한 왕국과 제국 사이의 분열이 싹트기 시작했다. 프랑스 '왕국'과 신성로마 '제국' 사이의 대립은 근대 초에 접어들어 프랑스의 발루아 왕가 또는 부르봉 왕가와 오스트리아의 합스부르크 왕가 사이의 대립으로 구체화되었다. 이러한 왕조 간은 대립은 17세기에 30년 전쟁에서 태양왕 루이14세가 벌인 침략전쟁들에 이르기까지 수많은 국제 전쟁들을 겪으면서 서서히 프랑스와 독일 사이의 대립이라는 양상을 띠기 시작했다. 양측의 대결이 주로 라인 강이라는 자연 국경을 사이에 두고 펼쳐지면서 영토와 국민의 구별에 따른 대립 감정이 생겨나게 된 것이다. 이제 프랑스의 경쟁 상대국이 신성로마 제국의 명맥을 잇는 오스트리아나 신흥 강국 프로이센만이 아니라 게르만 문화권 안에서 서로 다투는 모든 크고 작은 군주국들, 즉 독일 자체가 되었다.

독일과 프랑스는 적어도 16세기 이후부터 라인 강을 사이에 두고 일진일퇴를 거듭하는 공방전을 펼쳐 왔지만, 두 나라가 상대방을 '민족의 적(ennemi national, Nationalfeind)'으로까지 여기게 된 것은 전쟁과 충돌로 얼룩진 19세기 민족주의 시대에 들어오면서부터였다.[1] 두 나라는 19세기 이후로만 나폴레옹전쟁(1803-1815)에서 프로이센-프랑스전쟁(1870-1871)을 거쳐 두 차례의 세계대전(1914-1918, 1939-1945)

---

1 Michael Jeismann, *La patrie de l'ennemi, la notion d'ennemi national et la représentation de la nation en Allemagne et en France de 1792 à 1918*, CNRS Editions, 1997, pp. 9-19.

에 이르는 사활을 건 전면전을 치렀다. 민족주의 시대에 벌어진 전쟁의 승패는 양국 사이에 배타적인 민족감정과 적개심을 부추기기에 충분했던 것이다.

이러한 오랜 갈등과 대립의 세월 속에서 흔히 '마리안느(Marianne)'와 '게르마니아(Germania)'로 표상되는 이 두 이웃은 서로에 대해 여러 정형화된 이미지와 환상들을 키워왔다.[2] 악착같은 '튜튼 족속(Teutonici)', 어쩔 수 없는 '독일놈(boche)'은 프랑스인의 상상 속에 닻을 내렸고, 독일인의 망상 속에서 갈리아 족속은 '프랑스 병(매독)'이나 옮기는 타락한 무리요 '철천지원수(Erbfeind)'였다. 두 나라의 대립은 역사전통과 문화 및 국민성을 서로 달리하는 문명적 대립의 양상마저 보였다. 바로 이 같은 대립 과정에서 과거에 대한 민족의 기억이 정치화하고, 이 정치화한 기억이 자국 중심적인 역사학 및 역사교육과 맞물려서 물질적인 군비 못지않게 국민의 정신적인 무장을 위한 주요한 수단으로 이용되어온 것이다.

역사의 '숙적' 독일과 프랑스가 수백 년 세월의 앙금을 잊고 '화해'를 도모한 것은 불과 반(半)세기 전부터이다. 지난 20세기에 유럽은 제1차 대전(1914-1919)과 제2차 대전(1939-1945) 등 두 차례의 '세계' 대전을 치렀다. 엄청난 살상과 공전의 파멸을 겪은 유럽은 공멸의 위기를 벗어나기 위해 평화와 공영을 외쳐야했으며, 어제의 적성

2   Cf. Collectif, *Marianne et Germania, 1789-1889, un siècle de passions franco-allemandes,* Paris Musées, 1997.

국들은 연대와 화해를 다짐하지 않을 수 없었다. 미소 냉전과 유럽 통합의 교차점에서 독일인과 프랑스인은 화친과 공영으로 향한 길을 택했다. '숙적'에서 '동반자'로 향한 가깝고도 먼 길이 열린 것이다.

양국의 화해는 겹겹이 쌓인 역사의 앙금을 걷어내는 작업을 동반해야 했으며, 여기서 역사학계와 교육계가 역사교육 확충과 교과서 개선을 위한 협의 활동을 전개했다. 유럽 통합과 프랑스-독일 화해의 잰걸음에 맞추어 양국 역사가들 사이의 만남도 지난 반세기 동안 줄기차게 이어졌다. '갈등'의 역사를 청산하고 '화합'의 역사를 이루려는 이러한 오랜 노력은 마침내 「독일 - 프랑스 공동 역사교과서」의 탄생으로 결실을 맺었다.

2. 프랑스-독일의 화해, '숙적'에서 '동반자'로

2.1. 유럽통합 운동과 프랑스-독일의 화해

20세기에 두 차례 세계대전에서 엄청난 희생을 치른 앙숙 프랑스와 독일이 화해와 협력의 길로 접어들기란 사실 쉬운 일이 아니었다. 두 번째 세계대전에서 독일에게 패전과 항복의 굴욕을 당한 프랑스는 종전 직후 승전국의 일원으로 독일을 분할 점령했으며 다분히 보복적인 대독일 정책을 밀고나갔다. '빼앗긴 땅' 알자스-로렌을 되찾아온 것은 물론이고 독일의 재무장을 막기 위해 루르 산업지역에 대한 봉쇄와 생산 규제를 밀어붙였다.

하지만 미소 냉전 시대의 대두와 유럽공동체의 탄생이라는 급변하는 정세에 부응해서 프랑스는 독일과 화해를 도모하고 공존을 모색하는 방향으로 한 걸음씩 나아가지 않을 수 없었다. 1949년에 서독과 동독이 공식적으로 분리·건국되면서 유럽은 '철의 장막'을 사이에 두고 동과 서로 나뉘어 바야흐로 냉전 시대에 접어들었다. 동유럽의 공산화와 소련의 팽창을 저지하는 방안으로 미국은 서둘러 독일의 경제 재건과 서유럽 결속의 강화를 추진했는데, 이를 위해서는 독일과 프랑스의 화해가 반드시 선행되어야만 했다.

1950년 5월 프랑스 외무장관 로베르 슈만(Robert Schmann)은 유럽의 석탄과 철강의 생산과 판매를 공동 관리할 것을 제안하는 이른바 '슈만 선언'을 발표했다. 슈만 선언은 철강이나 석탄과 같은 경제 분야에서의 협력을 위한 제도적 장치를 마련하는 것이었지만, 그 역사적 의의는 독일과 프랑스의 화해를 위한 첫걸음을 내딛는 데 있었다. 서독의 급속한 경제성장을 보면서 독일의 정치적·군사적 재기 가능성을 우려한 프랑스는 군수산업에 필요한 원료들을 공동 관리하는 경제 분야에서의 협력을 통해 궁극적으로 독일과의 화해를 위한 정치적 방안을 모색하고자 한 것이다. 패전국으로서 주권 행사를 제약받아온 서독으로서도 국제무대에서 승전국 프랑스와 대등한 자격으로 참여할 수 있는 좋은 기회였다. 1952년 7월, 프랑스와 서독을 비롯하여 벨기에, 네덜란드, 룩셈부르크, 이탈리아 등 6개국이 참가한 유럽석탄철강공동체(ECSC)가 출범했다. 바야흐로 독일과 프랑스의 화해에 기초한 유럽 통합의 시대가 열린 것이다.

이렇게 1948년 무렵 시작된 프랑스의 전향적인 대독일 정책은 두 나라 사이 문화협력의 장을 열었으며, 배타적인 자민족중심주의를 넘어 인권과 민주주의에 기초한 '공영의 유럽'으로 나아가는 길을 닦았다. 화해와 협력을 위한 논의는 국제연합의 산하기구인 유네스코의 틀 내에서, 그리고 1949년에 설립된 유럽평의회(Council of Europe)의 틀 내에서 이루어졌다. 1930년대에 잠시 시작되었다가 전쟁 기운이 감돌면서 중단되었던 프랑스와 독일 사이의 교과서 협의가 재개된 것은 바로 이러한 유럽 통합과 프랑스-독일 화해의 토대 위에 마련된 자유로운 문화 공간에서였다.

제2차 세계대전 종전 이후 때로 주춤거리면서도 지속적으로 추진된 유럽통합 운동은 독일과 프랑스 양국 국민들 사이에 어제의 앙금을 씻고 화합의 분위기를 북돋는 데 이바지했다. 1954년 10월, 프랑스와 서독 정부는 서독에 대한 프랑스 농산물 수출 협약과 프랑스-독일 문화협력 증진 협약을 맺었다. 이를 바탕으로 1957년 3월, 로마 조약으로 유럽경제공동체(ECC)와 유럽원자력공동체(Euratom)가 탄생했다. '6개국 유럽'은 경제와 통상 분야에서 화합을 이루어낸 것이다. 역내 관세의 철폐와 공동시장의 창출을 추진하고자 하는 유럽경제공동체는 프랑스에게는 농산물 판매시장으로, 독일에게는 번창하는 공산품 시장으로 커다란 유인력을 발휘했다. 이렇게 통합 유럽의 '다자간' 협의의 틀 안에서 프랑스-독일의 '양자 간' 대화도 탄력을 받는 듯 보였다.

2.2. 엘리제조약과 프랑스–독일의 화해

하지만 1958년에 권좌에 복귀한 드골 대통령은 국제정치 무대에서 프랑스의 위상을 높이기 위한 강국 정책을 추진함으로서 일정 기간 유럽통합의 분위기에는 냉기가 감돌았다. 프랑스가 통합 유럽의 기수가 되어야 한다는 복안을 가진 드골 대통령은 한편으로 영국의 유럽공동체 가입에 거부권을 행사하고, 다른 한편으로 유럽공동체의 초국가적 기능을 제한해서 프랑스의 독자적 행동반경을 넓히고자 했다. 지난 10여 년 동안 줄기차게 내달려온 통합운동의 열기가 가라앉았다. 여기서 미국과 소련의 틈바구니에서 연대를 강화할 필요성을 절감한 프랑스와 독일은 양국관계에 새로운 돌파구를 찾아야 했다. 그것은 통합 유럽의 다자간 협상으로부터 독일-프랑스의 양자 간 협상으로 방향을 전환하는 것이었다.

엘리제조약 체결, 1963.1.22.
프랑스 대통령 드골과 서독 총리 아데나워의 만남은 양국관계에 신기원을
열었다.

1962년 7월 서독 총리 아데나워(K. Adenauer)가 일주일간 프랑스
를 공식 방문하고 어제의 격전지 랭스(Reims)를 비롯한 여러 도시를
돌며 유감을 표명하면서 양국민의 우의를 다짐했다. 9월에 들어 이
번에는 프랑스 대통령 드골(Ch. de Gaulle)이 일주일간 서독을 순방하
며 서독 국민들의 열띤 환대 속에 '위대한 독일 민족', '화합', '공영'
을 외쳤다. 두 나라의 공식 화해를 앞두고 대국민 홍보전이 펼쳐진
것이다. 프랑스-독일의 역사적 화해라는 대의명분이 프랑스-독일
의 배타적 제휴가 결국 6개국 유럽의 협조, 더 나아가 통합 유럽의
앞길을 가로막을지도 모른다는 우려를 훌쩍 밀어냈다.

파리와 본을 오가는 끈질긴 협상 끝에 마침내 1963년 1월 22일,
프랑스의 엘리제궁에서 전 세계의 이목을 집중시키며 '프랑스-독
일의 우호와 협력 조약'이 체결되었다. 드골과 아데나워는 공동 선

언을 통해 "독일 국민과 프랑스 국민의 화해가 수백 년에 걸친 대립을 종식시킬 것이며 두 나라 국민 사이의 관계를 근본적으로 뒤바꾸는 역사적 사건이 될 것"이며 "두 나라 사이의 협력 강화가 통합 유럽의 길로 향한 불가결한 단계가 될 것"이라고 천명했다.[3] 제2차 세계대전 종전 후 18년 만에 화해와 공영의 시대가 막을 연 것이다.

'엘리제조약(Traité de l'Élysée; Elysee-Vertrag)'은 앞으로 두 나라가 (1) 모든 주요 외교 현안들에 대한 정책을 서로 자문하고, (2) 전략과 전술 및 군 장비 부문에서 공동 작업을 도모하며, (3) 청소년의 교육과 교류를 증진하기 위한 다양한 민관기구를 창설하는 데 합의할 것이라고 규정했다. 이를 위해 조약 규정에 따라 앞으로 양국 정부 수반은 적어도 1년에 두 번씩, 국방부와 외무부 등 관계부처 장관들은 3개월마다 한 번씩 정례적으로 회합을 가지게 될 것이었다. 이로써 프랑스-독일 동반자 시대를 향해 정부 간 협력 체제가 제도화된 것이다.[4]

물론 엘리제조약으로 프랑스와 독일, 두 국민 사이가 하루아침에 달라질 수는 없었을 것이다. 영토 반환이나 전범 처리의 문제는 종전과 더불어 이미 해결되었지만 전쟁 중 독일에 강제로 징용

---

3 「엘리제조약」(축약문), 이용재, 「엘리제조약을 향하여」, 『프랑스사 연구』, 제19호, 2008.8, 217쪽.
4 엘리제조약의 의의와 영향에 대한 전반적인 연구 현황에 대해서는 다음을 참조. C. Defrance & U. Pfeil(dir.), *La France, l'Allemagne et le traité de l'Élysée, 1963-2013*, Paris: CNRS Editions, 2012.

된 70만 명의 프랑스 노동자들에 대한 보상뿐만 아니라 약탈당하
거나 반출된 문화재의 반환 등 해결해야 할 난제가 산적해 있었다.
특히 프랑스 땅에서 아우슈비츠로 강제 이송된 유대인들에 대한
양국 정부 사이의 책임규명 문제는 홀로코스트에 대한 역사적 심
판과 관련하여 반드시 짚고 넘어가야 할 민감한 현안이었다. 더구
나 미국과 소련 양대 강국 사이에서 줄다리기를 해야 하는 냉전 시
대의 국제관계는 두 나라의 화해를 위한 잰걸음을 더디게 만들기
도 했다.

　하지만 1970년대 이후 프랑스-독일의 우호관계가 획기적으로
진전된 데에는 엘리제조약의 역할이 컸다. 통합 단일기구인 유럽
공동체(EC)가 출범하고 통합운동이 새로운 전기를 맞은 1970년대
에 유럽통합의 견인차로 나선 독일과 프랑스는 양국 간의 교류와
화합의 정책을 더욱 확대해야만 했던 것이다. 엘리제조약이 단순
한 국교 회복의 차원을 넘어 동반자 관계로 발전하는 데 놀라운 성
과를 거둘 수 있었던 이유는 어디에서 찾을 수 있는가?

　첫째, 조약에 의해 양국 정상과 관계부처 장관들 사이의 만남
이 제도화됨으로써 지속적인 대화와 협상을 통해 갈등 현안에 대
한 합의를 도출해낼 수 있었다. 엘리제조약 40주년에 이르는 2003
년까지 모두 80차례의 정상회담이 이루어졌으며, 그때마다 외교,
국방, 경제, 문화 등 관련부처의 장관 회담이 줄을 이었다. 국제관
계에서 흔치 않은 이러한 '만남의 제도화'가 두 나라 국민들 사이의

1984년 9월 22일, 프랑스 대통령 미테랑과 서독 총리 헬무트 콜은 13만 양국 병사의 혼령이 잠들어 있는 '원한의 장소' 베르됭을 방문하고 두 손을 마주잡았다.

서로에 대한 의혹과 불신의 장벽을 허물어뜨리는데 널리 기여했음은 물론이다.

둘째, 프랑스와 독일정부는 두 나라 사이의 원한이 서린 갈등의 기억을 화합과 공영의 묘판으로 바꾸기 위해 끊임없이 노력을 기울였다. 두 나라는 기억의 화해를 도모하기 위해 주기적으로 성대한 기념식을 개최하고 화합의 기념물을 축조했다. 엘리제조약 체결을 앞둔 1962년 7월, 프랑스의 드골 대통령과 서독의 아데나워 총리는 제1차 세계대전의 격전지인 렝스에서 만나 전쟁이 남긴 서로의 상처를 보듬었다. 독일 항복 30주년을 앞둔 1975년 5월에 프랑스 대통령 지스카르 데스탱(Giscard d'Estaing)은 독일인의 아픈 상처를 건드리는 '독일 항복의 날' 행사를 앞으로 '유럽의 날' 행사로 대체하겠다고 선언했다. 1984년 9월 22일, 프랑스 대통령 미테랑(F. Mitterrand)과 서독 총리 헬무트 콜(Helmut Kohl)은 13만 양국 병사의 혼령이 잠들어 있는 '원한의 장소' 베르됭(Verdun) 격전지를 방문하고 두 손을 굳게 맞잡았다. 2004년 6월 6일, 캉(Caen)의 평화기념비 앞에서 프랑스 대통령 자크 시라크(J. Chirac)와 독일 총리 슈뢰더(G. Schröder)는 화해의 포옹을 했다. 이렇게 두 나라가 손을 맞잡는 기념식 행사는 어제의 갈등에서 내일의 화합으로 나아가는 성대한 축제의 무대 역할을 했다.

셋째, 엘리제조약의 정신에 입각해서 프랑스와 독일정부는 상충된 역사 기억을 화해시키기 위해 여러 차례 '과거사 조명작업'을 추진했다. 화해의 시대를 앞당기려면 지난 과거사를 미래지향적 관점에서 새롭게 재정립하는 노력이 선행되어야 한다는 데에는 이론의 여지가 없었다. 양국 정부는 공동연구소 설립을 지원하고 학자들 간의 교류를 촉진하는 등 재정 지원을 아끼지 않았다. 두 나라 역사가들은 서로 견해가 엇갈리는 역사 장면들을 들추어내고 절충점을 찾기 위해 머리를 맞대고 토론했다. 특히 생생한 갈등의 기억이자 정치적 현안이기도 한 제2차 세계대전에 대해 합의된 해석에 이른 것은 커다란 성과였다. 이제 1984년 프랑스 대통령 미테랑은 "나치 정권에 희생된 독일인들과 프랑스인 모두 똑같은 피해자이다"라고 공식 선언하기에 이르렀다. 전쟁의 피해국과 가해국 모두를 너그러이 포용하는 전향적인 역사인식을 보여준 것이다. 오늘날 프랑스인들이 제2차 세계대전을 독일 국민과의 전쟁이 아니라 나치와의 전쟁으로 여긴다면, 그것은 두 말할 나위 없이 양국 정부와 관련 역사학계가 의욕적으로 추진한 '역사화해'의 결실일 것이다.

넷째, 역사의 화해를 위한 양국 정부의 노력은 시민 사회와 교육 현장으로 확장되었다. 진정한 국민적 화해는 조약의 체결이나 기구의 설치에 그쳐서는 안 되며 두 나라 국민들 사이에 상대방을 이해하려는 진지한 노력으로 이어져야 한다. 양국 정부가 맺은 조약문들에 어김없이 문화와 교육 부문에서의 협력을 촉진하는 내용이 담겨 있다는 것은 괄목할 만하다. 실로 프랑스-독일 화해의 성공 스토리에서 얻을 수 있는 교훈 중 하나는 양국 정상과 정부 단위에서 시작된 '위로부터의 화해'가 문화와 교육의 교류와 협력을 통해서 시민 사회와 청소년 세대를 주축으로 하는 '아래로부터의 화해'와 유기적으로 연결될 수 있었다는 점일 것이다. 엘리제조약 이후 꾸준히 진척되어온 문화교류 사업은 1988년에 설립된 프랑스-독일 문화위원회의 주도로 한 단계 더 도약했다. 해마다 양국 간의 친선을 도모하는 기념사업이 열렸으며, 1992년부터 프랑스-독일 공동방송인 아르테(Arte)가 공중파를 탔고, 2천여 도시들이 자매시 결연을 맺고 민간 교류를 확대해 나갔다.

청소년 교육을 통한 역사화해라는 관점에서 가장 관심을 끄는 것은 프랑스-독일 청소년교류원(OFAJ, Office franco-allemand pour la jeunesse; DFJW, Deutsch-Französisches Jugendwerk)의 설립이다. 엘리제조약의 합의에 따라 1965년에 설립된 프랑스-독일 청소년교류원은 양국 청소년들의 화합과 친선을 도모하는 교육과 교류의 총본산이다. 해마다 양국 정부는 2천만 유로의 기금을 공동출자해서 청소년들의 '만남'을 지원하고 있다. 한 해 평균 1만여 건에 달하는 상호방문 프로그램이 개최되며 여기에 참여하는 양국 젊은이들은 무려 20여만 명에 이른다. 청소년교류원이 추진하는 연합교육 정책은 1975년부터 '프랑스-독일 고등학교'의 설립으로, 1999년에는 '프랑스-독일 대학'의 설립으로 이어졌다. 현재 독일의 자르브루크(Sarrebruck)와 프리부르크(Fribourg), 프랑스의 박(Bac) 등 세 곳에서 운영되고 있는 프랑스-독일 연합고등학교는 두 나라 청소년들의 화합과 친목에 기여할 수 있는 프로그램을 운영하고 있으며, 졸업장은 두 나라에서 공식 인정된다. 독일 자르브루크에 소재한 프랑스-독일 연합대학에서는 오늘날 약 7천여 명 대학생들이 이중 언어 강좌를 수강하고 있으며, 해마다 약 1500여 명 학생들이 독일-프랑스 공동학위를 취득한다.

3. 역사교과서 개선과 공동 역사교과서의 탄생

3.1. 갈등의 역사에서 화합의 역사로

독일-프랑스 전쟁과 민족주의의 광풍이 휩쓸고 지나간 19세기

하반기 이후 라인 강의 양편에서는 호전적인 적개심이 넘쳐흘렀다. 전쟁을 승리로 이끌며 민족 통일의 숙원을 달성한 독일은 유럽의 질서를 자국 중심으로 재편하고 프랑스를 국제적으로 고립시키는 정책을 썼다. 반면에 프랑스에서는 알자스-로렌 땅마저 독일에 할양하는 패전의 굴욕 속에서 '복수(Revanche)'를 외치는 호전적인 민족주의가 불타올랐다. 독일-프랑스 전쟁에서 제1차 세계대전에 이르는 반세기는 양국에서 민족사의 신화가 만발한 시기이자 국경 너머의 이방인을 적대시하는 배타적인 국민정체성이 확립된 시기였다.[5]

국가 권력의 전략과 일반 대중의 정서가 뒤엉켜 빚어낸 이러한 자민족 중심의 세계관은 자라는 세대에게 고스란히 전수되었다. 독일과 프랑스의 역사교과서는 약속이나 한 듯 자민족의 우월성을 고양하고 민족영웅의 계보를 만들어냈으며, 두 나라 사이에 펼쳐진 갈등과 반목의 역사에 많은 지면을 할애하면서 승리의 환호와 패배의 상처를 부각시켰다. 제1차 세계대전 직전에 두 나라에서 출판된 초등생 역사교과서에는 전쟁의 승패를 통해 자국의 긍지를 높이고 적국에 대한 적개심을 부추기는 내용으로 가득 차 있었다. 이웃을 '적'으로 상정하는 이러한 배타적인 민족 감정은 결국 세계대전이라는 유례없는 비극적 체험을 낳았을 것이며, 이러한

---

5   St. Krapoth, *France-Allemagne, du duel au duo,* Toulouse: Privat, 2005, pp. 52-64.

끔찍한 살육 전쟁을 치르면서 더욱 강화되었을 것이다.

　제1차 세계대전 직후에 양국의 역사교과서에는 상대방에 대한 부정적 평가와 심지어 멸시의 감정이 더욱 적나라하게 드러날 수밖에 없었다. 1920년대 초에 선보인 양국 교과서에서 가장 극명하게 내용이 엇갈린 부분은 물론 제1차 세계대전에 대한 서술이었다. 패전국 독일의 역사교육은 주로 전쟁 책임을 연합국 측에 돌림으로써 자국민의 도덕적 책임을 완화하는 데 주목적을 두었다. 역사교과서들은 전쟁의 발발에 대해 프랑스와 러시아의 강경책과 독일의 정당한 대응을 대비시키거나, 심지어 패전 자체를 인정하지 않거나 굳이 언급하지 않고 넘어가는 서술 양식을 보여준다. 반면에 승전국 프랑스에서의 역사 교육은 애국적이고 민족주의적인 어조를 누그러트리지 않았으며 독일의 전쟁 책임에 대해 단호한 입장을 취했다. 역사교과서들은 어김없이 1870년 전쟁 때부터 불거진 독일의 침략과 도발을 열거한 후 이에 대한 프랑스의 단호하고 정당한 응징을 강조하는 서술 양식을 보여준다. 요컨대 1920년대까지만 하더라도 이웃한 두 나라의 역사교과서에는 자라는 세대에게 서로에 대한 불신과 적개심을 심어줄 수 있는 내용이 적나라하게 서술되어 있었다. 전쟁을 막고 평화 공존으로 나아가는 새로운 역사 교육의 필요성을 절감하게 된 것은 바로 이러한 팽배한 적대의식 속에서였다.[6]

6　이용재,「갈등의 역사에서 화합의 역사로: 프랑스·독일 역사교과서 합의와 제1차 세계대전의 문제」,『프랑스사 연구』, 제17호, 2007년, 195~199쪽.

제1차 세계대전의 폐허 위에서 '유럽의 몰락'이라는 위기의식이 고조되는 가운데 유럽 각국의 정치권은 평화공존의 길을 모색하지 않을 수 없었다. 1925년에 영국, 프랑스, 독일, 이탈리아 등 교전당사국들이 로카르노협정을 맺고 모든 분쟁을 평화로운 방법으로 해결할 것을 약속하고, 이듬해 독일이 국제연맹에 가입하면서 화해의 분위기가 무르익었다. 역사교과서 개선 문제가 국제무대에서 논의되기 시작한 것은 바로 이러한 20년대 말~30년대 초의 짧막한 평화공존의 분위기에서였다. 논의의 주축은 1925년에 국제연맹 산하기구로 제네바에 설립된 지식협력국제위원회(ICIC)였다. 지식협력국제위원회는 회원국들의 교과서 내용을 검토한 후 상대방 국가들에 대해 부당하게 잘못 기술하거나 불신과 오해를 낳을 수 있는 내용들을 개선하자는 내용의 성명서를 발표했다. '제네바 성명'은 비록 구속력이 없는 권고안에 지나지 않았지만 상호이해의 역사교육을 바라는 각국의 교육 당국과 교원 단체들에 일정한 영향을 미쳤다.[7] 프랑스에서는 교원단체들을 중심으로 문제가 되는 초등용 역사교재 28종을 자진 수거하는 운동이 펼쳐졌으며, 내용을 수정하고 보완한 새로운 교재들이 하나둘씩 선보였다. 반면에 제네바 성명을 승전국이 내세우는 이상론으로 받아들인 독일 역사가와 교사들은 상대적으로 미온적인 반응을 보였다. 독일 교과서들

---

7   F. Pingel, *The European Home: Representations of 20th Century Europe in History textbooks*, Council of Europe Publishing, 2000, pp. 137-160.

에는 연합국 측의 도발을 규탄하는 어조가 다소 완화되기는 했지만 여전히 전쟁 책임을 프랑스와 러시아 측에 돌리는 일방적인 서술로 가득 차 있었다. 전반적으로 1930년대까지는 역사교과서 개정 작업에서 프랑스가 한발 앞서가고 독일이 머뭇거리며 따라가는 형국이었다.

1932년 네덜란드 헤이그에서 역사교육 개선을 위한 국제회의가 열렸을 때, 프랑스 측 대표자와 독일 측 대표자는 두 나라의 역사교과서 내용을 시정할 필요가 있다는 데 의견을 같이 했다. 1933년에 나치가 정권을 장악하고 국제관계에 다시 긴장이 고조되기 시작하자 역사교육 개선 회의는 실질적인 활동을 중단할 수밖에 없었다. 하지만 독일과 프랑스 두 나라 역사가들은 역사교과서 개선 문제를 논의하는 별도의 회동을 가졌다. 양측은 상대방 교과서를 미리 검토한 보고서를 서로 교차검토하면서 주로 프랑스대혁명 이후의 독일-프랑스 현대사의 주요 국면들에 대해 열띤 토론을 벌였다. 총 39개 합의사항 중에서 의견 조율이 힘든 민감한 사안들에 대해서는 하단에 견해차를 밝히는 '유보조항'을 달았다. 이로써 1935년에 처음으로 「독일-프랑스 역사교과서 합의안」이 탄생했다. 독일에서 합의안은 어렵사리 나치 산하 교원단체의 기관지에 실렸지만 곧 폐기되었다. 민족사회주의 교육을 강화하려는 나치 정부의 개입과 이에 동조할 수밖에 없는 독일 역사가들의 미온적 태도로 인해 「1935년 합의안」은 완전히 무산되고 말았다. 결국 역사교과서 합의가 일정한 궤도에 오르기 위해서는 세계대전을 한 번 더 치러야만 했다.

제2차 세계대전의 광풍이 휩쓸고 지나간 직후, 공멸을 막고 화해와 공영을 다지기 위해 국제연합이 창건되고 유럽통합 운동이 시작되었다. 국제연합의 교육문화기구로 발족한 유네스코(1945)와 유럽통합 운동의 일익을 담당한 유럽평의회(1949)는 국제적 문화 교류와 연대의 주축 구실을 했으며, 역사 교육과 교과서 개선을 위한 유럽 각국의 노력을 적극적으로 뒷받침했다. 하지만 교과서 개선 활동이 실질적인 성과로 이어질 수 있었던 것은 국제기구나 정부의 후원과는 별도로 관련 역사단체들과 교육자들의 자발적인 노력이 있었기 때문일 것이다. 프랑스 측에서는 역사지리교원협회(Société des professeurs d'Histoire et de Géographie)가, 독일 측에서는 브라운슈바이크 대학 산하 국제교과소연구소(Internationale Schulbuchinstitut)가 논의에서 주도적인 역할을 했다. 풍부한 교육 경험을 가진 양측 역사교원들로 구성된 전문가위원회가 구성되었으며, 이들은 국경을 넘나들며 모두 세 차례 회합을 갖고 양국의 교육제도와 교과운영 현황을 점검하는 한편, 교과서 내용을 재검토해나갔다. 이로써 모두 40개 조항으로 구성된 「1951년 합의안」을 만들어내는 데 성공했다. 「1951년 합의안」은 1935년에 합의된 사항을 보다 정확하게 기술했을 뿐 아니라 합의에 이르지 못한 채 남겨두었던 유보 사항들을 모두 삭제하면서 합의의 폭을 확대했다. 유럽석탄철강공동체가 공식 출범을 앞둔 1951년에 만들어진 이 합의안은 유럽 통합의 시대분위기에 걸맞게 갈등보다는 화합을 강조하는 표현을 널리 담아냈다.

1950년대는 독일과 프랑스뿐 아니라 유럽 각국이 역사교육 개선 사업에서 상당한 결실을 얻은 시기로, 당시 교과서 개선 국제 활동에 적극 참여한 독일 역사가 쉬데코프(O.-E. Schüddekopf)의 표현처럼 실로 '교과서 개선 활동의 영웅적 시기'였다.[8] 그에 따르면, 1945년에서 1965년까지 20년 동안 역사교과서 개선을 위한 다자 간 또는 양자 간 국제협의가 모두 146회 개최되었다. 특히 유럽 교육 당국의 주목을 끈 것은 독일과 프랑스 역사가들의 협의 활동이었다. 1954년 10월에 체결된 '프랑스-서독 문화협정'은 양국 간 문화교류의 활성화를 위해 역사교과서를 개선해야할 필요성을 새삼 강조했다. 「1951년 합의안」으로 물꼬를 튼 양국의 역사교과서 개선 회합은 두 나라를 오가며 1967까지 무려 22회 개최되었다. 적어도 일년에 한 번 이상 '만남'이 이어진 것이다. 1950년대에 줄기차게 이어진 교과서 개선 활동은 두 나라에서 합의 기준에 맞추어 역사교과서 내용을 수정보완하고 더 나아가 자민족 중심의 배타적인 역사교육에서 벗어나는 데 상당한 기여를 했다.

1970년대에 잠시 소강상태에 접어든 교과서 협의 활동은 1980년대에 재개되었다. 새로운 교과서로 배우고 자란 청년 세대가 고

---

8   오토 에른스트 쉬데코프 외, 『미래를 건설하는 역사교육, 1945~1965 유럽 역사교과서 개선활동』, 역사비평사, 2003, 50쪽.

등교육에 진입함에 따라, 그리고 제2차 세계대전에서 유럽통합 운동에 이르는 20세기 후반의 역사가 새로 교육과정에 첨가됨에 따라, 달라진 여건에 맞는 새로운 합의가 필요했기 때문이다. 이번에는 독일의 게오르크에케르트연구소(Georg Eckert Institut)와 프랑스의 역사지리교원협회가 협의 파트너로 나섰다. 1981년부터 1987년까지 연례 회합을 갖고 논의를 거듭한 끝에 「1987년 권고안」이 마련되었다. 「1987년 권고안」은 20세기 독일 역사와 프랑스 역사 및 양국관계사에 관한 것이다. 독일의 바이마르 공화국과 프랑스의 제3공화국, 나치 체제와 비시 정권, 대독 협력과 항독 레지스탕스, 홀로코스트 문제 등등 역사 현안에 대해 유럽 화합의 시각에서 일정한 절충안이 마련되었다.

3.2. 독일–프랑스 공동 역사교과서의 탄생

프랑스-독일 교과서 협의 활동은 양국이 역사교과서를 편찬하면서 준수하기를 바라는 권고안(recommandations)을 마련하는 것이었다. 「권고안」은 사실 강제성이 없는 요청 사항일 뿐이었지만, 이러한 합의를 거듭하면서 언젠가 단일한 공동 역사교재를 제작하는 것도 가능하리라는 희망을 넌지시 내비치기도 했다. 지난 70여 년 동안 끊어지고 이어지며 전개되어온 역사교과서 개선 활동이 이제 새로운 전기를 맞이했다. 앞에서 설명한 바와 같이 1963년 엘리제조약은 독일과 프랑스 사이의 우호 증진을 위해서 양국 청소년 세대의 교육과 교류를 도모해야 한다고 명시적으로 밝혔다. 1965년 설립된 프랑스-독일 청소년교류원은 양국 정부의 후원 아래 청소년들의 상호 방문과 교류를 적극 추진했다.

엘리제조약 40주년을 맞이한 2003년은 두 나라의 우호증진에서나 공동 역사교육에서나 획기적인 전환점이었다. 프랑스와 독일은 각각 한명씩 상대방 각료를 자국 정부에 입각시키기로 합의했으며, 외교와 군사 문제에서 양국 간의 사전 조율을 의무화했다. 국제 체육행사에 공동 대표선수단을 내보내기로 했을 뿐만 아니라 특히 공동 국적을 허용하기로 했다. 1월 23일, 엘리제조약 40주년 기념행사의 일환으로 프랑스-독일 청소년교류원은 베를린에서 프랑스-독일 청소년의회를 개최했다. 청소년의회에 모인 500여 양국 학생들은 "서로에 대한 심층적 이해를 도모하기 위해 동일한 내용으로 구성된 공동 역사교과서의 편찬"을 추진해주도록 독일 총리 슈뢰더와 프랑스 대통령 시라크에게 공식 요청했다. 양국 청소년들의 '대담한' 요청을 양국 정상은 흔쾌히 받아들였다. 두 나라 학생들이 함께 배우는 공동 역사교과서의 편찬이라는 역사상 초유의 프로젝트는 이렇게 탄생했다.

계획을 구체화하기 위해 양국의 외교부와 교육부 관료 및 학자들로 구성된 '독일-프랑스 공동 역사교과서'를 위한 추진위원회가 발족했다. 관련 장관회의의 추인을 받은 추진위원회는 몇 차례

회의를 거쳐 2004년 10월에 편찬 지침을 마련했다. 「2004년 편찬 지침」은 공동 역사교과서 제작의 기본 구상을 다음과 같이 밝혔다.[9]

공공 교과서 편찬 계획의 목적은 유럽통합 시대에 자라나는 독일과 프랑스 학생이 공동의 역사의식을 함양할 수 있는 토대를 만드는데 기여하는 것이다. 중요한 점은 양국 역사 발전의 비슷한 점과 차이점을 분명히 밝히고 역사를 바라보는 시각을 전환하는 훈련을 하는 것이다. 공동 교과서는 함께 교류하고 협력한 시대뿐만 아니라 분쟁의 시대에도 상당한 분량을 할애할 것이다. 이는 역사적 유산의 중요성과 미래를 함께 건설할 필요성을 자라는 젊은 세대에게 가르쳐주기 위함이다.

공동 역사교과서 제작은 급물살을 탔다. 2005년 초 프랑스의 나탕(Nathan) 출판사와 독일의 클레트(Klett) 출판사가 공동 교과서 편집을 책임질 출판사로 선정되었다. 책임편집자를 포함한 집필진은 양측 동수로 구성하기로 합의했다. 양국의 언어에 능숙한 독일 역사교원과 프랑스 역사교원이 각각 5~6명씩 집필에 참여했으며, 완전히 동일한 내용의 교과서가 각각의 언어로 제작될 것이었다.

「편찬 지침」이 마련된 지 2년 만에, 2006년 가을 신학기에 「독일

9 이용재 · 김승렬, 「2004년 편찬 지침」, 『함께 쓰는 역사, 독일과 프랑스의 화해와 역사교과서 개선 활동』, 동북아역사재단, 2008, 298~302쪽.

- 프랑스 공동 역사교과서」(첫째 권)가 두 나라 학생들 책상에 놓였다. 프랑스 역사교원과 독일 역사교원이 함께 집필한 공동 역사교과서가 『역사*(Histoire, Geschichte)*』라는 제목을 달고 두 나라에서 각각 프랑스어판과 독일어판으로 동시에 출판된 것이다. 둘째 권은 2008년에, 셋째 권은 2011년에 출판되었다. 이제 두 나라의 고등학생들은 같은 역사책으로 배우게 된 것이다.

3.3. 「독일 – 프랑스 공동 역사교과서」, '교차된 시선'

공동 역사교과서는 '고등학교' 과정, 요컨대 프랑스의 리세(Lycée) 학생들과 독일의 김나지움 상급반(Gymnasium, Oberstufe) 학생들을 대상으로 한 것이다. 고등학교 3년 과정에서 배울 공동 역사교과서는 세 권으로 구성된다. 고교 1년차(Klasse10/11, classe de seconde)에서 배우는 첫째 권은 고대 그리스·로마에서부터 중세와 근대를 거쳐 프랑스대혁명 및 나폴레옹 전쟁이 끝나는 1815년까지를 다룬다. 고교 2년차(Klasse11/12, classe de première) 학생을 대상으로 한 둘째 권은 1815년 빈(Wien) 회의부터 제2차 세계대전이 끝나는 1945년까지를 다룬다. 고교 3년차(Klasse12/13, classe de terminale)에서 배우는 셋째 권은 1945년부터 오늘날까지를 다룬다.

두 나라 역사교원들이 함께 쓴 「공동 역사교과서」에는 공동 역사교육을 위한 합의의 정신이 면면히 흐르고 있다. 「공동 역사교과서」는 자국민 중심주의의 협소한 시각에서 벗어나 다양한 관점에서 역사를 해석할 수 있는 사야를 열어주고자 한다. 두 나라가 함께 연루된 공동의 과거에 대한 자국 중심의 해석을 뒤로 하고, 두 나라의 공통점과 차이점, 상호작용을 비교사의 관점에서 개방적으로 서술하려는 노력이 뚜렷하게 나타난다. 새 역사교과서는 두 나라가 서로 맞닿은 관계사의 장면들을 무게 있게 다루기는 하지만 그와 동시에 자국의 역사를 유럽사의 지평에서, 더 나아가 세계사의 지평에서 이해할 수 있는 길을 열어준다.

 「독일 - 프랑스 공동 역사교과서」 (Histoire) 프랑스어판	 「독일 - 프랑스 공동 역사교과서」 (Geschichte) 독일어판
제1권, 고교3년 용, 〈1945년 이후의 유럽과 세계〉 2006년 출판, 집필 역사교원: 독일 측 5명, 프랑스 측 5명	
제2권, 고교2년 용, 〈빈 회의(1815년)에서 1945년까지의 유럽과 세계〉 2008년 출판, 집필 역사교원: 독일 측 6명, 프랑스 측 6명	
제3권, 고교1년 용, 〈고대부터 1815년까지의 유럽과 세계〉 2011년 출판, 집필 역사교원: 독일 측 6명, 프랑스 측 4명	

　　「독일 - 프랑스 공동 역사교과서」의 의의는 무슨 내용을 서술하는가가 아니라 어떤 시각으로 서술하는가에 있다. 「공동 역사교과서」에서 가장 눈에 띄는 것은 세 권 모두 각 단원의 말미에 '교차

된 관점들(regards croisés, perspektivenwechsel)'의 장(場)을 두어, 두 나라 사이에 합의가 힘들고 논쟁을 부르는 역사 장면들에 대해서 두 나라의 견해를 동시에 제시하고 있다는 점이다. 여전히 합의를 보기 힘들고 엇갈린 해석을 낳고 있는 역사적 사건이나 인물들에 대해서는 애매하고 절충적인 서술을 제시하기보다 차라리 양측의 관점을 나란히 병기하는 방식을 채택한 것이다. 이러한 '교차된 관점들'은 이미 지난 1930년대 교과서 합의에서 프랑스 측 대표가 제시했던 '두 가지 시각의 병렬' 방식의 연장선인 동시에, 오늘날 서구 역사학계에서 교류사 또는 비교사의 새로운 접근법으로 널리 각광받는 이른바 '교차 역사(histoire croisée, Verflechtungsgeschichte)'의 일환이기도 하다.

교차 역사는 자신의 주장이나 상대방의 주장을 일방적으로 따르는 것이 아니라 대립되는 시각을 확인하며 대립의 연원을 추적하는 데서 출발한다. 대립을 봉합하기보다는 상충된 시각과 주장을 있는 그대로 드러내어 상대방의 입장을 이해하자는 것이다. 상충된 역사 해석을 나란히 제시하는 '교차된 관점들'은 학생들에게 상대방의 입장을 헤아려 객관적으로 판단할 수 있는 길을 열어주려는, 자못 획기적인 교과서 서술 방식이라고 할 수 있다. 대표적인 사례로 「공동 역사교과서」 둘째 권에 실려 있는, 제1차 세계대전에 대한 '교차된 관점들'을 보자.

독일인과 프랑스인의 인식 속의 제1차 세계대전

o 독일과 프랑스 역사가들은 오랜 동안 제1차 세계대전의 원인에 대한 문제로 다투었다. 그들은 각각 상대방에게 그 책임을 물었다. 이 열띤 논쟁은 지나갔다. 베르사유 조약 제231조처럼 독일과 그 동맹국에게 모든 책임을 전가하는 사람은 오늘날 없다.

o 프랑스인의 집단기억 속에서 '거대한 전쟁'은 이를 '제1차 세계전쟁'이라 부르는 독일에서보다 더 큰 가치를 지니고 있다. 이것은 아마 동프로이센을 제외하면 전투행위가 독일 지역에서 거의 일어나지 않았기 때문일 것이다. 또한 독일에서는 나치즘과 제2차 세계대전이 매우 중요하게 여겨져서 제1차 세계대전에 대한 관심을 다 흡수했기 때문이기도 하다. 제2차 세계대전에 대한 독일의 책임은 독일인들 스스로도 부정하지 않고, 독일의 수많은 도시들이 파괴되었으며, 수많은 군인과 민간인이 사망하거나 부상을 당했다. 제1차 세계대전이 프랑스 사회에 미친 직접적 영향이 제2차 세계대전의 그것에 비해 컸다는 사실에도 그 원인이 있을 것이다. 독일의 경우는 그렇지 않았다.

o 프랑스 역사교과서에는 제1차 세계대전이 매우 상세하게 다루어진다. 특히 독일 서부전선의 사건들이 주목받는다. 반면 다른 전선에 대한 설명은 배경 설명에 불과하다. 독일 교과서는 전체적 조망 속에서 전쟁을 다룬다. 여기에서 제1차 세계대전은 20세기의 '시초 파국(Urkatastrophe)'으로 그려지며, 군사적 사건들은 적게 서술되어 있다.

새로운 차원

o 독일과 프랑스에서 연구자들은 이 전쟁의 새로운 차원들을 강조하고 있다. 전투의 극단적인 폭력성, 선전의 강도, 국민 동원(식민지 포함), 민간인에 대한 폭력이 그것이다. 특히 마지막 측면(벨기에와 프랑스에서의 독일군, 독일에서의 러시아군, 세르비아에서의 오스트리아군 등 점령군에 의한 민간인 폭력, 그리고 봉쇄로 독일과 오스트리아-헝가리 민간인들이 당한 고통 등)은 많은 연구물에서 다루어지고 있다. 아르메니아인들에 대한 집단학살(1915년)은 분명 극단적이고 특수한 경우다. 독일에서 자라고 미국에서 활동한 역사가 조지 모스에 따르면, 1914~1918년의 전쟁은 "유럽 사회의 폭력화"에서 중요한 역할을 했다. 모스는 1918년 이후 독일의 정치세계에 폭력이 점점 증가하는 현상을 설명하기 위해 이 개념을 만들었다.

o 전쟁에 대한 국민들의 동의 문제는 특히 프랑스에서 여전히 큰 논란거리다. 사람들은 군인들의 무조건적 헌신을 '동의'라는 개념으로 설명하려 한다. 하지만 많은 역사가들은 그들의 복종이 반드시 전쟁에 대한 개인적 동의를 뜻하는 것은 아니라고 지적한다. '전쟁문화'라는 개념은 전쟁이 삶의 모든 측면에 어떻게 영향을 미쳤는가를 연구하는 데 중요한 개념이다. 이 개념은 그러나 많은 역사가들로부터 너무 지나치게 단순화했다는 비판을 받고 있다.

4. 화합과 공영의 역사교육을 향하여

1963년 엘리제조약 이후 독일과 프랑스는 양국 정상은 물론이거니와 관련 당국과 시민 사회 사이의 줄기찬 만남과 교류를 통해 마침내 국민들 사이의 역사적인 '화해'를 일구어냈다. 어제의 앙숙이었던 독일과 프랑스는 오늘날 '사이좋은 이웃'이자 마치 '형제 나라'가 된 듯하다. 프랑스-독일 관계는 그만큼 역사적 앙금이 두텁게 쌓여 있는 한국-일본 관계와는 전혀 다른 방향으로 발전한 것이다.

진정한 화해는 자라는 세대에게 과거 역사에 대한 올바른 교육을 통해 이루어질 수 있다는 믿음을 공유한 두 나라 역사가와 교원들은 양국관계의 진전에 발맞추어 국경을 넘나들면서 역사교육 개선을 위한 만남을 되풀이했다. 지난 반세기 동안 정치권과 시민 사회에서 보여준 연대와 공영을 향한 움직임이 교육계에서 추진해온 화해의 역사교육을 위한 노력과 하나로 맞물리면서 마침내 공동 역사교과서라는 놀라운 성과를 만들어냈다. 바야흐로 공영의 미래를 여는 새로운 역사교육의 장이 열린 것이다.

물론 공동 역사교과서가 적어도 판매 부수나 채택률로 볼 때, 엄청난 성공을 거두었다고 평가하기는 어려울 것이다. 2006년 가을 학기에 두 나라에서 동시에 첫 권이 나왔을 때, 공동 역사교과서는 언론의 집중 조명을 받고, 학계와 교육계에서 찬사가 잇달았다. 하지만 전 세계의 이목을 끈 화려한 '등장'과는 달리, 공동 역사교과서 첫째 권과 둘째 권의 총 판매량은 두 나라 각각 4만 부 정도에 지나지 않았으며, 10만 부 이상을 자신한 출판사의 기대에 훨씬 못 미쳤다. 저조한 판매량은 독일과 프랑스 두 나라의 상이한 교육과정과 학습여건에 따른 것으로 어쩌면 애당초 우려한 결과이기도 했다.[10] 더구나 2009년 프랑스에서 정권 교체에 성공한 보수 여당이 교육 개혁을 단행하게 됨으로써, 고등학생용 역사 교육과정의 변동에 따라 공동 교과서의 입지는 더욱 줄어들었다. 결국 프랑스 나탕 출판사는 공동 역사교과서의 마지막 셋째 권을 단 7천 부 찍는 것으로 만족해야 했다.[11]

하지만 공동 역사교과서를 실패의 역사로 치부할 수는 없을 것이다. 그것은 독일인과 프랑스인의 화합과 공영의 정신을 담아

---

10 프랑스는 전국에 적용되는 중앙집중식 교육과정을 지닌 반면, 독일은 16개 주(Land)마다 독자적인 교육과정을 운용하고 있다. 애당초 공동 역사교과서를 만들 때부터 서로 다른 교육과정들을 절충해서 교과서의 내용과 성격을 조절해야하는 난제에 봉착했으며, 이렇게 만들어진 교과서 내용은 일선 교사와 학생의 기대에 미치지 못할 수도 있었다. 프랑스와 독일에서는 사실상 교과서 자유발행제가 시행되고 있으며, 신학기 마다 교과서들은 시장경쟁에 들어간다. 교과서의 선택은 일선 학교와 교사의 몫이다. 따라서 공동 역사교과서는 의무 채택이 아니라 권고와 추천의 대상이었을 뿐이다. 독일 교사들은 공동 역사교과서를 주교재로 보다는 보조교재로 사용하기를 선호했으며, 자율 교육을 중시하는 프랑스 교사들은 '정치적' 발의로 탄생한 '기획된' 교과서에 대해 거부감을 보이기도 했다. 결국 공동 역사교과서는 양국관계에 민감한 접경 지역에 위치한 학교들이나 '유럽 학급'이라는 통합 교과를 운영하는 학교들에서 주로 채택되는 경향을 보였다.

11 F. Lemaître, "Malheureux manuel franco-allemand", *Le Monde*, 2011.3.24.

미래 세대의 올바른 역사교육을 위해 만들어낸다는 교육 프로젝트로 시작된 것이다. 독일과 프랑스의 화해는 공동 역사교육의 가능성을 현실화했으며, 이렇게 탄생한 공동 역사교과서는 두 나라 사이의 우호와 선린을 더욱 돈독히 하고 더 나아가 통합 유럽의 전망을 밝히는 작은 시금석이었다. 공동 역사교과서는 어제의 앙금을 잊고 내일의 화합을 다짐하는 새로운 역사교육의 '실험실'이었으며, 프랑스와 독일의 역사적 화해의 '상징'이 되었다.[12] 그것은 '함께 쓰는 역사'의 역사상 첫 사례였다는 것만으로 충분한 역사적 · 교육적 의의를 지닌다. 독일-프랑스 공동 역사교과서가 화합과 공영을 위한 새로운 역사쓰기의 '모델'로 자주 운위되는 이유가 바로 여기에 있다.

그리고 프랑스-독일의 사례에 자극을 받아, 그동안 불가능하다고 여겨졌던 「독일-폴란드 공동 역사교과서」도 탄생했다. 나치즘 과거청산과 전쟁배상금 등 굵직한 정치현안이 부침을 계속하는 가운데도 1970년에 서독과 폴란드가 국교 정상화에 합의하고, 1972년에 독일-폴란드 교과서위원회가 설립되었다. 1990년대에 폴란드 민주화와 독일 통일, 독일-폴란드 화친조약 체결 등을 거치면

---

12 R. Bendick, "Le manuel d'histoire franco-allemand, une étape, mais quelle étape?," in St. Krapoth & Cl. Aslangul-Rallo(dir), *Les relations franco-allemandes en perspective, sources, méthodes et temporalités pour une approche des représentations depuis 1870,* Toulouse: Presses universitaires de Franche-Comté, 2016, pp. 387-388.

『에우로파, 우리의 역사』, 독일-폴란드 공동 역사교과서
독일판 제1권과 폴란드판 제2권

서 두 나라 사이에 청소년 교류와 공동 역사교육 논의가 면면이 이어졌으며, 마침내 2011년에 공동 역사교과서를 만들자는 합의가 이루어졌다.

　중학교 상급반 용 독일-폴란드 공동 역사교과서는 『에우로파, 우리의 역사(Europa, Unsere Geschichte/Europa, Nasza historia)』라는 제목을 달고 2016년에 첫째 권(고대부터 중세까지)이, 2017년에 둘째 권(근대부터 1815년까지)이, 2019년에 셋째 권(1815년부터 제1차 세계대전까지)이 출판되었다. 20세기를 다룬 마지막 넷째 권이 출판된 2020년 6월, 양국 역사가들과 교육 당국은 마침내 역사화해의 새로운 장을 열었다고 자부했다. 독일-폴란드 공동 역사교과서는 18세기 '폴란드 분할'부터 20세기 '폴란드 침공과 홀로코스트'에 이르기까지 일방적인 지배-피지배 관계를 맺게 된 두 나라 사이에는 공동 역사교육을 위한 합의가 사실상 불가능할 것이라는 예상을 깨고 이룬 성과라는 점에서 세상의 이목을 끌기에 충분했다.

「독일 - 프랑스 공동 역사교과서」는 탈 민족 다문화 시대에 걸맞은 새로운 역사 교육의 모델이 되기도 했다. 교류와 충돌의 오랜 기억을 간직한 지중해 연변 국가들에서는 교육 당국과 관련 단체들을 중심으로 2008년부터 '함께 쓰는 지중해 역사' 프로젝트를 추진했다. 2013년 지중해를 둘러싼 남유럽, 중동, 북아프리카 8개 국가의 역사가 15명이 공동집필한 『지중해, 함께하는 역사(Le Méditerranée, une histoire à partager)』가 출판되었다(먼저 프랑스어판이, 후에 아랍어판이 나왔다). 그것은 국민국가의 국경을 넘어서고 문명권 사이의 충돌을 벗어난 역사, 선사 시대부터 현재까지 지중해라는 거대한 역사 공간에서 펼쳐진 공유된 기억의 역사였다. 나라별로 다른 교육과정을 하나로 조율하기 힘든 현실적인 여건 탓에 학생용이 아닌 교사용 교과서로 선을 보였지만, 『지중해, 함께하는 역사』는 유럽과 중동 사이의 충돌이 날로 심해지는 시기에 역사 교육을 통해 상대방에 대한 편견과 불신을 걷어내고자 하는 교육적 사명을 뚜렷이 표방했다.

갈등의 역사에서 화합의 역사로 나아가려는 열린 역사교육은 현재 진행형이다. 제2차 세계대전 때 나치의 홀로코스트(유대인 대학살)로 악연을 맺은 이스라엘과 독일은 2010년에 공동위원회를 구성하고 양국의 학교 교과서를 함께 연구개발하기로 합의했다. 홀로코스트의 가해자와 피해자가 반유대주의에 적극 대처하고 문명의 화합과 선린을 도모하기 위해 합의된 역사교육이 필요하다는 데 동의한 것이다. 마찬가지로 오랜 식민지배와 유혈 해방전쟁의 악연을 맺은 프랑스와 알제리는 알제리 독립 후 반세기가 지난 오늘날 합의된 역사교육과 공동 역사교과서 제작을 위한 가능성을 타진하고 있다. 아랍계 이주민의 유입으로 골머리를 앓는 프랑스는 식민지배 과거사 청산과 무슬림과의 화합이라는 당면과제에 전향적으로 대응하는 길을 공동 역사교육에서 찾고 있는 것이다.

독도 문제를 계기로, 그리고 강제징용과 위안부 문제 등 식민지배 과거사로 인해 한국과 일본 사이의 역사 갈등이 또다시 불거지고 있다. 양국 정부 사이의 정치적 해결책이 물론 중요하지만, 그에 앞서 공동 역사교육을 통한 역사인식의 공감대를 넓히는 일이 필요하다는 데에는 이론이 없을 것이다. 물론 한국과 일본 양측의 공동 역사연구와 교육을 위한 논의와 노력이 면면히 이어지기는 했지만 여전히 제자리걸음이다. 한-일간 논의의 답보상태는 화합의 역사교육을 향해 처음으로 큰 걸음을 내딛은 프랑스-독일의 놀라운 성취와 좋은 대조를 이룬다. 한국과 일본 사이의 갈등이 최고조에 이른 오늘날, 프랑스와 독일 사이의 공동 역사교육을 위한 오랜 노력과 성과는 새삼 돌이켜보아야 할 것이다.

한일관계 갈등을 넘어 화해로

제8장

한일갈등의 주요 쟁점과 해결방안[*]

❚ 이원덕(국민대학교 일본학과 교수)

1. 최근의 한일갈등 심화

2010년대 이후 한일관계 악화는 장기적으로 지속되고 있다. 최근 들어 한일관계가 크게 악화된 계기는 2012년으로 보는 견해가 많은데 그해 주목할 만한 세 가지 사건이 있었다. 하나는 이명박 전 대통령의 전격적인 독도방문이고 둘째는 일본 천황에 대한 식민지배 사죄 요구 및 일본의 국제정치적 지위하락에 대한 평가 발언이고 셋째가 징용 피해자에 대한 일본 기업의 배상책임을 인

---

[*] 이 글은 경남대 극동문제연구소 국제관계연구 시리즈35『한일관계: 무엇이 문제이고 어떻게 풀어야 하나』의「정치적 문맥에서 본 한일관계」를 수정, 보완한 것이다.

정한 한국 대법원의 강제징용 판결이다. 일본국민은 특히 이명박 대통령이 천황에 대해 과거사 사죄 요구를 한 것에 대해 크게 반발했고 대법원의 판결도 이후 한일관계에 큰 악영향을 줄 것으로 여겨졌다.

이 상황에서 한일관계가 한층 악화되어 그야말로 최악의 국면으로 떨어지게 된 것은 2018년 말부터라고 할 수 있을 것이다.[1] 2018년 11월에 위안부 합의로 출범한 화해치유재단을 한국정부가 일방적인 해산결정을 내렸다. 이에 앞서 2018년 10월 30일에는 일본 징용기업의 피해자에 대한 법적 배상을 명령한 강제징용 대법원 판결이 확정되어 일본은 이에 격분한 나머지 불만과 반발을 노골화하게 되었다. 결국 한마디로 한일관계를 최악의 상황으로 빠트린 도화선은 징용 재판이라고 할 수 있다.

최근 한일관계에서 주목되는 현상은 일본국민 사이에 혐한 기류가 심각하게 강화 되고 있다는 점이다. 2000년대 이래 일본국민의 한국에 대한 호감도는 50-60%를 상회했으나 2012년 이후 30%대로 떨어졌고 2018년 이후 호감도는 더욱 급감하고 있는 추세이다. 한일관계 갈등이 정부 간 관계에 그치지 않고 국민 대중의 감정에까지 파고들고 있는 상황이라는 점에서 심각성이 존재한다. 일본

---

1 최근의 한일관계는 1965년 수교 이래 최악이라고 일컬어지고 있다. 한 때 외교관계 단절까지 검토되었던 1970년대 중반 김대중 납치사건, 문세광의 대통령 영부인 저격사건 시의 한일관계와 비교되고 있는 실정이다.

인의 혐한 감정은 어느 때 보다 높아지고 있고 한국국민의 반일감정, 정서도 고조되고 있다. 통계에 따르면 한국국민과 일본국민의 절반이 상대국에 대해 비 호감을 보이고 있다.[2]

양국의 국민감정을 더욱 부축이고 갈등을 조장하는데 미디어가 큰 역할을 담당하고 있다는 점은 널리 지적되고 있다. 특히 한일갈등은 문재인 정부와 아베 정부 사이에 가장 극명하게 나타나고 있다. 일본의 미디어는 문재인 정부를 '친북 반일 정권'이라는 프레임으로 보도하는 경향이 농후하다. 한편 한국의 미디어는 '아베 악마화' 프레임으로 아베 정부의 역사정책, 외교 안보정책, 교육정책 등에 초점을 맞추어 비판적으로 보도하는 경향이 있음을 부정하기 어렵다. 2020년 8월 아베 총리의 갑작스런 퇴진 이후 등장한 스가 정권에 대해서도 이러한 경향이 불식되었다고 보기는 어렵다.[3]

과거 한일관계는 일본의 과거사 도발에 대해 한국이 공세를 취하고 일본이 수세적으로 방어하는 양상이 지배적이었으나 최근 들어서는 일본이 오히려 위안부, 징용 문제를 들어 공세적인 태도를 취하고 이에 한국이 방어하는 상황이 벌어지고 있다. 즉, 한일간 공수가 전환되고 마치 가해자-피해자 관계가 역전된 것과 같은

2 EAI-언론NPO, 『공동여론조사 2018-2020』 참조.
3 한국의 주요 매체는 새롭게 탄생한 스가 정권을 아베정권의 충실한 계승자로서 보도하고 있으며 스가 정권이 각료직이나 자민당의 요직 인사와 주요 정책에 있어서 아베 정부의 입김에서 자유롭지 못함을 지적하고 있다. 스가 정권을 아베스 정권 혹은 아베정권 시즌 2로 보도를 하였다.

착각을 일으킬 정도로 한일관계의 전개양상이 이전과 180도 달라졌다.

뿐만 아니라 종래에는 독도, 망언, 위안부, 야스쿠니 등 일본발 역사 문제가 한일갈등에 원인을 제공하는 측면이 많았으나 최근에는 한일관계 쌍방에서 전 방위적 갈등이 양산되고 있는 양상이다. 위안부 문제와 징용 문제의 경우, 갈등의 촉발자 역할을 했던 것은 한국 사법부라고 할 수 있다. 즉, 2011년 헌법재판소는 위안부 문제가 기본적 인권의 문제임에도 불구하고 한국정부가 이를 해결하기 위한 노력을 경주하지 않은 것은 '부작위 위헌'이라고 판결했다. 이어 2012년 대법원은 강제징용 피해자들에 대해 해당 일본기업은 불법행위에 따른 배상을 지불해야 한다고 판시하였고 2018년 10월 이를 재확인하는 최종판결이 내려졌다. 징용 재판의 결과에 대한 한국 측의 무책에 대한 반발로 일본은 마침내 수출규제 강화라는 보복적 조치를 내렸고 한국은 이에 대한 대항조치의 하나로 GSOMIA 종료라는 강수를 두었다. 이제 한일관계 갈등 전선은 과거사 문제에서 외교적 갈등으로 외교에서 경제로, 경제에서 안보 분야로까지 확산되고 있는 양상이다.

한편, 한일갈등의 일본 측 원인자는 아베 정부의 이른바 우경화정책과 그에 대한 한국의 반발이라고 할 수 있다. 아베 정부는 2012년 말에 집권한 이래 평화헌법의 개정, 집단자위권의 용인을 허용하는 법제의 도입, 역사 수정주의적인 정책추구, 독도에 대한

주권주장의 강화를 추구하고 있는데 이는 한국의 강열한 반발과
저항을 초래하고 있다.

2. 한일갈등의 주요 쟁점

첫째는 위안부 합의를 둘러싼 갈등이다. 문재인 정부 출범 이
후 한국은 2015년 12월 위안부 합의의 사실상 사문화(형해화)를 시도
해 왔다. 아베 총리는 합의의 준수와 이행을 요구하였고 문 대통령
은 기회가 있을 때마다 피해자들과 국민들이 이 합의에 납득하지
못하고 있다는 이유를 들어 합의에 대한 비판과 불만을 제기하였
다. 문재인 정부 출범 후 설치된 〈위안부 합의 검토 Task Force〉는
위안부 합의가 절차적으로도 내용적으로도 잘못되었다는 결론을
내렸고 이 결론에 따라 정부는 한일합의에 의해 설립된 화해치유
재단에 대해 결국 일방적 해산조치를 내렸다. 아베 정부는 이에 크
게 반발하고 거듭된 항의를 해왔다. 아베 총리 개인 입장에서 보면
한국과의 우호협력관계를 유지하기 위해 일본국내 우익, 보수 세
력의 저항을 누르면서 한국과 어렵사리 타협했음에도 불구하고 신
정부가 합의를 사실상 파기하려고 하는 것에 대해 배신감과 분노
를 깊이 품게 되었다. 이는 아베 정부의 대 한국 불신을 강화하는 요
소로 작용하였다.

그러나 중요한 것은 문재인 정부가 위안부 합의 파기, 재협상을 요구하지 않겠다고 확언한 부분이라고 생각한다. 즉, 합의의 절차나 과정 그리고 내용에 여러 문제가 있음에도 불구하고 문재인 정부로서는 이 합의를 파기하거나 일본 측에 재협상을 요구하지 않겠다는 점을 분명히 했다. 따라서 일본 측의 불만에도 불구하고 위안부 문제가 한일 정부 차원의 새로운 외교 갈등 이슈로 부상할 가능성은 상대적으로 적어졌다는 사실은 분명하다.

둘째는 징용 재판을 둘러싼 갈등이다. 징용 문제는 당분간 한일관계의 악화를 심화, 확대 재생산시킬 수 있는 최대 악재로 볼 수 있다. 일본정부나 기업은 대법원의 판결에도 불구하고 배상금을 지불할 의도가 없고 대법원 판결이 한일 청구권협정의 위반이라고 해석하고 있다. 따라서 한국투자 일본 기업의 자산에 대한 압류조치 등 강제집행 과정에 대해 크게 반발하고 있고 이에 대한 대항조치를 강구해야 한다는 강경한 입장을 견지하고 있다.

한편 한국정부는 대법원의 재판이 민사재판이므로 정부가 관여하는데 한계가 있고 3권 분립 원칙하에 대법원이 내린 결정에 정부가 개입하는데 한계가 있으므로 일본기업은 배상에 응해야 한다는 원칙적 입장을 견지하고 있다. 다만 2019년 6월 19일 한국정부는 한국의 청구권 수혜기업과 일본 측의 징용기업이 자발적 출연에 의한 자금으로 대법원 판결에 따른 배상의무를 이행한다는 것을 전제로 한일 정부 간 협의를 개시하자는 제안을 했다. 그러나 일본 측은 즉각적으로 이를 거부했다. 이후 한일 정부 간 협의는 재개되지 못한 채 대립이 답보상태를 유지하고 있는 상황이다.

징용 문제를 둘러싼 갈등은 장기적으로 지속될 가능성이 클 뿐만 아니라 한일관계를 대결 국면으로 끌어갈 최대의 악재임에도 양국의 협상에 의해 문제가 해결될 가능성이 별로 크지 않다는 점이 우려된다. 징용 문제 해결 없이 한일관계 개선은 사실상 어렵다고 생각된다.

셋째는 바다에서 벌어진 해군 갈등이다. 2018년 말 징용 재판과 더불어 한일관계를 악화시킨 또 하나의 악재는 제주 관함식 욱일기 파동과 일본 초계기 화기관제 레이더 사건이라고 할 수 있다. 제주 관함식에 욱일기를 게양한 해상자위대의 참가가 우리 당국에 의해 거절되자 일본 측은 크게 반발하였다. 과거 유사한 행사참가에는 욱일기가 문제되지 않다가 갑작스런 거절 의사 표명에 일본 측은 큰 불만을 표출했다. 한국 측은 국내 정서 및 여론을 고려할 때 욱일기를 단 자위대 함정의 입항은 곤란하다는 입장을 전달했고 일본은 관함식에 불참했다.

또 하나는 레이더 갈등 사건이다. 동해 해상에서 조난중인 북한선적을 구조하기 위해 출동한 한국 구축함과 일본 초계기가 근접하는 상황에서 한국이 사격관제 레이더를 조준했다고 주장하는 일본과 한국 구축함에 일본 초계기가 근접비행 함으로써 위협을 가했다는 한국 측 주장이 팽팽하게 맞서는 갈등이 지속되었다. 한국 국방부와 일본 방위성은 몇 차례에 걸쳐 보도문 발표와 기자회견을 통해 자신의 입장을 주장함과 동시에 상대방의 입장을 반박하는 이례적인 상황이 몇 달째 이어졌다.

실제로 청와대의 인식은 일본 측이 우리 해군이 사격관제 레이더를 조준하지 않았음에도 불구하고 일본이 국내정치적 이용 목적으로 자기주장을 반복하고 있다는 것이고 반면 일본 총리 관저는 한국 측이 레이더 조사를 했음에도 그 사실을 부인하고 있다는 인식이 존재한다.[4] 사실상 한일 양국 해군 사이에 발생한 해프닝적인 사고임에도 불구하고 정치적 대립으로 비화되었다는 것은 매우 특이한 일이다. 더욱이 한국 해군과 일 해상자위대 간의 교류와 협력의 경위를 생각할 때 이 사태는 예외적인 것으로 해석된다.

이 사태는 한일관계 악화가 원인이라기보다는 오히려 악화의 결과로 발생한 것으로 해석하는 것이 타당할 것이다. 즉, 한일정부 간 불신이 최고조에 달해 있기 때문에 발생한 해프닝적인 사고라고 할 수 있다. 당국 간 진지한 실무 대화가 있다면 얼마든지 단기적으로 수습할 수 있는 일임에도 최고 지도부 간의 외교적 대립 사안으로 장기화되었다는 것 자체가 매우 이례적이다.

넷째, 대북정책을 둘러싼 온도 차이다. 문재인 정부는 출범 후

---

4 남관표 주일대사 및 주한일본대사관 정무공사와의 면담.

부터 대북정책을 대화와 협력의 방향에서 추진하였고 마침내 세 차례의 역사적인 남북정상회담을 개최하였다. 더 나아가 세 차례의 북미 정상회담을 견인하는 획기적인 대북 이니셔티브를 지속적으로 발휘했다. 이러한 과정에서 일본은 소외되거나 무시되는 상황이 이어져 왔다. 이는 '재팬패싱론'이라고 일컬어지고 있다.

한편 아베 정부는 문재인 정부의 대북 접근과 비핵화 협상을 한편으로 평가하면서도 다른 한편으로는 북한체제와 북핵 문제에 대한 깊은 불신을 지니고 있어 문재인 대통령의 대북정책을 너무 나이브한 것으로 보는 회의적인 시각을 가지고 있다. 북한 핵-미사일 문제의 해결이라는 공통의 목표를 가지고 있음에도 불구하고 한국과 일본은 대북 접근에 대한 온도차를 여전히 보이고 있으며 대북정책의 수단과 방법에 있어서 크나 큰 차이를 보이고 있다.

북한 핵 문제를 풀기 위해서는 한국은 북미, 남북한 간의 대화와 협상을 우선하고 있고 일본은 제재와 압박을 통해 북한을 변화시키는 쪽에 더 큰 비중을 두고 있다. 이러한 입장 차이는 또 한편으로는 한국이 민족 문제로서의 북한 문제와 북핵 문제를 동시에 안고 있는데 반해 일본은 안보 문제와 납치 문제, 전후처리 문제라는 시각으로만 북한을 바라보는데서 오는 차이이기도 할 것이다.

3. 동북아 국제질서의 재편과 한일관계

　2010년을 전후하여 한일관계를 규정하는 국제정치적 요소에 커다란 변화가 도래하고 있다. 물론 이러한 변화는 수년 동안 급격하게 단기적으로 진행되었다기보다는 냉전체제의 붕괴 이래 1990년대부터 장기적인 시간 축 속에서 지속되어 온 추세적인 변화로도 볼 수 있다. 21세기 들어 동아시아 국제질서는 바야흐로 미중 양강 구도로 급속도로 재편되고 있다. 즉, 21세기 동북아 국제질서는 상대적인 힘의 저하 속에서도 여전히 초강대국의 지위를 유지하고 있는 미국과 강대국으로 대두하는 있는 중국, 양국 중심으로 새롭게 형성되고 있다. 한일관계를 이완시키는 구조적 배경은 네 가지이다.

　첫째, 냉전종식이후 한일관계의 갈등은 오히려 증폭되었다. 냉전 시기 한일 간의 결속을 강화시켰던 요인은 미국의 동아시아 전략 하에서의 반공 연대였다. 미국은 냉전 체제 하에서 한국과 일본의 긴밀한 협력을 기반으로 하여 대 공산권 봉쇄전략을 추진해 왔다. 이러한 국제정세 하에서 한일 간의 독도 및 역사인식을 둘러싼 갈등은 잠복될 수밖에 없었다. 그러나 냉전체제의 붕괴로 그 동안 잠재되어 있던 민족주의적 갈등 요소는 여과 없이 표면으로 분출하게 되었다.

　2010년을 전후로 하여 동북아시아의 국제질서는 지각 변동을 맞이하게 되었다. 중국의 강대국으로서의 급부상과 일본의 상대적

힘의 쇠퇴 그리고 중견국으로서 한국의 등장이 그것이다. 동아시아에서 미중 양강 구도의 등장은 한일관계의 성격 변화에도 큰 영향을 미치게 되었다. 2012년 이후 격심한 한일, 중일 간의 대립과 마찰이 벌어진 것은 동아시아의 세력전이 현상과 더불어 한국과 중국의 정권교체가 동시 진행하면서 나타난 세력균형의 유동화 때문이라고 할 수 있다.

둘째, 한일 양국관계의 측면에서 보면 한일 간에는 정치인, 경제인의 인적 채널 및 네트워크에서 급격한 변화가 초래되었다. 이러한 현상은 90년대 이후 양국의 잦은 정권 변동과 정치인의 세대교체에 의해 더욱 심화되었다. 특히 한국의 권위주의 정권 하에서 형성 유지되어 왔던 정치인 간의 비공식 인맥관계는 단절되었다. 1965년 국교수립 후 한일 정치인 간에는 수많은 공식, 비공식적 채널이 잦은 회합이나 긴밀한 의견교환을 통해 민감한 정치현안이나 갈등 사안은 막후에서 조정, 타협되는 경우가 많았다. 이러한 인적 네트워크는 점차 약화되었고 2000년대 이후에는 더 이상 작동하지 않게 되었거나 그 의미를 상실하였다. 정치인 간의 교류나 접촉기회가 상대적으로 줄어들었을 뿐 아니라 갈등 발생 시 문제해결 능력은 급격하게 떨어졌다. 한일관계는 더 이상 특수한 관계가 아닌 보통의 양자관계로 변화되었고 양국 간 현안은 한일의 정치, 경제 엘리트가 더 이상 조정할 수 있는 수준을 넘게 되었다. 반면 시민사회, 지방자치체, 기업 차원의 교류는 폭발적으로 증대했다. 이처럼 한일관계가 어떤 의미에서 보통의 관계로 변화되면서 갈등을 수습하고 완화시켜 줄 수 있는 정치적 매커니즘은 더 이상 작동하지 않게 되었다.

셋째, 한일 간의 양자관계가 수직적 관계에서 수평적 관계로 점차 이동하고 있다는 점 또한 양국관계를 이완시키는 요소가 되고 있다. 1960년대 이래 한국은 지속적인 고도성장으로 마침내 선진경제로 도약했으며 한편으로 80년대 후반 이래 정치사회적 민주화의 성과도 착실하게 달성하였다. 1990년대 한국의 OECD 가입은 한국이 선진국의 일원으로 진입했음을 상징적으로 보여주었다. 한국이 비교적 단시일 내에 정치적 민주화와 경제성장을 동시에 이룩함에 따라 국민들은 국력신장을 바탕으로 보다 당당한 외교를 요구하는 목소리가 강화되었다. 권위주의 정권이 한국을 지배하던 시대만 하더라도 한일 간의 역사 문제가 뜨거운 외교 쟁점으로 등장하는 일은 상대적으로 많지 않았던 반면, 국력신장과 민주화가 동시 진행되면서 대일 자세는 큰 변화를 겪게 되었다. 민주화 이후 한국정부는 폭발적으로 표출되는 국민들의 대일 감정을 적극적으로 옹호하거나 경우에 따라서는 국민의 대일 감정을 활용한 강성 대일 정책을 추진하게 되었다. 특히 민주화와 정치권의 세대교체에 따라 영향력이 강화된 한국의 젊은 세대는 인터넷 매체를 통해 강렬한 민족주의적 정서를 표출하며 대일 정책에 있어서 강경 여론을 주도하고 있다고 해도 과언이 아니다.

넷째, 일본 국내적 요인도 간과할 수 없다. 90년대 후반 이후 일본의 정치적 지형은 보수 우경화가 날로 강화되어온 것으로 파악된다. 일본에서는 이제 평화헌법 개정론이 대세로 자리 잡고 있으며 자위대의 보통 군대화 움직임 또한 당연한 변화로 인식되고 있다. 총리 및 각료의 야스쿠니 참배에 대한 비판 움직임도 상당히 무뎌졌다. 국민의 역사인식도 2000년대 이후 점차 보수적인 방향으로 회귀하고 있는 것이 일본의 현 주소다. 이러한 경향은 한마디로 평화국가로부터 군사적 보통국가로의 탈바꿈이라고 할 수 있는데 일본국민은 큰 저항 없이 이를 받아들이고 있다.

일본의 국가주의화 경향은 정계의 세대교체에 크게 영향 받았다. 전후세대 정치인들은 미일동맹 중심의 강성 외교 안보정책 추진을 주도하고 있으며 이 과정에서 한국, 중국 등에 대한 근린 외교의 비중이 약화되었다. 이러한 상황에서 독도 문제나 역사마찰로 인한 한일관계 악화는 이들에게 심각한 외교현안이 되지 못한다. 전후세대 일본인들은 역사의 속박으로부터 자유로우며 일반적으로 과거 식민통치와 아시아 침략역사에 대한 속죄의식을 지니고 있지 않다. 따라서 영토 문제나 역사인식 문제에 대해 거침없는 발언과 행동을 취하는 경향이 농후하다.

이러한 경향은 2009년 민주당 집권기 잠시 주춤했으나 2012년 아베 정권의 등장으로 말미암아 정점에 달한 느낌이다. 아베가 이끄는 자민당은 두 번의 중의원 선거와 세 번의 참의원 선거에서 압도적인 승리를 거두며 일본정계를 사실상 총보수화 일색으로 변화시켰다고 해도 과언은 아닐 것이다. 일본의 국가주의화 경향에 대해 견제 역할을 담당했던 이른바 진보-리버럴 세력은 고령화, 약체화되었고 야당은 지리멸렬하였다. 게다가 정계의 이러한 보수화 추세에 대해 일정한 비판과 자정기능을 수행해 왔던 시민사회 세력도 상대적으로 크게 약화되었다.

4. 한일관계 악화의 구조와 원인

2012년 이래 한일관계는 급속히 악화되었는데 그 원인은 한마디로 말하자면 양국 지도층 간의 소통 부재와 양국의 미디어 보도를 경유하여 나타난 국민 레벨의 극단적인 상호인식의 확산에서 찾을 수 있다. 말하자면 한일관계의 극단적인 악화는 존재론적인 차원의 문제라기보다는 인식론적인 차원에서 발생하고 있는 것이다. 더욱 우려되는 것은 지나치게 단순화된 인식론의 횡행 속에서 양국의 외교정책에서 핵심적으로 중요한 전략적인 관점이 무시되거나 전략적인 사고의 영역이 점차 설 땅을 잃어가고 있다는 점이다.

첫째, 상호인식의 괴리 현상에서 그 원인을 찾을 수 있다. 한국 국민은 한마디로 아베 총리가 통치하는 일본이 위험한 우경화의 길로 치닫고 있다고 인식하고 있다. 아베는 2012년 말 자민당 총재경선 과정에서 일본군 위안부와 관련된 고노담화 철회 가능성을 언급하였고 무라야마 담화를 수정하여 새로운 역사담화를 내놓겠다고 발언하였다. 이와 더불어 그는 일본의 전후 정치에서 조심스럽게 다뤄져 왔던 헌법개정, 안보정책의 전환을 주장하며 이른바 전후 체제로부터의 탈각을 시도하는 일련의 정책을 추진했다. 이에 대해 한국의 미디어는 일제히 아베 정권 등장 자체를 매우 위험한 징조로 받아들이는 한편 아베 총리가 이끄는 일본이 과거 군국주의로 회귀하는 것이 아닌가 하는 위기감을 부추기는 보도를 하였다.

이러한 한국의 대일인식의 배경에는 식민통치의 기억이 큰 부분을 차지하고 있어 편견과 선입견이 앞서게 되는 측면이 존재한다. 한국의 일본인식에는 아베 총리의 정치적인 유전인자를 우익적인 것으로 지나치게 단순화하여 파악하고 있다. 이를 바탕으로 한국에서는 아베 총리가 주도하는 역사관련 행보, 평화헌법 개정 움직임, 안보정책의 전환 시도 그리고 영토정책을 우경화라는 프리즘을 통해 하나의 위험한 패키지로 보는 경향이 농후하게 나타나고 있다.

한편, 일본의 한국인식에도 지나친 단순화와 객관성의 결여라는 문제가 존재한다. 일본의 한국인식이 최근 급속하게 부정적으로 기울게 된 데에는 2012년 여름 이명박 대통령의 전격적인 독도방문과 천황사죄 발언 그리고 일본의 국제적 위상에 대한 저평가 발언이 결정적인 계기로 작용했다. 이와 더불어 헌법재판소의 일본군 위안부 청구권 소멸에 대한 위헌 판결(2011년 8월), 대법원의 징용판결(2012

년 5월, 2018년 10월) 이후 대일 배상 보상 요구가 한국 국내에서 표면화되면서 일본사회에서는 한국피로(사죄피로) 현상 내지 혐한 분위기가 강화되었다. 그 이면에는 최근 한국이 경제, 산업, 문화, 스포츠 등 몇몇 분야에서 일본의 강력한 경쟁 또는 경합 상대로 등장하게 됨에 따라 과거 수직적이었던 양국관계가 수평적인 것으로 바뀐 것에 대한 인식의 부적응 상태가 존재한다고 할 수 있다. 일본사회에는 바야흐로 중견국 한국의 대두를 막연하게 두려워하고 불편하게 느끼는 정서가 서서히 표면화되고 있다고 할 수 있다.

일본의 부정적 한국인식에서 또 하나의 중요한 부분을 차지하는 것은 한국의 대중 접근이다. 물론 박 대통령의 사드배치 결정 이후 전개된 한중관계의 갈등 덕택에 이른바 일본 내의 '중국경사론'은 희석되고 있다. 2010년대 이후 일본의 대중인식은 한 마디로 중국 위협론으로 자리 잡고 있다고 할 수 있다. 센카쿠를 둘러싼 중일 갈등이 첨예화하고 있는 가운데 많은 일본인들은 중국을 위협과 경계의 대상으로 바라보고 있다.

중국은 표면적으로 보기에는 고도 경제성장과 정치군사 대국화를 달성했지만 그 내면에는 사회경제적 격차, 정치적 독재와 부정부패, 민족 문제, 버블경제 등 많은 모순과 문제점을 안고 있는데 한국은 그러한 중국을 잘 모르고 순진하게 대할 뿐만 아니라, 나아가 역사 문제 등에서 일종의 반일 연대를 추진하고 있다는 인식이 확산되었다. 이것이 일본의 혐한 정서를 부채질하고 있는 것이다.

이와 같이 최근 극단적인 경향으로 치닫고 있는 양국 간의 상호인식은 상당부분 상대국에 대한 오해와 편견을 기반으로 하고 있음을 알 수 있다. 이러한 양국의 뒤틀린 상호인식이 수그러들지 않고 시간이 경과하면서 더욱 악순환의 길을 걷고 있다는 점이 심각하다.

둘째, 양국의 리더십 간의 불통과 불신도 관계악화의 요인이 되고 있다. 한일 정상 간에는 제대로 된 공식 정상회담은 2011년 이명박-노다 회담 이래 9년이 지나도록 개최되지 못하고 있다. 두말할 것도 없이 위안부, 징용자 피해 문제, 독도 문제 등 역사 문제, 영토 문제로 한일관계가 갈등과 마찰을 거듭했기 때문에 정상회담 개최가 외면되고 회피 되었다고 할 수 있다. 현대 외교에 있어 정상회담이 갖는 중요성은 말할 나위도 없지만 한일관계사의 경위에 비추어볼 때 양국관계에서 정상회담이 지닌 역할과 비중은 아무리 강조해도 지나침이 없다고 할 것이다. 양국관계가 악화되어 정상회담 개최가 어려운 측면도 있지만 정상 간의 대면이 이뤄지지 못하기 때문에 더더욱 한일관계 악화가 확대 심화되고 있는 면도 존재한다고 말할 수 있다.

문재인 대통령과 7년 8개월이나 장기 집권한 아베 총리 개인 간의 신뢰와 대화도 매우 부족한 편이었다. 사실상 정상 간 진지한 대화 채널은 두절된 상태로 보인다. 청와대와 총리관저 사이의 대화 파이프는 사실상 가동하지 못하는 상태이다. 외교 당국 간의 전략적 소통 파이프도 예전에 비해 훨씬 부족한 상태라고 할 수 있다. 최고 지도부 간의 관계가 소홀해지면서 당국 간 대화 채널도 엷어졌다고 할 수 있다.

문재인 대통령의 취임 후 한일 정상의 첫 대면이 2017년 7월초 함부르크에서 개최된 G20 회의에서 성사된 이래 블라디보스톡 동방포럼, ASEAN+3 회의, 동아시아정상회의(EAS), APEC 정상회의 등에서 이뤄졌다. 2018년 들어서도 평창올림픽 개회식, 한중일 정상회담 등 다자 무대에서 몇 차례 양 정상의 만남이 이어졌다. 더불어 정상 간 전화회담은 중요한 계기가 있을 때마다 수시로 이뤄져왔으며 정상이 주도하는 특사외교 또한 일상화되었다고 할 수 있다. 그러나 2018년 10월 이후 2년이 넘게 한일 정상 간의 대면 만남은 단절된 상태이다. 징용판결 이후 양 정상은 다자회담 석상에서도 만남을 회피하고 있다.

한국의 정치 일정상 2021년 4월 서울시장과 부산시장 보선이 예정되어 있고 그 후엔 2022년 3월로 예정된 대통령 선거 국면이 시작될 것으로 보여 대일외교에서 문재인 대통령의 리더십 발휘에 어려움이 가중될 것으로 보인다. 한편 아베 총리는 9월 자민당 총재선거에서 무난히 당선되어 2021년까지 장기집권이 보장되어 역사상 최장수 총리로 기록되었으나 건강악화로 인해 갑작스럽게 사퇴하고 스가 정권이 등장하였다. 한반도 문제에 관해 역할이 점차 축소되고 있는 일본으로서는 스가 정부의 등장 이후에도 북한에 대한 접근을 시도할 가능성이 높다. 납치 문제의 해결을 과제로 안고 있는 일본으로서는 김정은 위원장과의 정상회담을 추진하기 위안 노력을 계속 경주해 갈 것으로 보인다. 2018년 10월에는 중일 평화조약 40주년을 기해 중일 정상회담이 개최되어 오랫동안 대립과 마찰을 겪어왔던 중일관계는 관계 복원 및 개선의 방향으로 선회되고 있다. 점차 격화되고 있는 미중 전략 대결로 말미암아 일본의 대중외교에도 한계가 없는 것은 아니지만 중국도 미국을 견제하기 위해 일본과의 관계를 중시하고 있고 일본도 대중관계의 관리를 햇징(hedging) 차원에서 신경 쓰고 있는 상황이다. 문재인 정부로서는 이러한 동북아 국제정세의 변화에 전략적으로 대응하기 위해서라도 정상회담을 통해 대일관계 복원을 꾀할 필요가 있다. 점차 심화하는 미중 패권 경쟁 구도 하에서 한일은 전략적 이익을 공유하고 있는 부분이 상당히 크기 때문에 양국의 공조와 협력을 강화할 필요가 절실하다고 할 수 있다.

셋째, 양국이 상대방에 대해 생각하는 전략적 비중과 중점에도 과거에 비해 큰 차이가 발생하고 있다. 한일은 상대방에 대한 전략적 중요성 내지 비중을 과거에 비해 훨씬 낮게 평가하고 있음이 확인된다. 가령 무역의존도만 보더라도 일본은 한국에게 무역상대국 5위 국가이고 한국은 일본에게 3위 국가가 되었다.[5] 한국정부의 수뇌부는 한반도 평화 프로세스에 아베 정부가 건설적 기여는 커

---

5 1965년 이래 30여 년 동안 일본은 한국의 무역 비중에서 줄곧 1,2위를 차지했었다.

녕 오히려 방해 세력이 되고 있다는 인식을 지닌 것으로 추정된다. 문재인 정부는 한반도 신경제, 신남방, 신북방정책으로 대외전략의 중점을 이동시키고 있다. 즉, 공간적으로 한반도의 남북으로 외교적 외연을 확장하면서 일본에 대해서는 상대적으로 경시하는 전략을 추구하고 있는 것으로 보인다.

한편 아베 정부 등장 이후 일본의 한국에 대한 전략 및 인식도 역시 크게 변화하고 있다. 아베 정부는 인도 태평양 전략 구상을 주창하면서 대미동맹을 핵심으로 하는 중국 포위망 구축을 추구하고 있으며 호주, 인도, 동남아시아 등 태평양-인도양의 주요 국가 간 전략적 연대 강화에 힘을 쏟고 있다. 이러한 과정에서 한국의 전략적 중요성은 상대적으로 하락하였고 한국은 이제 일본의 대외 전략에서 애매한 위치가 되고 있다. 일본은 미국-호주-인도-동남아 지역을 잇는 이른바 해양국가 동맹구축을 핵심적 전략으로 추구하고 있다. 『외교청서』, 『방위정책의 대강』 등 일본정부의 정책문서에서 한국에 대해 "자유민주주의, 시장경제의 가치와 규범을 공유하는 나라", "전략적인 협력이 필요한 근린국가" 라는 기술은 점차 희미해지거나 삭제되는 경향이 나타나고 있다. 일본 내 보수우파의 담론에서 한국은 '신 에치슨 라인' 밖에 위치한다는 식의 논법도 자주 등장하고 있는 것이 현실이다.[6]

---

6 『문예춘추』 등의 일본의 보수계 저널 등에서 확인된다.

5. 바람직한 대일외교의 방향

한국정부는 대일관계를 재구축하기 위한 전략을 가다듬어야 할 필요가 있다고 생각된다. 먼저 대일외교 재구축을 위해 한일관계가 지니는 전략적 중요성에 대해 생각해 볼 필요가 있다. 한일관계는 한국의 입장에서 볼 때 단순한 양자관계를 넘어 한국외교의 기축이라고 할 수 있는 한미동맹의 숨은 코드와도 같은 존재로 사실상 한미일 협력체제와 깊이 연동되어 있음에 유의할 필요가 있다. 그러한 의미에서 대일관계는 한국의 글로벌, 지역차원의 전략외교 추진에서 매우 중요한 비중을 가지고 있다. 즉, 도쿄 축을 활용한 대미외교, 대중외교, 대러외교를 구상하는 상상력이 요구된다고 하겠다.

한일관계는 동북아에서 한·미·일, 한·중·일, 한·러·일 등 소다자주의 협력 체제를 가동하고 탄력적이고 유연한 외교를 구사하는데 매우 중요한 외교 자산이라는 점도 간과해서는 안 된다. 과거사 문제에 대한 과도한 집착으로 대일관계의 운신 폭을 스스로 묶어놓고 대일외교의 선택 폭을 좁히는 것은 외교의 패착이라고 할 수 있다. 한일협력을 기반으로 하는 동아시아 지역외교, 글로벌외교는 의외로 한국외교의 열린 전략적 공간이라고 볼 수 있다. 그런 의미에서 보면 대일외교의 전략적 공간은 상대적으로 넓고, 대미, 대중, 대러, 대북정책에서의 활용도는 상당히 높다고 여겨진다.

중장기적인 관점에서 볼 때 미중 양강 구도로 펼쳐지는 동북아질서 속에서 한일은 다층적이고 다차원적인 협력을 추진하는 방향으로 나가는 것이 바람직한 방향이다. 냉전시대 서유럽(독/불/폴란드) 국가들이 미소가 이념적, 군사적 대립을 벌이는 동안 스스로 전쟁과 대립의 역사를 화해로 극복하고 유럽을 평화와 번영의 공동체로 만들어간 역사적 과정은 미중 양강 구도에 끼어있는 한일관계의 미래비전을 생각하는데 많은 시사점을 제공하고 있다.

한국, 일본, 동남아, 인도, 호주 등 아태지역의 대부분 국가는 안보 면에서는 미국에, 시장 측면에서는 중국에 의존하고 있다는 공통점이 존재한다. 이들 국가 간 수평적 공조 협력관계의 구축은 중요한 외교적 과제이며 한일관계는 이러한 중간지대 협력을 견인할 수 있는 기반이 되는 양자관계이다. 북핵 문제 및 북한 문제 해결과 장기적 통일외교의 국제적 기반 구축 차원에서도 대일관계의 관리는 전략적으로 중요한 과제임을 깨달을 필요가 있다.

민주국가에서 국민여론은 중시되어야 하나 역으로 국민정서, 대중의 감정에 휩쓸리는 대일 과거사 외교의 함정에 빠져서는 안 된다는 점을 강조하고 싶다. 냉철한 국익의 계산과 철저한 전략적 사고로 대일외교를 정립해야 하며 그 기반은 일본의 있는 그대로의 리얼리티를 제대로 읽는데서 출발해야 한다. 대일외교의 이제까지의 경위를 보면 중요한 것은 〈무엇을 해야 하나〉가 아니고 〈무엇을 하지 말아야 하나) 일 수도 있다. 무엇보다도 국민감정에 편승하거나 국민정서를 고려한 행동을 감행하는 대일외교 행동의 유혹에 빠져서는 안 될 것이다.

5.1. 징용 문제 어떻게 풀 것인가

징용 문제를 둘러싼 갈등은 장기화될 가능성이 클 뿐만 아니라 한일관계를 대결 국면으로 끌어갈 최대의 악재이다. 사실상 징용 문제 해결 없이 한일관계 개선은 어렵다고 보여 진다. 현재 징용 재판의 피고 기업인 신일철주금과 미쓰비시중공업의 한국 내 자산에 대한 강제집행이 한국 법원에서 진행 중이다. 언론 보도에 의하면 대구지법 포항지원은 2020년 6월 1일자로 일본제철(구 신일철주금)이 보유한 주식회사 PNR(한국 소재 회사)의 비상장주식에 대한 압류명령 결정문을 채무자인 신일철주금에 대해 공시송달하기로 결정하였다.[7] 이 결정으로 집행절차가 다시 진행될 것으로 보이는데 실제 집행과 주식에 대한 현금화가 이루어진다면 이는 한일관계가 루비콘강을 건너는 것으로 여겨지고 있다. 이러한 조치에 대한 대응으로 일본정부의 한국에 대한 보복은 한 단계 업그레이드 된 차원에서 더욱 거세질 것으로 예상된다. 일본정부는 현재 취해진 수출

---

7   이수정, 「일본제철 자산 압류, 법원 공시송달 결정 ... 매각 절차 또 한발」, 『중앙일보』, 2020.6.4.

규제 강화 조치 및 화이트리스트 제외 외에 금융보복 조치, 관세 보복, 비자발급 제한, 송금 제한, 일본 내 한국자산 일시 동결 조치 등의 보복조치를 취할 가능성이 높다.

이렇게 되면 한국의 산업, 경제에 주는 타격과 피해는 막대하고 장기화될 것이며 한국정부는 더욱 강경한 대항조치를 강구하게 될 것이고 이 역시 일본의 산업-경제에 주는 피해 확대로 이어질 것이다. 이른바 한일 간의 경제 전쟁이 현실화될 것으로 예상된다. 물론 피해의 한일 비대칭성에 유의해야 할 것이다. 기본적으로 일본은 내수경제, 한국은 대외경제 의존도가 매우 높은 경제이므로 한국의 피해가 더 클 것으로 예상된다. 더불어 글로벌 서플라이 체인(제조업의 국제공급 망), 산업의 국제 분업구조에도 교란 요인으로 작용하여 궁극적으로는 국제 경제 질서에도 적지 않은 악영향을 끼칠 것으로 예상된다.

현 단계 한일관계에서 요구되는 것은 더 이상의 사태악화를 막고 현안해결을 꾀할 수 있는 시간적 여유를 확보하는 것이다. 따라서 한일관계의 파국을 초래하는 시한폭탄과도 같은 존재인 강제집행 과정을 당분간 중단시킬 수 있는 잠정적 조치가 요구된다. 한국정부가 피해자 그룹(징용 재판 원고단)과의 조율을 통해 법원에서 진행되고 있는 강제집행조치를 일시적으로 보류하는 방안을 탐색하는 것이 사태해결의 단서가 될 수 있다. 이러한 잠정적 조치를 마련한 후, 일본과의 협상에 나서게 된다면 경제보복 조치를 결과적으로 철회시킬 수 있을 것으로 예상되며 징용 문제 해결을 위한 정부 간 외교 협상도 개시될 수 있을 것으로 기대된다.

만약 법원에서 압류된 일본기업 자산의 현금화(매각) 과정을 보류하는 잠정조치가 취해지고 징용 문제 해결의 시한과 로드맵이 제시된다면 결국 일본의 경제보복 조치도 철회 수순을 밟게 될 것이고 그렇게 된다면 GSOMIA의 원상복귀 결정도 자연스럽게 이루어질 수 있다. 징용 문제 해결에 필요한 시간적 여유를 확보하게 된다면 국내적으로는 1) 외교협상을 통한 기금구성에 의한 해결, 2) 중재위원회 또는 국제사법재판소에의 공동제소에 의한 사법적 해결, 3) 배상포기와 피해자 국내구제를 축으로 하는 정치적 결단에 의한 해결이라는 세 갈래 선택지를 놓고 각각의 장단점을 면밀히 검토하여 어느 쪽이든 최종적인 선택을 할 수 있을 것이다.

최종적인 결론에 이르는 과정에서 국민적 합의와 초당적인 지지를 획득하기 위해 정부는 해당부처의 책임자와 민간 전문가로 이뤄지는 가칭 제2의 〈민관공동위원회〉를 구성하여 이 문제에 대처하도록 조치를 취하는 것이 바람직하다고 사료된다. 시간을 벌어서 어떻게든 징용 문제에 대한 해법을 찾아내는 것이야말로 경제 보복에 대한 정공법이며 가장 효과적인 대응책이 된다. 필자는 일본의 보복을 초래한 징용 재판 결과를 처리하는 데는 다음과 같은 세 가지 방안이 존재한다고 생각한다.

하나는 2019년 6월 19일 외교부가 제안한 한국기업+일본기업

출연방식에 의한 위자료 지급방안에 한국정부의 역할을 더하여 2+1 체제로 꾸려 보다 완성도가 높은 해결방안을 제시하고 일본과 협상을 벌이는 것이다. 이 경우 피해자 그룹과 국내 출연기업과의 사전협의는 필수적이다. 기금이나 재단 방식으로 해결하려면 피해자 규모와 배상액이 어느 정도 가늠되지 않으면 안 된다. 이러한 일련의 험난한 과정을 진행하는 데 있어 우리정부의 중심적인 역할은 매우 중요할 수밖에 없다. 징용 문제와 관련된 모든 이해 집단과의 종합적인 조율이 제대로 이뤄지지 않을 경우, 이 해법은 사상누각이 될 수 있다는 것이 최대 난점이다. 말하자면 이 해법이 불완전연소로 끝나지 않기 위해서는 철저한 궁리와 더불어 치밀한 조율이 필요하다. 이 기금방식은 지난 2019년 12월 당시 국회의장이었던 문희상 의장이 "일제 강제동원 피해자 지원 법안"이라는 이름으로 대표 발의한 법안에 포함되어 있다. 문희상 안에 따르면 한국기업+일본기업+양 국민의 성금으로 기금을 조성하여 이 기금으로 징용피해자에 대한 배상을 대위변제하는 것을 중심축으로 하고 있다. 즉, 일본기업 및 국민성금으로 기금을 구성하는 것을 내용으로 하는 법률을 제정함으로써 징용 문제의 해결을 꾀하는 것이 그 요체이다.

두 번째 방안은 징용 문제의 사법적 해결을 꾀하는 것이다. 즉, 국제사법재판소(ICJ)에 한일이 공동 제소하는 것도 방책이 될 수 있다. 이 방안의 최대 장점은 현재 법원에서 진행 중인 강제집행 절차를 보류시키고 사실상 일본의 보복을 철회시킬 수 있는 효과적인 방안이 될 수 있다는 데 있다. ICJ에 공동제소하기로 양국이 합의한다면 최종적인 결론이 나오기까지는 적어도 3-4년의 시간이 소요될 것으로 추정된다. 피해자의 구제 여부 및 방법에 초점을 맞추어 ICJ의 판결을 받아보는 것이야말로 합리적 해법이 될 수 있다. 양국의 최고법원은 징용피해자의 구제라는 동일한 사안에 대해 완전히 다른 해결책을 제시하고 있다. 이 법리 해석상의 충돌상황이 초래한 분쟁을 국제적으로 공신력 있는 유엔의 산하기관인 ICJ에 맡겨 3자적 판단을 받아보자는 것이다.

만약 징용 문제가 ICJ에 회부 된다면 아마도 그 최종 결과는 부분 승소, 부분 패소로 결론이 날 것으로 예상된다. 국가 간 합의로 피해자 개인의 권리를 소멸시키기는 어렵다는 것이 확립된 법리라는 점을 고려할 때 우리가 완패할 가능성은 별로 없어 보인다. 최후 결론이 나오기 전에 양국이 화해할 가능성은 물론 여전히 존재한다. ICJ에 회부하는 사법적 해결을 꾀할 경우 역설적으로 협상 가능성이 열릴 수 있다는 것이다.

세 번째 방안은 우리정부가 식민지배의 불법성을 재확인함과 동시에 일본에게는 사죄, 반성의 자세를 촉구하되 물질적 차원의 대일 배상요구 포기를 선언하는 것이다. 일체의 과거사와 관련한 금전 요구를 포기하고 피해자의 구제는 국내적으로 처리하겠다는 방침을 밝힘으로써 도덕적 우위에 선 대일외교를 펼치자는 것이다. 이 방식은 중국의 대일 전후처리 외교 방식이기도 하다. 또한 1993년 김영삼 대통령이 위안부 문제에 대한 대일외교 방침으로 선언한 것이기도 하다. 즉, 진상규명과 사죄반성, 후세에 대한 교육의 책임을 일본에게 요구하고 피해자에 대한 금전적 보상은 우리 정부가 스스로 한다는 방침이다. 이는 한일관계의 국면을 극적으로 전환시키고 양 국민이 윈-윈 할 수 있는 해법이 될 수 있다.

대법원의 판결을 존중한다는 입장에서, 또 대법원 재판이 단지 민사적 성격의 재판이므로 정부는 개입할 수 없다는 형식논리를 내세우며 한국 내 일본투자 기업에 대한 강제집행이 속속 진행되고 있는 현금의 사태를 그대로 방치해 둔다면 한일관계는 그야말로 최악의 충돌로 질주하게 될 것이다. 한일 양국이 강 대 강의 구도로 부딪히며 경제 전쟁을 치르게 될 경우 양국 모두에게 막대한 피해와 손실은 초래할 것은 명약관화하나 그 피해는 비대칭적인 형태로 발생하게 될 것이다. 현재 한일 간 고부가가치 산업에 필수적인 부품, 소재, 장비 등의 원천 기술의 격차는 여전히 크다는 것이 엄연한 현실이다.

5.2. 수출규제와 GSOMIA

반도체, 디스플레이의 핵심 3부품에 대한 수출규제강화 조치와 화이트리스트 국가에서 한국을 제외한 조치는 사실상 징용 재판에 대한 보복 조치라 할 수 있다. 즉, 위안부 합의 형해화, 징용 재판에 대한 한국정부의 무책에 대한 아베 정부의 분노가 폭발함으로써 내려진 조치라고 볼 수 있다. 이는 일본정부가 70년간 금과옥조처럼 지켜왔던 정경분리 규범을 위반한 것이며 매우 이례적 조치이며 사실상의 보복 조치이다.

이 조치는 아베와 아베 측근인 경제산업성 마피아들의 합작품으로 볼 수 있다. 즉, 일본정부의 각 성청 관료집단이 내린 합리적 의사결정이라고 보기 어렵다. 일본의 주요 미디어의 사설이나 오피니언 리더들은 경제보복 조치에 대해 비판적 입장을 견지하였다.[8] 따라서 이 조치에 대한 일본 국내지지 기반이 강하다고는 볼 수 없을 것이다. 보복 조치는 한마디로 금수 조치라기보다는 일본정부가 대한국 수출에서 재량권, 칼자루(수도꼭지)를 쥐고 흔들 수도 있다는 시그널을 보낸 것으로 읽힌다. 물론 일본정부가 대한국 수출을 최대한 억제하는 재량권을 발동하게 되면 사실상 금수조치에 가까운 효과가 날 수도 있다. 이 조치는 자유공정무역 규범에 저촉될 뿐 아니라 일본이 70년 간 스스로 지켜온 국책과도 모순된 것으로 국제사회의 지지를 받기 어려운 선택이며 그런 의미에서 일본정부는 GATT 21조[9]를 원용하며 무역관리에 나서고 있다.

8   일본의 6대 일간신문 중 4개 신문이 비판사설을 실었고 『요미우리신문』도 비판적 기사를 게재했다.
9   전략물자의 관리가 소홀할 경우 무역관리를 할 수 있다는 예외 규정.

따라서 일본의 경제보복 조치가 한국경제에 대한 공격행위 또는 기술패권 전쟁의 시작이라는 진단은 성급한 판단이며 한일 경제전쟁의 서막으로 보는 것도 거시적, 추상적 해석이라고 할 수 있다. 한국은 한일갈등이 놓여있는 국제정치적 맥락, 동북아 국제관계의 문맥 속에서 사태를 세밀하게 진단하고 해법을 추구해야 할 것이다. 더 나아가 한국이 처한 국제정치적 상황과 우리가 추구할 전략적 우선순위를 고려하면서 이 사태에 대처해야 할 것이다. 필자의 생각으론 경제보복에 대해 국산화가 궁극적인 해법이 될 수는 없다고 본다. 글로벌 공급 망, 제조업의 국제 분업 구조가 하루아침에 붕괴될 것으로 보는 것은 너무 성급한 판단이기 때문이다. 아직 국제경제체제가 당장 중상주의로 회귀하는 건 아니라는 점에 유의하면서 대응책을 추구해야 할 것이다.

한국정부는 일본의 경제보복에 대한 대항조치의 일환으로 2019년 8월 22일 GSOMIA 종료 선언을 발표하였으나 결국 3개월 후인 11월 23일 일본과의 통상협상을 개시하는 것을 조건부로 원상복귀를 선언하였다. GSOMIA 종료 조치는 일본이 한국의 안보에 대한 불신을 이유로 경제보복에 나선 것이므로 안보적 신뢰가 부족한 일본과 군사정보의 교류와 보호협정을 유지한다는 것이 모순이라는 논리를 내세워 취한 것이다. GSOMIA 종료의 추가적인 이유로 김현종 NSC 차장이 설명한 것은 국민여론의 추이와 국가적 위신의 훼손이었다. GSOMIA는 매년 갱신되는 협약으로 그 시한이 11월 23일까지로 되어 있어서 종료 선언을 철회할 경우 다시 연장될 수 있는 점에 유의해야 한다.

GSOMIA는 한일 양국 간 정보교류와 보호를 약속한 협정이지만 성격적으로 보면 한미일 안보의 공조와 협력을 규정한 문서라고 할 수 있다. 따라서 GSOMIA의 파기는 미국의 동아시아 군사전략과 한미동맹에도 적지 않은 악영향을 주는 협정이라는 점이 고려되어야 할 것이다. 애초 우리정부가 GSOMIA 종료를 일시적으로 선언한 배경에는 미국이 일본의 경제보복 조치 철회를 위한 중재나 거중조정에 나서줄 것을 기대한 측면이 있음을 부정할 수 없다. 미국은 수차례에 걸쳐 GSOMIA 종료선언에 대해 불만과 실망을 표하는 한편 한국정부가 GSOMIA 협정에 원상복귀해줄 것을 여러 채널을 통해 압력을 가해왔다. 한국의 경우 일본의 경제보복 조치가 철회되는 과정을 밟게 된다면 종료시한 전에 다시금 GSOMIA에 복귀할 용의가 있다는 속내를 여러 차례 표명해 왔다.

5.3. 한반도 평화프로세스와 일본 역할

한반도 평화프로세스를 추진함에 있어 한국은 일본의 건설적인 역할을 견인하여 일본이 북한의 비핵화, 한반도의 평화체제 구축에 적극적인 공헌과 기여를 할 수 있도록 유도할 필요가 있다. 일본은 북한에 대해 100억불 이상에 상당하는 청구권자금을 지불할 의무를 지니고 있고 이 자금은 향후 북한의 사회간접자본을 재구축하는데 긴요하게 쓰여 질 수 있음을 고려할 필요가 있다. 이러한 점에서 한국은 북일 협상을 측면 지원하고 북일관계가 진전될 수 있도록 후원하는 것이 바람직하다. 한반도 평화프로세스와 북한의 비핵화에 긍정적인 기여를 할 수 있도록 하는 것은 한국의 대일정책 몫이다.

장기적으로 보면 북한 문제와 통일을 염두에 두고 일본과의 관계를 재정립하는 일이야말로 한국이 고려해야 할 대일외교의 핵심적 고려 요소이다. 중국의 급부상, 미국의 패권적 지위의 상대적 하락에도 불구하고 동아시아에서 일본이 지닌 위상과 역할은 결코 과소평가될 수 없다. 역사적으로나 지정학적, 지경학적 관점에서 볼 때 한반도 문제는 일본에게 핵심적인 관심사였고 명치이후 한반도는 일본의 안전보장에 치명적인 요소로 인식되어 왔다는 점을 고려할 때 우리의 통일과정에서 일본변수의 관리는 매우 중요한 과제가 될 수밖에 없다. 현재에도 일본은 북핵, 미사일 등 대량살상무기의 위협에 관해서 보면 한국과 더불어 최대 이해 당사국임에는 틀림없다.

장차 일본의 대북 청구권자금은 북한지역의 경제재건 및 인프라 재구축 과정에 긴요하게 활용될 수 있음을(약 100억불로 추산) 고려할 필요가 있고, 1965년 이후 한국의 산업화, 경제성장의 성공에 일본의 자본, 기술의 도입을 포함하는 경제협력이 커다란 역할을 한 것을 생각한다면 일본의 대북 청구권자금(경제협력)은 북한지역의 피폐한 인프라의 재구축 및 경제재건 과정에서 가장 요긴하게 활용될 수 있는 자원이 될 것이고 장차 통일비용의 절감에 결정적인 역할을 담당할 것이다. 이렇게 볼 때 장차 일본의 대북 경제협력(ODA)은 한국과의 긴밀한 대화와 공조체제를 구축하여 진행하는 것이 바람직할 것이다. 장기적으로 한반도 통일 시나리오는 한국이 주도하는 자유민주주의, 시장경제, 인권과 법치가 보장되는 형태의 통일이고 그 과정이 평화적으로 이루어져야 한다는 점에 관해서 한일 양국의 이견이 있을 수 없다는 점도 고려해야 할 사항이다.

한일관계 갈등을 넘어 화해로

참고문헌

제1장 서론: 갈등을 넘어 화해로

1. 기본자료

관세청 통관기획과, 「2020. 7, 월간 수출입 현황(확정치)」,
　　　　https://unipass.customs.go.kr/ets/index.do (2020.10.31).
관세청 통관기획과, 「2020. 9, 월간 수출입 현황(확정치)」,
　　　　https://unipass.customs.go.kr/ets/index.do (2020.10.31).
국가법령정보센터, 「대한민국과 일본국간의 재산 및 청구권에 관한 문제의 해결
　　　　과 경제협력에 관한 협정」,
　　　　https://www.law.go.kr/trtyBInfoP.do?trtySeq=3678(2020. 10. 31).
『동아일보』, 「지소미아, 유지는 하는데 … 韓 '언제든 종료' 日 '운용 필요'」, 2020.8.24.

2. 논문과 단행본

김범수, 「서론: 갈등을 넘어 화해로」, 김범수 외, 『동서 화해사상으로 본 통일공동
　　　　체의 상과 과제』, 통일연구원 위탁연구과제 보고서, 2019.
김비환, 「정치적 화해의 스펙트럼: 어떤 정치, 어떤 화해인가?」, 『정치사상연구』,
　　　　제26집 1호, 2020.
위키백과, 「평화선」, https://ko.wikipedia.org/wiki/평화선 (2020.10.31).
한국학중앙연구원, 「평화선」, 『한국민족문화대백과사전』,
　　　　http://encykorea.aks.ac.kr/Contents/Item/E0060099 (2020.10.31).
Holmes, Stephen, "Gag Rules or the Politics of Omissions," in Jon Elster ed., *Constitutionalism
　　　　and Democracy,* New York: Columbia University Press, 1988.

제2장 1965년 국교 정상화 이후 한일관계의 진화

『동아일보』, 1948.10.2.

『동아일보』, 1948.10.22.

『동아일보』, 1994.3.20.

『동아일보』, 1995.11.18.

『동아일보』, 1998.9.12.

『중앙일보』, 빅터 차, 「(세상읽기) 한일관계에 대한 네 가지 이론」, 2015.1.30.

dongA.com, 「정치인들이 反日·反韓감정 이용 … 관계회복에 걸림돌」, 2015.5.26.

WorldKorean, 「'일본사회의 구조적 변화와 한일관계' 심포지엄」, 2014.12.3.

아베 마코토, 「일본의 대한 경제협력」, 김도형·아베 마코토, 『한일관계사 1965-
　　　　2015, II 경제』, 역사공간, 2015.

다카야스 유이치, 「IMF에 의한 금융지원의 한계와 한일 금융협력」, 김도형·아베
　　　　마코토, 『한일관계사 1965-2015, II 경제』, 역사공간, 2015.

김동조, 『회상 30년, 한일회담』, 중앙일보사, 1986.

김석우, 『해방둥이의 통일외교: 남북이 만난다, 세계가 만난다』, 고려원, 1995.

김창록, 「한일청산의 법적 구조」, 『법사학연구』, 47호, 2013.

김형률, 『나는 반핵인권에 목숨을 걸었다』, 행복한책읽기, 2015.

남기정, 「샌프란시스코 평화조약과 한일관계: '관대한 평화'와 냉전의 상관성」,
　　　　『동북아역사논총』, 22호 별책, 2008.

남기정, 「한일수교 50년: 갈등과 협력의 진화」, 『일본비평』 12호, 2015.

유의상, 『대일외교의 명분과 실리: 대일청구권 교섭과정의 복원』, 역사공간, 2016.

이원덕, 『한일 과거사 처리의 원점: 일본의 전후처리 외교와 한일회담』, 서울대학
　　　　교 출판부, 1996.

정재정, 「한일역사대화의 구도」, 김영작·이원덕, 『일본은 한국에게 무엇인가』,
　　　　한울아카데미, 2006.

정재정, 『주제와 쟁점으로 읽는 20세기 한일관계사』, 역사비평사, 2014.

허동현, 「제2공화국 국무총리 장면의 삶과 꿈」, 조광 외, 『장면 총리와 제2공화국』,
　　　　경인문화사, 2003.

金子将史, 「パブリック・ディプロマシーと国家ブランディング」, 『外交』, 第3巻, 2010.

佐道明広, 『自衛隊史: 防衛政策の七〇年』, 筑摩書房, 2015.

田中明彦, 『安全保障－戦後５０年の模索』, 読売新聞社, 1997.

谷野作太郎, 『外交証言録－アジア外交, 回顧と考察』, 岩波書店, 2015.

南基正, 「戦後日韓関係の展開－冷戦, ナショナリズム, リーダーシップの相互作用」,
　　　　GEMC Journal, No.7, 2012.3.

服部龍二, 『外交ドキュメント, 歴史認識』, 岩波書店, 2015.

和田春樹,「歴史の反省と経済の論理―中国・ソ連・朝鮮との国交関係から」, 東京大学社会科学研究所編, 『現代日本社会 7 国際化』, 東京大学出版会, 1992.

首相官邸,「『21世紀日本の構想』懇談会最終報告書」,
　　http://www.kantei.go.jp/jp/21century/(최종 방문일, 2020.11.15)

首相官邸,「新たな時代における日本の安全保障と防衛力の将来構想―「平和創造国家」を目指して」, https://www.kantei.go.jp/jp/singi/shin-ampobouei2010/houkokusyo.pdf(최종 방문일, 2020.11.15)

田中明彦研究室 (データベース、世界と日本),「日本と朝鮮半島関係資料集」,
　　http://www.ioc.u-tokyo.ac.jp/~worldjpn/(최종 방문일, 2020.11.15)

Cha, Victor D., *Alignment Despite Antagonism: The United States-Korea-Japan Security Triangle,* Stanford University Press, 1999.

Glosserman, Brad, and Scott A. Snyder, *The Japan-South Korea Identity Clash: East Asian Security and the United States,* New York: Columbia University Press, 2015.

Kim, Ji Young, "Rethinking the Role of Identity Factors: the History Problem and the Japan-South Korea Security Relationship in the Post-Cold War Period," *International Relations of the Asia-Pacific,* v. 15, 2015.

제3장 한일관계의 기저를 다시 생각하다

김상준, 「기억의 정치학: 야스쿠니 vs. 히로시마」, 『한국정치학회보』, 제39집 5호, 2005.

김상준, 「일본 전쟁 기억과 공동체의 상상: 기억의 사회적 재생산을 중심으로」, 『日本政治論叢』, 제30호, 2009.

김상준, 「한일관계의 안정과 지속: 정치지도자의 메시지 전달과 정향을 중심으로」, 『日本政治論叢』, 제41호, 2015.

김상준·명석영, 「애니메이션과 전후 일본의 아이덴티티」, 『日本政治論叢』, 제26호, 2007.

김준섭, 「전후 일본의 평화주의에 관한 고찰」, 『국제정치논총』, 제39집 1호, 2000.

山内昌之, 「歴史と外交 ゆきすぎの防波堤として」, 『外交 Forum』, No. 205, 2005.

家永三郎, 『戦争責任』, 東京: 岩波書店, 2003.

入江昭, 「個人, 国家, および世界の記憶」, 細谷千博·入江昭·大芝亮 編, 『記憶としてのパールハーバー』, 京都: ミネルヴァ書房, 2004.

木宮正史, 「歴史·嶺土を巡る対立と未来志向的な日韓関係の構築」, 김대중·오부치 선언 19주년 기념 국제학술회의, 2017.

Castells, Manuel, *The Power of Identity,* London: Blackwell, 1997.

Elster, Jon, *The Cement of Society: A Study of Social Order,* Cambridge: Cambridge University Press, 1989.

Elster, Jon, *Political Psychology,* Cambridge: Cambridge University Press, 1993.

Elster, Jon, *Ulysses and The Sirens: Studies in Rationality and Irrationality.* Cambridge: Cambridge University Press, 1979. p. 174.

Ezrahi, Yarion, *The Descent of Icarus: Science and the Transformation of Contemporary,* Cambridge: Harvard University Press, 1990.

Gluck, Carol, "The 'End' of the Postwar: Japan at the Turn of the Millennium," in Jeffrey K. Olick, ed., *State of Memory,* Duke University Press, 2003.

Lind, Jennifer, *Sorry States: Apologies in International Politics,* Cornell University Press, 2008.

Olick, Jeffrey K., "What Does It Mean to Normalize the Past? Official Memory in German Politics Since 1989," in Jeffrey K. Olick, ed., *State of Memory,* Duke University Press, 2003.

Perrow, Charles B., *Complex Organizations: A Critical Essay,* McGraw-Hill Publishers, 1986.

Rozman, Gibert, "Japan and Korea: Should the US Be Worried about Their New Spat in 2001?" *The Pacific Review,* vol. 15, no. 1, 2002.

Wolferen, Karel van, *The Enigma of Japanese Power: People and Politics in a Stateless Nation,* New York: Vintage Books, 1990.

Yoshino, Kosaku, *Cultural Nationalism in Contemporary Japan,* New York: Routledge, 1995.

제4장 한일 무역 갈등과 해결 방안

1. 기본자료

관세청 수출입무역통계, https://unipass.customs.go.kr/ets/index.do(최종 검색일: 2020.11.30).

『동아일보』, 「이대통령, 일에 위안부 해결 요구 직접 결단한 것」, 2011.12.18, https://www.donga.com/news/Politics/article/all/20111218/42697758/1(최종 검색일: 2020.11.30).

박근태 · 윤신영, 「소부장 대책 성공적… 日규제 넘어 탄탄한 산업 생태계 구축해야」, 『동아일보』, 2020.7.20, https://www.donga.com/news/article/all/20200719/102061069/1(최종 검색일: 2020.11.30).

산업통상자원부, 「한중일 자유무역협정(FTA)」, https://www.fta.go.kr/cnjp/(최종 검색일: 2020.11.30).

신정은, 「지소미아 종료 통보 효력 정치… WTO 제소 중단」, 『SBS News』, 2019. 11.22, https://news.sbs.co.kr/news/endPage.do?news_id=N1005534775&plink=ORI&cooper=NAVER (최종 검색일: 2020.11.30).

이돈섭, 「[비즈人워치] 한일갈등 결말은? "국내 경제 정상화 기회"」, 『비즈니스워치』, 2019. 8.8., http://news.bizwatch.co.kr/article/market/201/08/08/0017/naver (최종 검색일: 2020.11.30).

OECD, "Real GDP Long-term Forecast (indicator)," 2020, doi: 10.1787/d927bc18-en(최종 검색일: 2020.11.30).

2. 논문과 단행본

구민교, 「국제관계와 한국 행정의 과거, 현재 및 미래」, 문명재 외 19인, 『미래 사회와 정부의 역할』, 서울: 문우사, 2017.

구민교, 「최근 한일갈등의 안보적 함의」, 『월간KIMA』, Vol. 18, August 2019.

구민교 · 최병선, 『국제무역의 정치경제와 법: 자유무역 이상과 중상주의 편향 사이에서』, 서울: 박영사, 2019.

구현우, 『발전국가의 산업화정책 변동에 관한 제도론적 분석 - 역사적 제도주의를 중심으로』, 부산대학교 대학원 행정학과 박사학위논문, 2010.

도다 다카시, 『한일 FTA 협상 중단 요인 분석: Putnam의 양면게임이론을 중심으로』, 서울대학교 행정대학원 석사학위 논문, 2013.

오오타 오사무, 『韓日 請求權交涉 硏究』, 고려대학교 대학원 사학과 박사학위논문, 2000.

이현진, 「한일회담과 청구권 문제의 해결방식: 경제협력방식으로의 전환과정과 미국의 역할을 중심으로」, 『동북아역사논총』, 제22권, 2008.

이현진, 「국교 정상화 이후 한일경제협력 논의의 전개과정」, 『사림』, 제35권, 2010.

조수종, 「대일청구권자금이 초기한국경제의 발전에 미친 영향: 특히 자금의 성격과 직접적인 효과를 중심으로」, 『한국동서경제연구』, 제7권, 1996.

Aggarwal, V. K. ed,, *Institutional Designs for a Complex World: Bargaining, Linkages, and Nesting,* Ithaca: Cornell University Press, 1998.

Hirschman, A. O., *National Power and the Structure of Foreign Trade,* Berkeley: The University of California Press, 1980[1945].

Koo, M. G., "From Multilateralism to Bilateralism? A Shift in South Korea's Trade Strategy," V. K. Aggarwal and S. Urata, eds., *Bilateral Trade Arrangements in the Asia-Pacific: Origins, Evolution, and Implications,* New York: Taylor & Francis, 2006.

제5장 한일갈등의 복합적 불안정화와 한일안보협력

1. 기본자료

『KBS 뉴스』, 2019.5.13.
『경향신문』, 2019.10.30.
『뉴스1』, 2019.4.28.
『동아일보』, 2015.8.15.
『매일경제신문』, 2019.5.8.
『문화일보』, 2015.4.3.; 2015.8.12.
『산케이신문』, 2018.10.30.
『서울신문』, 2014.1.7.; 2019.2.11.
『연합뉴스』, 2018.10.30.; 2019.10.1.; 2019.12.29.; 2019.4.21.
『영남일보』, 2016.11.24.
『조선일보』, 2019.12.4.; 2019.5.21.
『한국일보』, 2017.6.12.
한국갤럽, 『데일리 오피니언』, 제236호, 2016.11, 3주.

2. 논문과 단행본

남기정, 『기지국가의 탄생: 일본이 치른 한국전쟁』, 서울대출판문화원, 2016.
박철희, 「대북 제재 해제는 비핵화 진전 속도에 맞춰야」, 『중앙일보』, 〈한반도 평화워치〉, 2019.3.8.
박철희, 「반일은 북한에게만 이롭고 한국에게 이롭지 않다」, 『중앙일보』, 〈한반도 평화워치〉, 2019.5.10.
박철희, 「한일비전포럼 발언」, 『중앙일보』, 2019.5.15.
박철희 외 지음, 『아베 시대 일본의 국가전략』, 서울대출판문화원, 2018.
윤덕민, 「日米沖縄返還交渉と韓国外交」, 일본 게이오대 박사학위 논문, 1991.
정재정, 『한일의 역사 갈등과 역사대화』, 대한민국역사박물관, 2014.
홍규덕, 「한일비전포럼 발표문」, 『중앙일보』 2019.5.15.
堀山明子, 「韓国徴用工判決原告勝訴後の課題と葛藤」, 『世界』, 2019.5.
安倍晋三, 『美しい国へ』, 東京文春親書, 2007.
黒田勝弘, 『韓国反日感情の正体』, 角川新書, 2013.
澤田克己, 『韓国反日の真相』, 文春新書, 2015.
室谷克実, 『悪韓論』, 新潮新書, 2013.
佐道明広, 『自衛隊史: 防衛政策の70年』, 筑摩書房, 2015.
Park, Cheol Hee, "National Identities and Korea-Japan Relations," in Gilbert Rozman. ed. *National Identities and Bilateral Relations,* Stanford University Press, 2013.
Park, Cheol Hee, "South Korea Is a Hesitant but Friendly Ally in the Indo-Pacific," *Atlantic Council Issue Brief,* January 2019.

제6장 독일과 일본의 화해 정책 비교

1. 기본자료

『세계일보』, 2014.4.2.
『共同通信社』, 2014.2.26.
『人民罔』, 2014.2.28.
『朝日新聞』, 2007.4.27.; 2014.3.23.; 2016.6.1.
『每日新聞』, 2016.6.1.
AFP, 2014.3.20.
Global Post, 2014.2.2.;
The Japan Times, 2014.2.26.; 2014.2.27.

2. 논문 및 단행본

김승배, 「1945년 이후 동아시아의 전후 보상문제: 한일관계를 중심으로」, 석사 학위논문, 서울: 연세대 대학원, 2007.
박배근, 「대일전후 보상소송과 국제인도법」, 『동북아역사논총』, 25권, 2009.
박재영·김영란, 「독일의 과거극복 어디까지 왔나?」, 『동학연구』, 26권, 2009.
송충기, 「사법적 청산에서 역사적 성찰로」, 안병직 외, 『세계의 과거사 청산: 역사와 기억』, 푸른역사, 2005.
송충기, 「독일의 뒤늦은 과거청산: 나치 하 외국인 강제노역자에 대한 보상을 중심으로」, 『역사비평』 2005.11.
오누마 야스아키, 『일본은 사죄하고 싶다』, 서울: 전략과 문화, 2008.
정인섭, 「일본의 과거사 책임 이행상의 문제점」, 『국제법학회논총』, 제40권 1호, 1995.
천자현, 「전후 보상의 측면에서 본 중일화해」, 『한국동북아논총』, 19권 1호, 2014.
천자현, 「이행기정의와 중일 간 전후 보상 문제: 중국인 강제노동 피해자들의 소송을 중심으로」, 『담론201』, 제21권 3호, 2018.
최은봉·오승희, 「중국의 대 일본 배상청구 포기의 양면성: '타이완 문제'의 타결과 중일 경제협력의 확장」, 『담론201』, 13권 2호, 2010.
최은봉·이민주, 「동아시아 기억의 정치와 탈냉전기 기억의 민주화: 제주, 오키나와, 난징의 기억은 경합하는가?」, 『담론 201』, 20권 3호, 2017.
한중일3국공동역사편찬위원회, 『미래를 여는 역사』, 한겨레신문사, 2006.
히로와타리 세이고 외, 『기억과 망각』, 삼인, 2000.
矢野久, 「賠償と補償」, 『20世紀の中の亞細亞太平洋戰爭』, 岩波書店, 2006.
藤田久一, 「戰後補償の口論問題」, 『國際人權』, 5券 2号, 2005.
朱建栄, 「中国はなぜ賠償を放棄したか」, 『外交フォーラム』, 10号, 都市出版, 1992.
Chun, JaHyun, "The Role of Compensation in Sino-Japan Relations," in *Handbook of Memory and Reconciliation,* New York: Routledge, 2015.

김승렬·이용재, 『함께 쓰는 역사, 독일과 프랑스의 화해와 역사교과서 개선 활동』, 동북아역사재단, 2008.

이용재, 「갈등의 역사에서 화합의 역사로」, 『프랑스사연구』, 제17호, 2007.

이용재, 「엘리제조약을 위하여: 유럽통합과 독일-프랑스 화해의 샛길」, 『프랑스사연구』, 제19호, 2008.

오토 에른스트 쉬데코프 외, 『미래를 건설하는 역사교육, 1945~1965 유럽 역사교과서 개선활동』, 역사비평사, 2003.

Bendick, Rainer, "Le manuel d'histoire franco-allemand, une étape, mais quelle étape?", in St. Krapoth & Cl. Aslangul-Rallo(dir), *Les relations franco-allemandes en perspective, sources, méthodes et temporalités pour une approche des représentations depuis 1870*, Toulouse: Presses universitaires de Franche-Comté, 2016.

Collectif, *Marianne et Germania, 1789-1889, un siècle de passions franco-allemandes*, Paris: Musée du Petit Palais, 1997.

Defrance, Corine & Pfeil, Ulrich(dir.), *La France, l'Allemagne et le traité de l'Élysée, 1963-2013*, Paris: CNRS Editions, 2012.

Jeismann, Michael, *La patrie de l'ennemi, la notion d'ennemi national et la représentation de la nation en Allemagne et en France de 1792 à 1918*, Paris: CNRS Editions, 1997.

Krapoth, Stéphanie, *France-Allemagne, du duel au duo*, Toulouse: Privat, 2005.

Pingel, Falk, *The European Home: Representations of 20th Century Europe in History textbooks*, Council of Europe Publishing, 2000.

김호섭,「한일관계 형성에 있어서 정치 리더십의 역할」,『일본연구논총』, 제29권, 2009.

오코노기 마사오,「한일관계의 새로운 지평: 체제마찰에서 의식공유로」, 오코노기 마사오·장달중 편,『전후한일관계의 전개』, 고려대학교 아세아문제연구소, 2005.

이원덕,「한일과거사 갈등의 구조와 해법모색」, 김영작·이원덕 편, 엮음,『일본은 한국에게 무엇인가』, 한울아카데미, 2006.

이원덕,「구조전환기의 한일관계: 쟁점과 과제」, 오코노기 마사오·장달중 편,『전후한일관계의 전개』, 고려대학교 아세아문제연구소, 2005.

이원덕,「한일관계 새로운 100년을 향해」, 이원덕·정재정·남기정·하영선 4인 대담,『일본공간』, 제8호, 국민대학교 일본학연구소, 2010.

이원덕,「신시대 한일관계의 구축을 향하여」,『한일신시대 공동연구 논문집: 한일 신시대와 공생복합 네트워크』, 한울, 2012.

외교통상부,『김대중 대통령 일본 공식방문 결과(공동선언, 연설문 등 주요기록)』, 1998.

최상용·이원덕·이면우,『탈냉전기 한일관계의 쟁점』, 집문당, 1998.

한일신시대 공동연구 프로젝트,『「한일신시대」를 위한 제언: 공생을 위한 복합네트워크의 구축』, 2010.

田中明彦 지음, 이원덕 역,『포스트 크라이스의 세계』, 일조각, 2010.

木宮正史,「日韓関係の力学と展望: 冷戦期のダイナミズムと脱冷戦期における構造変容」, 金慶珠·李元德 編,『日韓の共通認識: 日本は韓国にとって何なのか?』, 東海大学出版会, 2007.

木宮正史,『東アジア共同体と日韓関係』東京大學校現代韓国研究センタ主催『国際会議: 東アジア共同体と日韓の知的交流』, 2010.

Cha, Victor, D., *Alignment Despite Antagonism: the United States-Korea-Japan Security Triangles,* Stanford University Press, 1999.

Koh, Byung Chul, *Between Discord and Cooperation: Japan and The Two Koreas,* Yonsei University Press, 2007.

Lee, Chong-Sik, *Japan and Korea: the Political Dimension,* Stanford Hoover Institution Press, 1985.

Maddison, Angus, "Shares of the Rich and the Rest in the World Economy: Income Divergence Between Nations 1820-2030," *Asian Economy Policy Review,* 2008.3.

찾아보기

한일관계 갈등을 넘어 화해로

김범수 서울대학교 자유전공학부 교수

서울대학교 외교학과에서 학사와 석사를 마친 후 미국 시카고대학교에서 정치학 박사 학위를 받았다. 2010년부터 서울대학교 자유전공학부 교수로 재직 중이며 현재 자유전공학부 캠퍼스아시아 사업단장과 서울대학교 통일평화연구원 부원장을 맡고 있다. 『인권의 정치사상: 현대 인권 담론의 쟁점과 전망』(공저, 이학사, 2010), 『전후 일본의 보수와 표상』(공저, 서울대학교출판문화원, 2010) 등의 저서가 있으며, 「칸트의 자유개념과 평화론: 국가의 자유와 국제 공법의 양립 가능성을 중심으로」(『국제정치논총』, 59집 3호, 7-54쪽) 외 다수의 논문을 출간한 바 있다. 민족주의, 다문화주의, 인권, 정의론, 평화론 등 현대정치이론의 주요 주제를 중심으로 연구하고 있다.

남기정 서울대학교 일본연구소 교수

서울대학교 외교학과에서 학사와 석사를 마친 후 도쿄대학 대학원에서 박사 학위를 취득했다. 일본 도호쿠대학 법학연구과 조교수 및 교수, 국민대학교 국제학부 부교수 등을 거쳐 2009년부터 서울대학교 일본연구소 교수로 재직 중이다. 『기지국가의 탄생: 일본이 치른 한국전쟁』(서울대학교출판문화원, 2016), 『일본정치의 구조변동과 보수화』(편저, 박문사, 2017), 『競合する歷史認識と歷史和解』(공저, 晃洋書房, 2020) 등의 저서가 있으며, 「샌프란시스코 평화조약과 한일관계: 한일냉전의 기원으로서 '제4조' 문제」(『한국과 국제정치』, 2020), "Is the postwar state melting down?: an East Asian perspective on post-Fukushima Japan," *Inter-Asia Cultural Studies*(Volume 20, Issue 1, 2019) 등 다수의 논문을 출간한 바 있다. 전후 일본의 정치와 외교, 한일관계와 동아시아 국제정치를 중심으로 연구하고 있다.

김상준 연세대학교 정치외교학과 교수

연세대학교 정치외교학과에서 학사 학위를 마치고, 일본 게이오대학교에서 정치학 석사를, 미국 시카고대학교에서 정치학 박사 학위를 받았다. 2004년부터 연세대학교 정치외교학과 교수로 재직 중이다. 연세대학교 연구처 부처장, 대외협력처장을 역임하였으며, 현재 연세대학교 행정대학원 원장을 맡고 있다. 「기억의 정치학: 야스쿠니 vs. 히로시마」(『한국정치학회보』, 39집 5호), 「지역과 헤게모니: 미국 헤게모니의 쇠락과 일본의 지역주의 전략 변화를 중심으로」(『국제정치논총』, 53집 1호) 외 다수의 논문을 출간한 바 있다. 비교정치, 비교정치경제, 동아시아 국제관계 등을 중심으로 연구하고 있다.

구민교 서울대학교 행정대학원 교수

UC버클리에서 정치학 박사 학위를 취득하고 남가주대학(USC) 국제문제연구소 박사후연구원, 연세대학교 행정학과 교수를 역임했다. 2010년부터 서울대학교 행정대학원 교수로 재직 중이며 현재 서울대학교 학생처장을 맡고 있다. 주요 연구로 『국제무역의 정치경제와 법: 자유무역 이상과 중상주의 편향 사이에서』 (박영사, 2021), "Who Embraces Technical Barriers to Trade? The Case of European REACH Regulations," *World Trade Review* (Volume 20, Issue 1, 2021), "The Hegemonic Competition in the Indo-Pacific Region and the Making of South Korea as a Middle Sea Power," *Korean Journal of Defense Analysis* (Volume 32, Iusse 1, 2020), "Japan and the Identity Politics of East Asian Maritime Disputes," *Korean Social Science Journal* (Volume 44, Issue 1, 2017) 등이 있다.

박철희 서울대학교 국제대학원 교수

서울대학교 정치학과에서 학사와 석사를 마친 후 미국 컬럼비아대학교에서 정치학 박사 학위를 받았다. 2004년부터 서울대학교 국제대학원 교수로 재직중이다. 서울대학교 일본연구소장, 국제대학원장을 역임하고 현재 서울대 국제학연구소장을 맡고 있다. 『자민당 정권과 전후 체제의 변용』(서울대 출판문화원, 2011), 『일본 민주당 정권의 성공과 실패』(공저, 서울대 출판문화원, 2014), 『일본의 집단적 자위권 도입과 한반도』(공저, 서울대 출판문화원, 2016), 『아베시대 일본의 국가전략』(공저, 서울대 출판문화원, 2018) 등 다수의 저작과 논문을 출간한 바 있다. 일본정치와 외교, 한일관계, 동아시아의 국제관계를 주요 주제로 연구하고 있다.

천자현 연세대학교 국제관계학과 교수

연세대학교 정치외교학과를 졸업하고 동대학원에서 정치학 박사 학위를 받았다. AICGS at Johns Hopkins University에서 박사후연구원, 고려대학교 국제대학원 연구교수, 서울대학교 통일평화원 선임연구원을 거쳐 2018년부터 연세대학교 미래캠퍼스 국제관계학과 부교수로 재직 중이다. *International Studies Perspectives, Asian Journal of Social Science, Interventions: Post Colonial Studies, Handbook of Memory and Reconciliation* (New York: Routledge, 2015) 외 다수의 논문을 출간하였으며, 화해, 평화, 동아시아 외교정책 등을 중심으로 연구하고 있다.

이용재 전북대학교 사학과 교수

서울대학교 서양사학과에서 학사와 석사를 마친 후 프랑스 파리-1대학교에서 역사학 박사학위를 받았다. 전북대학교 사학과 교수로 재직 중이며, 한국프랑스사학회 회장을 거쳐 현재 한국서양사학회 회장을 맡고 있다. 『서양사 강좌』(공저, 아카넷, 2016), 『전쟁과 프랑스사회의 변동』(공저, 홍문각, 2017) 등의 저서와 『앙시앵레짐과 프랑스혁명』(지식을만드는지식, 2013), 『아메리카의 민주주의』(아카넷, 2018) 등의 역서가 있으며, 「나폴레옹의 이집트 원정: 신화와 현실」(『통합유럽연구』, 20호, 2020) 외 다수의 논문을 출간한 바 있다. 문명 교류와 비교 역사, 역사교육과 다문화주의 등에 관심을 두고 공부하고 있다.

이원덕 국민대학교 일본학과 교수

서울대학교 외교학과에서 학사와 석사를 마친 후 일본 도쿄대학에서 국제관계학 박사 학위를 받았다. 1998년부터 국민대학교 일본학과(구 국제학부 일본학 전공) 교수로 재직 중이다. 국민대학교 일본학연구소장을 역임했다. 『한일과거사 처리의 원점』(서울대학교출판부, 1996), 『한일관계사 1965-2015 1. 정치』(공편, 역사공간, 2015) 등의 저서가 있으며, 「위기의 한일관계: 어떻게 타개할 것인가」(『비교일본학』 32집, 1-22쪽) 외 다수의 논문을 출간한 바 있다. 일본정치, 한일관계, 동북아국제관계 등 현대 한국의 대외정책, 한일관계의 주요 주제를 중심으로 연구하고 있다.